The Long Game

끝까지 해내는 승리자들의 전략적 사고법

롱 게임
THE LONG GAME

도리 클라크 지음 | 김연정 옮김

다산
북스

어머니 게일 클라크와

'공인된 전문가Recognized Expert' 커뮤니티 멤버들에게 바칩니다.

여러분이 제 삶의 영감입니다.

"삶과 일의 주인으로 살고 싶다면, 그러면서도 성공으로 나아가기 위한 습관을 장착하고 싶다면 《롱 게임》을 읽어라."

— 찰스 두히그, 《습관의 힘》 저자

"만일 당신이 매일 시간이 모자란다고 느낀다면 《롱 게임》을 읽어보길 바란다! 이 책을 통해 복잡한 일정 속에서 불필요한 일을 삭제하는 방법을 배움으로써 삶에서 가장 중요한 일에 집중하고 원하는 목표를 성취할 수 있는 시간을 벌 것이다." — 마셜 골드스미스, 《트리거》 저자

"힘들게 얻은 지혜로 가득한 《롱 게임》은 많은 사람이 지금 바로 필요로 하던 책이다. 도리 클라크의 책 중 단연 최고다."

— 세스 고딘, 《마케팅이다》 저자

"도리 클라크는 언제나 훌륭한 메시지를 제시한다. 탁월한 성취를 이룬 사람들의 이야기를 들려주면서 전략적으로 끈기를 갖는 것이 왜 중요한지, 호기심과 회복력이 얼마나 강력한 힘을 지니고 있는지를 보여준다. 책을 읽으면서 메모할 내용이 많을 것이다!"

— 다니엘 핑크, 《파는 것이 인간이다》 저자

"앞으로는 영원히 삶이 다르게 보일 것이다. 《롱 게임》은 포스트 코로나 시대에 스크린의 노예에서 해방되어 새로운 삶의 방식을 발견하고자 하는 사람이라면 누구나 반드시 읽어야 할 책이다."
— 마틴 린드스트롬, 《고장 난 회사들》 저자

"《롱 게임》은 요구 사항은 점점 많아지면서도 단기적인 성과 위주로 돌아가는 현대사회에서 야망을 성취하는 법을 알려준다. 깊은 사고에 기반을 둔 실용적이면서도 설득력 있는 접근법이다. 읽을 가치가 무한한 책이다." — 더그 코넌트, 코넌트리더십 설립자 겸 CEO

"자신만의 성공을 재정의하고, 그에 따른 삶을 구축하고 싶다면 《롱 게임》을 추천한다." — 키이스 페라지, 《혼자 밥먹지 마라》 저자

"독자가 정말로 중요한 것들에 다시 시선을 돌릴 수 있도록 하는 흔치 않은 책이다. 멋진 문장과 행동 지침들로 가득한 도리 클라크의 《롱 게임》은 매일 정신없이 달려야 하는 삶의 패턴을 끊고, 나에게 맞는 마라톤 속도를 찾을 수 있도록 도와준다."
— 프란체스카 지노, 하버드 경영대학원 경영학 교수, 《긍정적 일탈주의자》 저자

"진정으로 의미 있는 삶을 살고 싶다면, 특별한 나의 친구 도리 클라크의 통찰력 있는 신간이 좋은 처방전이 될 것이다. 상세한 실천 지침들이 풍부하게 소개되므로 즉시 삶에 적용할 수 있을 것이다."

— 위베르 졸리, 하버드 경영대학원 경영학 부교수, 《경영의 핵심The Heart of Business》 저자

"성공은 일을 얼마나 많이 했느냐로 규정되지 않는다. 성취한 일들로 규정되는 것도 아니다. 성공이란 삶의 목적을 아는 것이며, 잠재력을 충분히 발휘하는 데 필요한 단계들을 밟아나가는 것이다. 도리 클라크는 내가 가장 좋아하는 작가 중 한 사람인데, 《롱 게임》은 그녀의 저서 중에서도 단연 독보적인 책이다. 커리어 접근법을 달리하는 데 영감을 주는 풍부한 사례와 실용적인 조언들이 소개된 이 책은 말 그대로 당신의 삶을 바꿔놓을 것이다. 강력히 추천한다."

— 에린 마이어, 인시아드INSEAD 경영실무 교수, 《규칙 없음》 공저자

"커리어를 위한 블루오션 전략을 수립하고 싶다면 《롱 게임》을 읽어보라. 본질을 파고드는 이 책에서 도리 클라크는 당신만의 고유하고 강력한 경력을 만들 방법을 보여준다."

— 러네이 모본, 《블루오션 전략》 공저자, 인시아드 전략 및 국제관리 선임연구원

"도리 클라크는 우리 시대의 리더들이 갖는 어려움을 대변하는 훌륭한 책을 써냈다. 오늘날의 리더는 집중력이 제한된 세계에서 어떻게 어려운 문제를 풀어낼 것인가 하는 문제를 안고 있다. 《롱 게임》은 이러한 미래의 조직 구축에 활용할 수 있는 청사진이다."

— 프랜시스 프레이, 하버드 경영대학원 기술·운영관리 교수, 《언리쉬드Unleashed》 공저자

"도리 클라크의 책은 누구나 원하는 즐겁고 의미 있는 삶을 살도록 도와준다." — 〈포브스〉

"도리 클라크만큼 전략적인 사고를 잘 이해하는 사람은 없다."

— 〈잉크Inc.〉

"도리 클라크는 18세에 대학을 졸업했고, 수상 경력이 있는 기자이며, 대통령 선거 캠페인 자문단 위원이자 다큐멘터리 영화감독으로도 활약했다. 풍부하고 다양한 이력 덕택에 사람들이 원하는 삶을 성취할 수 있도록 돕는 특별한 조언가 역할을 하고 있다."

— 〈시빌 엔지니어링 매거진〉

하룻밤에 이뤄지는
성공은 없다

계속해서 울려대는 날카로운 소리에 침대에서 튀어나온다. 여전히 어두운 시각, 정신이 몽롱하다. 한밤중에 대체 이게 무슨 일이람?

새벽 3시 반, 날카롭게 울려대는 소리는 다름 아닌 알람 소리였다. JKF 공항에서 새벽 5시 비행기를 타야 했기 때문에 전날 밤 내가 맞춰놓은 것이다.

두통을 가라앉히기 위해 아스피린을 두 알 먹은 후 옷장에 걸어둔 옷을 주섬주섬 차려입고는 우버를 호출한다. 인적이 없는 브루클린 브리지를 건너면서 밤새도록 켜져 있었을 수백 개의 오피스 빌딩의 불빛들을 바라본다. 불빛은 다리 아래에 출렁거리는 이스트강 수면에 비쳐 밝게 빛나고 있었다. 지금 나에게는 달성해야 할 미션이 있다. 정해진 일정에 맞춰 부지런히 몸을 움직이기만 하면 된다.

비행기에 탑승한 나는 잠시 쉬었다가 곧바로 로스앤젤레스에서 있을 회의들을 준비한다. 태평양 시간으로 오전 9시 30분에 고객사에 도착하고부터 오후 6시까지(동부 시간으로 9시다) 회의가 계속될 예정이다. 그러고 나면 잠자리에 들기 전 간단하게 저녁을 먹는다. 다음 날에도 LA에서 더 많은 회의가 잡혀 있다. 다시 비행기를 타서 오후 5시 50분(동부 시간 기준)에 애틀랜타에 도착한다. 날씨와 교통 상황만 도와준다면 고객과의 저녁 미팅에 맞춰 도착할 수 있을 것이다. 다음 날 아침 행사에서는 주요 연사로 연설할 예정이다.

나는 이 모든 일을 해낼 수 있으리라는 사실을 알고 있다. 그래야만 한다. 물론 그 주에는 상황이 문제없이 흘러갔다. 다시 브루클린 브리지를 빠르게 건너가고 있을 때, 갑자기 날카로운 무언가가 나를 찌르는 듯했다. 무방비 상태였던 나를 파고든 느낌은 다름 아닌 외로움이었다.

그 순간 나는 자신에게 물었다.

'나는 왜 이렇게 바쁘게 살고 있지?'

→

경영대학원에서 임원들을 위한 교육 프로그램의 강의를 맡고 있었을 때다. 한번은 어느 대형 재무 서비스 기업에서 성과가 가장 좋은 직원 30명을 대상으로 이틀간 특별 수업을 진행했다. 그 자리에 모인 직원들은 성별을 불문하고 회사에서 가장 잘나가는 사람들이었지만, 워크숍이 끝나고 이야기를 나누는 자리에서 모두 같은 불만을 토로했다.

"저에게 생각할 시간이 좀 있었으면 좋겠어요."

이 말은 최근 들어 가까운 지인들을 포함해 주변에서 자주 듣던 것이다. 내 가장 친한 친구는 오래전에 보낸 메일에 회신을 주지 않고 있었다. 보통 때라면 신속하고 꼼꼼하게 일 처리를 하는 친구였는데 최근 들어서는 그렇지 않았다.

"숨 쉴 시간만 있으면 금방 읽을 수 있는 문서야."

나는 격려 차원에서 그녀에게 이렇게 문자를 보냈다.

"바로 그 숨 쉴 시간이 없거든."

다른 지역으로 출장 중이던 그녀는 나에게 이렇게 답장을 보내왔다. 외적인 기준에서 보면 그녀는 굉장히 잘해나가고 있었다. 사업은 번창하고 있었고, 새로운 관계도 시작했다. 그렇지만 그녀의 내면은 쫓긴다는 느낌을 받고 있었다.

오늘날 우리는 언제 뒤처질지 모른다는 압박감 속에서 조급함을 느끼며 살아간다. 끊임없이 경계하는 태도로 다음에는 또 무슨 일이 벌어질지 신경을 곤두세운다. '실행 모드'를 계속 켜둔 채 주위를 돌아볼 시간도, 인생에서 진정으로 원하는 것이 무엇인지 물어볼 시간도 갖지 못한다.

가끔 시간이 나더라도 친구나 동료의 소셜 미디어를 보는 데 써버리고, 성공한 것처럼 보이는 그들의 모습에 풀이 죽곤 한다. 이 사람들이 성공한 비결은 대체 뭘까? 혹시 나만 모르는 무언가를 알고 있는 건 아닐까? 나는 왜 이리 뒤처진 거지? 나를 도와줄 '라이프 코칭 과정'은 없나?

그러나 우리는 이렇게 살아서는 안 된다.

우리가 만일 비교를 멈추고 나만의 성공을 정의함으로써 자신에게 맞는 삶을 살아간다면 어떻게 될까? 물론 내가 여기서 끈기, 전략, 성취를 위한 지속적인 노력 같은 가치들을 언급한다면 고루하고 낯설게 느껴질 것이다. 그러나 우리가 찾아 헤매는 즐겁고 의미 있는 삶을 위해서는 이런 가치들이 필요하다. 이제 우리는 이 가치들을 되찾아야 한다.

$\longrightarrow$

2020년 2월 28일, 이메일 알림음이 울린다. "저희 출판사에서 출간을 원한다는 말씀을 드릴 수 있어 기쁘군요." 편집자의 말이었다. 《롱 게임》 출간이 결정된 것이다.

다음 날인 2020년 3월 1일, 내가 사는 뉴욕에서 첫 코로나19 확진자가 발생했다. 봉쇄 조치가 시작된 지 얼마 지나지 않아 한 동료가 나에게 책과 관련된 메시지를 보내왔다. 그때 나는 마침 근시안적인 세계에서 장기적인 사고의 중요성에 관해 쓰기 시작한 터였다. 동료는 물었다.

"코로나가 터진 이 시국에 '장기적인 사고'라는 것은 시류에 안 맞지 않을까? 예상치도 못한 상황이 갑자기 생기면 장기적인 계획이 맥을 못 추잖아."

그때까지 나는 단기적 사고의 파괴적인 유혹을 물리치는 데에만 집중해 왔다. 그런데 팬데믹의 도래로 모든 것이 하룻밤 사이에 달라진 지금, 질문은 달라져야 했다. 한 치 앞도 보이지 않는 불안한 시대에 과연 장기적인 사고는 설 자리가 있을까?

$\longrightarrow$

뉴욕의 병원들은 팬데믹 초기 몇 달 동안 포화 상태였고, 코로나로 인한 건강 관련 리스크로 사람들은 공포에 떨었다. 경제 상황도 마찬가지였다. 나는 봄 사이 몇 달에 걸친 출장 일정이 잡혀 있었다. 모스크바에서는 강의를 하고, 댈러스·밴쿠버·플로리다 등에서는 기조 강연자로 설 예정이었다. 이 출장 계획과 그로 인해 예정되었던 수입은 완전히 증발했다.

그렇지만 나는 지금 해야 할 일이 무엇인지 이미 알고 있었다! 2013년 나는 첫 책 《새로운 나 창조하기 Reinventing You》를 출간하면서 강연 사업을 시작했다. 기조 강연자로 서는 일은 벌이도 좋고 겉보기에도 화려하다. 강연을 통해 세계 곳곳을 누빌 수도 있다. 다만 이런 생활은 오래가기 어렵다.

이 사실을 본격적으로 깨달은 것은 슬로바키아에서 세 도시를 오가는 강연 투어 때였다. 마른기침과 후두염에도 불구하고 나는 일정을 강행해야 했다. 카자흐스탄의 경영대학원에서 고열과 오한에 끙끙 앓으며 2주간 하루 6시간씩 강의를 할 때도 마찬가지였다. 이렇게 멀리 오는 강연 같은 경우에는 클라이언트와의 계약이 있어 무조건 진행되어야 한다. 당연히 이제까지 일을 완수하지 못한 적은 없었다.

하지만 언젠가는 의지로는 안 될 정도로 몸이 힘든 날이 오리란 사실을 알고 있었다. 실제로 내 주변에는 30대도 되기 전에 면역체계 이상이나 암 진단을 받은 친구들이 있다. 부디 나에게는 그런 일이 없기를 바라지만 대비는 해야 했다. 그때부터 내가 직접 움직이지 않더라도 돈을 버는 방법을 찾기 시작했다. 즉, 내 시간을 돈과 일대일로 맞바꾸는 일을 이제는 그만두기로 한 것이다.

2014년부터 온라인 강의를 실험하기 시작했다. 그해 큰 기업과 협업해 첫 번째 온라인 강의를 만들었다. 2015년에는 다른 회사와 함께 두 번째 강의를 만들었다. 그 과정에서 나는 실험하고 또 배웠다. 2016년 들어서는 온라인에 전력투구했다. 이번엔 독립적으로 온라인 강의를 만들어서 제대로 판매해 보기로 했다.

전 세계 전문가들을 인터뷰해서 새로운 수입 루트를 만드는 방법에 관한 책을 쓰기도 했다. 이것은 방대한 리서치를 필요로 하는 일이었다. 그 책은 《나를 경영하라 Enterpreneurial you》라는 제목으로 2017년에 출간되었다.

물론 나는 팬데믹이 닥치리라는 것은 상상조차 못 했다. 부업을 만들고 여러 수입 파이프라인을 만들기 시작한 것은 팬데믹 때문이 아니었다. 오히려 나는 흔히 일어날 수 있는 상황을 걱정한 것이었다. 예를 들어 내가 병에 걸리거나 모든 일에 싫증을 느끼는 상황 말이다. 누구도 미래를 예측할 수 없다. 그렇지만 앞으로의 목표나 피하고 싶은 상황이 무엇인지는 생각해 볼 수 있다.

코로나19가 발생한 지 두 달 후, 나는 6년에 걸쳐 구축해 온 프로젝트와 커뮤니티의 규모를 키우기로 했다. 세 개의 신규 온라인 강의를 위해 원고를 쓰고 촬영했으며, 자체 개발한 온라인 강의 및 커뮤니티 '공인된 전문가 Recognized Expert'의 규모를 키워 론칭했다. 감사하게도 이런 노력이 빛을 발해 최악이 될 뻔했던 시기를 가장 성공적인 해로 탈바꿈시킬 수 있었다.

온라인 강의에 몰두하는 것은 단기적인 일이 될 수도 있다. 하지만 결코 단기적인 사고에서 도출된 결정은 아니었다. 온라인 교육으로의 전략적 피버팅을 지난 6년간 준비하지 않았더라면 이런 대응은 불가능했으리라. 장기적인 사고는 가장 중요한 목표를 향해 나아가게 함으로써 다양한 침체기로부터 우리를 보호하는 방어막이 된다.

상황이 변할 때 우리는 영리하고 기민해질 필요가 있다. 장기적인 사고야말로 인생의 커다란 목표를 굳건히 하며 기민한 대응을 가능하도록 돕는다. 외부의 변화에 끌려다니며 갈팡질팡한다면 정해둔 목표 근처에도 가지 못하고 작은 변화에도 불안함을 느끼기 쉽다. 반면 장기적인 목표에 맞춰 시대의 변화를 포용하면서 그곳에 도달하는 과정과 방법은 언제든 변할 수 있음을 인식한다면, 성공 확률은 기하급수적으로 높아질 것이다.

장기적인 사고는 절대로 죽지 않는다. 이 사실을 나는 다시금 깨달았다. 장기적인 사고는 여전히 유효하다.

$\longrightarrow$

장기적인 사고를 하면 부수적인 효과도 누릴 수 있다.

그것은 바로 용기다.

마틴 린드스트롬은 세계적인 브랜딩 컨설턴트다. 그가 자문을 맡았던 한 나라의 왕족은 이렇게 요청했다.

"린드스트롬 씨, 근시안으로 보지 마십시오. 저는 당신이 장기적인 관점으로 생각하길 바랍니다."[1]

그가 말하는 장기적인 기간이란 어느 정도일까?

"저희는 단순히 몇 개월을 계획하지 않습니다. 분기별 실적을 발표하지 않지요. 5~10년의 중기적 단위로 운영하지도 않습니다. 저희는 평생, 즉 한 세대를 기준으로 삼습니다. 그러니 귀하께서 이 나라의 한 세대에 도움을 주신다면, 귀하의 소임은 다한 것입니다."

오늘날에는 이런 관점을 거의 찾아볼 수 없다. 최근 몇 년간 많은 회사가 인종 문제, 동성 결혼, 기후 변화 같은 사회적인 이슈에 충분히 대응하지 못하고 있다. 물론 경영자들이 사회적인 이슈에 반대하기 때문에 변화하지 못하는 것이 아니다. 마틴의 설명을 들어보자.

"커리어를 통틀어 수백 명의 CEO를 만났지만, '평등'과 같은 개념에 반대하는 사람은 단 한 명도 없었어요."

이들이 혹시라도 난감한 반응을 보였다면 그것은 아마도 단기적인 결과에 대한 두려움 때문이었을 확률이 높다. 회사의 분기별 실적에 끼칠 영향, 주가 하락, 대폭 삭감된 연말 보너스 같은 것들 말이다. 장기적인 전략가가 되기 위해서는 용기뿐만 아니라 단기적인 결과를 견뎌내고자 하는 의지도 있어야 한다. 실제로 이것들이 성공하면 그 보답은 어마어마하다.

조너선 브릴은 실리콘밸리의 혁신 전문가다. 그에 따르면 기업이 처한 진짜 위험은 "좋은 결과를 낼 수 있는 똑똑한 사람을 뽑아놓고도 잘못된 부분에서 결과를 내라고 지시하는 것"이라고 한다. 이는 단기적인 수익을 목표로 할 때 쉽게 빠지는 함정이다. 그러면 이기더라도 지는 꼴이 되고 만다.

　기업이 혁신에 실패하는 이유는 회사나 산업을 변모시킬 수 있는 의미 있는 일에 투자하는 대신 단순히 '기능 혁신'에만 투자하기 때문이다. 아주 단순화한 비유를 들자면 새로운 제품을 개발할 때 이런 질문을 던지는 것이다. 새로운 박스의 버튼을 무슨 색으로 할까? 그러나 단순히 버튼의 색을 바꾼다고 해서 혁신은 일어나지 않는다. 당장은 쉬운 방법일뿐더러 미미하더라도 성과를 얻을지도 모른다. 그러나 그 영향력이 결코 오래가지 않을 것이다.

　누구든 10배의 보상을 얻는다면 좋아할 것이다. 획기적인 혁신이 가져다줄 눈부신 성과는 말해 무엇하랴. 다만 이런 일에는 충분한 시간이 필요하다. 조너선에 따르면 특정 제품이나 비즈니스가 궤도에 오르기까지는 5~6년이 걸린다고 한다. 이 상승 단계에는 비즈니스가 잘 돌아가는지 확인하면서 세부 사항을 조정하고 최적화하는 작업이 이루어진다. 가장 뛰어나다고 알려진 혁신조차 오랫동안 아무런 성과도 내지 못하고 투자금만 빨아들이는 싱크홀처럼 보일 수 있다. 그렇지만 일단 자리를 잡고 나면 강력한 경쟁력을 갖춘 해자가 된다.

　조너선은 단언한다.

"궁극적으로 사람들이 원하는 것은 수익이죠. 그리고 이것은 10년 단위로 이루어지는 일이지, 기껏 한 분기에 달성할 수 있는 게 아닙니다."

이처럼 최고 기업에 적용되는 원칙은 개인의 삶에도 똑같이 적용된다. 우리는 장기적인 사고를 통해서만 원하는 목적지에 도달할 수 있다.

$$\longrightarrow$$

2008년 금융 위기가 닥치기 몇 주 전, 아직 분위기가 그리 나쁘지 않던 때였다. 나는 인맥을 동원해 고위급 인사들이 모이는 콘퍼런스에 참석했다. 참석자 중에서 자격 요건이 가장 미달이었고 아는 사람도 없어서 난감하던 차에 나이가 비슷해 보이는 몇몇 사람을 찾아서 함께 식사할 수 있었다. 알고 보니 이들은 모두 같은 아이비리그 출신이었다.

우리가 애피타이저가 도착하기를 기다리고 있는 동안, 한 여성이 동창들을 한명 한명 나열하며 졸업 후 10년간 이루어낸 것들을 말하기 시작했다. "이 친구는 아이가 한 명 있어. 저 친구는 책을 한 권 썼지. 그 친구는 곧 아이를 낳을 거야. 그 친구는 책을 다섯 권이나 썼지 뭐야!" 이런 식의 이야기가 길게 이어져 잠깐의 수다를 마치 몇 시간은 들은 듯했다. 아이도 없고 아직 책도 출간

하지 않은 나는 그저 즐거운 듯 웃으며 '잘났네, 정말.' 하고 생각하고 있었다.

"우리는 스스로 할 수 있다고 생각하는 일을 기준으로 자신을 평가하지만, 타인은 실제 이뤄낸 성취로 우리를 평가한다."

헨리 워즈워스 롱펠로의 말은 옳다. 그래서 스스로 할 수 있다고 확실히 알고 있는 일과 특정 시점까지 실제로 성취한 일 사이에 큰 차이가 존재할 때 우리는 굉장한 혼란을 느낀다. 자신이 생각하는 가능성과 타인의 평가 사이에서 방황하다 생각만큼 결과가 나오지 않으면 결국 타인의 평가에 맞춰 자신의 가능성을 낮춰서 인식하는 것이다.

안타깝게도 세상 어떤 일도 우리가 원하는 만큼 빨리 이루어지지 않는다. 그렇다. 어떤 것도 빨리 결과가 나오는 일이란 없다. 우리는 생각보다 더 긴 시간 동안 타인의 시선과 싸워 우리의 가능성을 지켜야 한다.

→

다음 해인 2009년, 나에겐 계획이 있었다. 그해에 출간 계약을 맺는 것이었다. 내 결심은 단호했고 봄이 지나는 동안 세 권의 책 기획안을 작성할 수 있었다. 나는 어느 출판사든 하나는 마음에 들 것이라 확신했다. 다만 우연에 맡기고 싶지는 않아서 친구를 통해 작가 에이전시를 소개받았다. 그녀는 즉석에서 기획안 하나를 퇴짜 놓았다.

"이건 기사용 글이지 책이 될 글은 아니네요."

그녀는 이렇게 말했다. 그러면서도 다른 두 건은 쓸 만하다고 했다. 여름 내내 나는 이 두 개의 기획안을 가지고, 출판사에 보낼 만한 결과물이 될 때까지 문장을 손보고 아이디어를 정교하게 다듬었다. 하지만 애써 수정한 기획안에도 관심을 보이는 출판사가 없었다.

"좋은 시도이긴 하나 귀하는 아직 유명인이 아닙니다."

거절 통보가 이어졌다. 결국엔 출판 대리인조차 나를 포기하고 떠나버렸다.

이후 나는 원치 않게 블로그를 시작했다. 출간을 거절당한 글들을 올리기 시작했다. 아이러니하게도 이로 인해 사람들이 내가 책을 쓸 자격이 있다고 느낄 만큼 유명해졌다. 2년이 지난 후에 다시 출판사에 투고했고 친구들을 통해 인맥을 소개받기도 했다. 이후로도 수많은 편집자에게 바람을 맞았지만 계속 도전했다. 그 와중에도 나는 많은 기사를 기고했다. 이런 추진력 덕분에 드디어 출간 계약을 맺었다. 그로부터 다시 2년 뒤 첫 책《새로운 나 창조하기》가 마침내 출간됐다.

스스로가 부끄럽게 느껴졌던 저녁 식사에서의 대화는 이미 오래전 일이 되었다. 그리고 나는 내 아이디어를 책으로 세상에 내

롱 게임

놓는 데 성공했다.

→

성공이 이루어지기까지는 원했던 일, 성취하려 노력했던 일이 잘 안 되는 경우가 많다. 반면 음미할 만한 멋진 순간도 자주 만난다. 이런 순간에 우리는 절망스럽고 고되고 심지어 무의미하게 느껴지는 사소한 일들이 결국엔 성공과 실패를 가르는 것임을 깨닫는다.

이 과정에서 우리가 공통으로 겪는 어려움은 바로 마음속에 있다. 즉, 아무도 우리에게 관심을 보이지 않고 주의를 기울이지 않을 때도 계속 내 일을 해나갈 내면의 힘을 갖추어야 한다. 어려운 일이다. 그래도 언젠가 세상이 내가 하는 일을 인정해 줄 것임을 믿어야 한다.

몇 년 전에 나는 '공인된 전문가Recognized Expert' 프로그램을 론칭했다.[2] 이 프로그램은 능력 있는 전문가들을 위한 온라인 수업 겸 커뮤니티로, 자신의 아이디어를 세상에 공유하는 플랫폼을 구축하는 방법을 알려준다.

이 커뮤니티 참가자들은 매일 내가 겪었던 것과 같은 문제를 겪었다. 피칭을 거절당하고 제안서가 반려되고 제출한 지원서의 답변도 받지 못했다. 물론 축하해야 하는 순간들도 있었지만 그렇게 많지 않았다. 이들이 보는 소셜 미디어 피드에 올라오는 다른 사람들은 다 잘되고 있는 것만 같다. 결국 이런 생각에 빠지고 만다. 일을 좀 더 서둘러서 진행했어야 했나? 더 빨리 만들어야 했을까? 더 많은 일을 해야 하나? 대체 왜 결과가 안 나오는 거지?

그렇지 않다. 우리에게는 여백이 없다. 빽빽한 일정으로 더할 수 없을 정도로 많은 일을 하고 있고, 시간에 쫓기며 정신없이 빠르게 일하고 있다. 늘 실행 모드가 켜져 있으므로 다른 생각을 할 여유도 시간도 없다.

우리는 계속 이렇게 살아야 할까? 우리가 정말 원하는 삶을 살 수는 없을까?

$\longrightarrow$

그 답을 내놓기 위해선 먼저 내가 세상에서 가장 싫어하는 두 가지를 이야기해야 한다.

첫 번째는 끈기다. 어린 시절엔 운전하면 안 된다, 사업하면 안 된다, 투표를 못 한다는 등의 말을 듣는 게 싫었다. 내 의견이 받아들여지기까지 기다리는 건 어려운 일이었다. 하지만 내가 원하는 것을 얻으려면 끈기와 좋은 관계를 맺을 필요가 있었다. 그동안 내가 성취해 낸 의미 있는 일들은 모두 예상보다 훨씬 오랜 시간이 지난 후에야 이루어졌기 때문이다.

일례로 책을 몇 권이나 냈는지에 관한 대화를 하고 첫 책을 내기까지 5년이 걸렸다. 당시에는 대체 왜 이렇게 오래 걸렸던 걸까 자책하고 창피해하기도 했다. 결국 책은 세상에 나왔고, 그 과정에서 나는 한 가지 사실을 깨달았다. 힘든 시절을 견뎌낸 것의 대가는 선형적으로 찾아오지 않는다는 것이다. 끈기의 대가는 기하급수적으로 찾아온다.

저녁 식사 대화를 하고 나서 책이 출간되기까지 5년은 힘든 나날이었다. 하지만 5년 뒤 나는 단순히 '작가'라는 타이틀을 얻은 게 아니었다. 내 책은 11개 언어로 번역 출간되었고, 그와 함께 나는 수십억대의 사업을 일궈냈으며, 미국에서 최고의 명문 대학에 해당하는 경영대학원 두 곳의 교수가 되었다. 여기서 끝이 아니다. 나는 브로드웨이 투자자가 되었고, 동시에 스탠드업 코미디언이 되었으며, 제작에 참여한 재즈 앨범은 그래미상을 받았다.

끈기가 노력만 하면 얻을 수 있는 것이라면 누구나 해낼 것이다. 그렇지 않기 때문에 한 사람의 자질을 시험하는 좋은 방법이 된다.

'결과가 보장되지 않더라도 이 일을 해낼 수 있는가?'

이 질문에 필요한 조건이 바로 끈기다.

성공이란 사람들의 인정과 박수는커녕 결실이 있으리라는 그 어떤 보장이 없을 때조차 꾸준히 노력함으로써 성취하는 것이다. 이처럼 어떠한 상황에서도 나만은 이 일이 잘되리라 믿고 해나가는 것이 바로 '전략적 끈기'다. 이를 위해 우리는 존경하고 신뢰하는 사람들로 주변을 채워야 하고, 그들로부터 배워야 한다. 과거의 성공 사례를 연구하고, 나는 무엇을 본받고 싶은지 생각해 보고, 내가 다르게 하고 싶은 지점은 또 무엇인지 생각해야 한다.

가장 어려운 일은 선택하는 것이다. 한 가지 일을 수락하면 다른 일을 거절해야 한다. 상황의 중요성을 가늠하고 자신이 가진 패를 세상에 내놓아야 한다. 모든 것을 다 하려고 하면 결국 중요한 일을 해내지 못한다.

시간을 어떻게 보낼지 의식적으로 선택하는 행위는 막대한 힘을 갖고 있다. 과감하게 선택하고 행동하고 기다려라. 이것이 내가 끈기와 사이가 좋아진 방법이다.

$$\longrightarrow$$

내가 싫어하는 나머지 한 가지는 바로 정보를 숨기는 일이다. 대부분의 성공한 사람들은 자신 앞에 놓인 사다리를 잘 타고 올라간 사람들이다. 이들에게는 전통적인 영웅 내러티브를 유지하는 게 도움이 된다. '똑똑하고 재능 있는 사람이니 인정받아 마땅하지'라는 생각이 남들보다 우위에 설 수 있는 근거가 되어주기 때문이다. 이렇게 예외적인 사람이라면 성공을 위해 힘들게 전략을 연구할 필요도 없고 싸울 필요도 없다.

그렇지만 실제로는 누구도 그렇게까지 예외적이지 않다는 게 문제다.

나는 크게 성공한 한 예술가를 알고 있다. 그녀는 TEDx에서 강연했고, 국제적으로 높은 수임료를 받는 사람이었다. 한번은 그녀에게 성공 비결을 물은 적이 있다. 그녀는 말했다.

"대단한 일을 해내면 돼요."

말은 쉽다. 대단한 성취는 성공의 필수 항목이다. 다만 이건 단지 출발점일 뿐이다. 당신과 나를 포함한 재능 있는 사람들은 프로만큼 실력이 좋더라도 성공하지 못할 수 있다. 성공에는 일정한 단계, 기술, 전략이 필요하다. 성공한 사람들은 이런 정보를 공유하지 않는다. 성공으로 가는 과정은 비밀스럽게 감춰져 있다. 이 점이 나를 화나게 했다.

하룻밤에 이뤄지는 성공은 없다.

누구나 성공에 시간과 끈기가 필요하다는 것을 안다. 임원 코칭을 하면서, '공인된 전문가' 참가자들을 통해 알게 된 바에 따르면 '끈기'의 정의 자체가 모호하게 인식되고 있었다. 기사 두 개를 쓸 정도인가? 아니면 열 개? 백 개? 천 개? 아이디어를 인정받고 원하는 삶과 커리어를 이루기까지 얼마나 긴 시간이 필요하지?

이 책의 목표는 장기적인 성공에 이르는 길을 있는 그대로 보여주는 것이다.

이를 위해서는 첫째로, 의미 있는 삶의 문을 여는 열쇠, 즉 성공의 기준을 세워야 한다. 경제적 성공은 많은 사람의 목표다. 그렇지만 그것이 유일한 잣대가 되어서는 안 된다. 인간으로서 앞으로 어떻게 성장하고 발전해 나갈지 폭넓게 생각한 다음, 그 고민을 삶에 녹여내야 한다.

둘째로 원하는 것은 무엇이든 얻을 수 있음을 이해해야 한다. 즉시 이루어지지는 않는다. 체계적이고 끈기 있게, 신중하게 작은 보폭으로 한 걸음씩 나아가다 보면 결국 도착할 수 있다. 처음에는 진척이 느리겠지만 시간이 지날수록 복리로 누적되어 놀라운 결과를 가져다줄 것이다.

롱 게임을 하면서 단기적인 만족을 지양하고, 불확실하지만 가치 있는 미래의 목표를 향해 나아가는 일은 쉽지 않다. 하지만 쉽고 빠르고 피상적인 것이 우선시되는 세상에서 의미 있고 지속적인 성공을 위한 가장 확실한 길이다.

이 책에서 나는 장기적 사고를 뒷받침하는 주요 개념과 전략을 공유할 것이다. 내 인생을 통해 직접 실험하고, 수백 명의 고위급 임원과 기업가들을 코칭하면서 검증해 낸 것들이다.

이 책은 자기 일과 삶이 더욱 발전하기를 원하며, 결과를 얻기까지의 어려운 길을 기꺼이 택한 용기 있는 사람들을 위해 쓰였다. 당신은 제니처럼 한창 커리어를 쌓으면서 다음 단계를 모색 중인 임원일 수 있다. 아니면 론처럼 자신의 아이디어가 널리 퍼지지 않아 고민 중인 기업가일 수도 있다. 알베르트처럼 은퇴 후의 커리어를 염려하며 시간이나 에너지를 잘못된 선택에 낭비하고 싶지 않을 수도 있다. 마리처럼 젊은 음악가로, 좀 더 큰 무대에 설 준비가 된 사람일 수도 있다('큰 무대'는 비유적인 표현이지만 경우에 따라서는 말 그대로다. 우리는 이후 마리가 전설적인 카네기 홀에서 공연하기까지의 여정을 함께할 것이다).

이 책은 '생각과 시간의 여백 찾기', '중요한 일에 집중하기', '지치지 않고 지속하기'의 3단계로 구성되어 있다.

1단계^{PHASE 1} '생각과 시간의 여백 찾기'에서는 롱 게임을 할 때 간과되기 쉽지만 사실 매우 중요한 사실을 다룬다. 바로 우리 삶에서 불필요한 것들을 먼저 없애는 것이다. 너무 바쁘고 정신이 없어서 생각할 시간조차 없다면 단기적인 사고방식에서 결코 벗어날 수 없다.

규칙 1^{RULE 1}은 우리가 바쁜 진짜 이유를 알아보고 바쁨의 유혹에서 벗어나야 하는 이유와 방법을 제시한다. 물론 당신에겐 해야 할 일이 너무 많다. 그렇지만 가득 채워진 일정표는 결국 스스로가 만들어낸 감옥이다. 이 감옥을 탈출하기 위한, 적어도 꽉 닫힌

빗장을 헐겁게 하기 위한 실용적인 방법을 알려준다.

규칙 2 RULE 2는 일정표에 여백을 만들고 가장 중요한 일에 집중적으로 시간을 할애하는 구체적인 방법을 알아본다. 쏟아져 들어오는 업무와 요청, 미팅 등에서 나의 시간을 지키기 위한 거절의 방법들이다.

2단계 PHASE 2 '중요한 일에 집중하기'에서는 장기적인 사고법의 핵심을 다룬다. 우리에게 맞는 올바른 목표는 어떻게 찾을 수 있으며, 시간을 요구하는 중요한 일들이 산적한 상황에서 전략적으로 이러한 목표를 추구하려면 어떻게 해야 하는지 알아보자.

규칙 3 RULE 3에서는 흥미에 맞춰 목표를 찾는 시스템을 소개한다. 우리가 진정으로 원하고 즐겁게 도전할 수 있는 목표를 찾는 게 중요하다.

규칙 4 RULE 4에서는 구글을 통해 잘 알려진 '20%의 시간'을 롱 게임에서 활용하는 방법을 다룬다. 일하는 시간의 5분의 1에 해당하는 시간을 새로운 아이디어와 프로젝트에 활용하는 것이다. 이 전략을 효과적으로 활용한 전문가들의 사례를 통해 실험을 위한 시간을 할애하는 것이 왜 그토록 중요한지를 설명한다.

규칙5 RULE 5에서는 하고 싶은 건 많은데 어디서부터 시작해야 할지 모르는, 흔히 가질 수 있는 의문을 해결하기 위한 전략을 알려준다. 나는 이 방법을 '커리어 파도타기'라고 부른다.

규칙 6 RULE 6에서는 시간을 잘 쓰는 방법을 알아본다. 시간과 에너지를 효율적으로 활용해서 목표를 달성해 일거양득을 노린다.

규칙 7 RULE 7에서는 탄탄한 네트워크가 롱 게임에서 얼마나 중요한지 알아본다. 의외로 많은 사람이 네트워킹을 꺼린다. 네트워킹이 다른 사람을 이용하는 행동이라는 부정적인 인식이 있기 때문이다. 이런 사고방식에서 벗어나 오래가는 진정한 관계를 구축하는 법을 안내한다.

마지막으로 3단계 PHASE 3 '지치지 않고 지속하기'는 롱 게임에서 가장 어려운 내용을 다룬다. 그것은 바로 도전적인 상황, 즉 실패를 겪거나 결과가 나오지 않는 상황에서 멈추지 않고 계속해서 앞으로 나아가는 일이다.

규칙 8 RULE 8은 전략적 끈기에 관한 것이다. 끈기는 정체기, 심지어 뒷걸음질 치는 것처럼 느껴질 때조차 꾸준히 앞으로 나아가는 비결이다.

규칙 9 RULE 9에서는 의미 있는 실패에 대해 알아본다. '빨리 실패하라'는 실리콘밸리에서 보편적으로 받아들여지는 철학이지만 끔찍하고 창피하게 느껴지는 건 어쩔 수 없다. 중요한 점은 실패와 실험의 중대한 차이를 이해하는 것이다. 실패가 결과가 아닌 과정임을 이해하고, 이를 통해 무언가를 배웠다면 그것은 단순한 실패가 아니다.

마지막으로 규칙 10 RULE 10에서는 열심히 일한 보상을 수확하고 누리는 방법을 이야기한다. 성공한 사람들은 수년간 수없이 노력하고 많은 시간을 일에 쏟는 것에 익숙해져 있으므로 잠시 멈춰서서 보상의 순간을 음미하는 것이 어렵게 느껴질 수 있다. 그럴 땐 롱 게임의 궁극적인 목적을 생각해 보자. 장기적인 커리어의 성공을 일구는 것은 과정일 뿐이다. 성공을 통해 행복한 삶을 누리는 것이 우리가 진정 이루고자 하는 것 아닌가.

→

누구나 머리로는 성공에 끈기와 노력이 필요하다는 사실을 알고 있다. 안타깝게도 지금의 사회는 쉬운 것, 보장된 길, 그 순간에 멋져 보이는 일을 택하는 쪽으로 우리를 밀어 넣는다. 《롱 게임》은 그와 반대로 장기적인 사고를 해야 한다고 강력히 주장하는 책이다. 미래를 불안해하며 어려운 시기를 보내고 있을 때조차 가장 중요한 일에 우선순위를 두고, 무의미하고 지루하고 어렵게 느껴지는 순간에도 멈추지 않고 작지만 단단한 걸음을 내딛으면서 목표를 성취해야 한다고 이야기한다. 이를 위한 실용적인 도구를 소개하는 건 덤이다.

롱 게임을 한다는 것은 타인에 휩쓸리지 않고 나만의 삶을 살겠다는 결정이다.

그 과정이 쉽지만은 않다. 읽는 사람이 없더라도 블로그에 글을 올리고, 아이디어를 실험하며, 나의 이야기에 귀 기울여주는 사람들을 조금씩 늘려가는 일들이 필요하다. 당장 오를 수 있는 무대가 없더라도 연설 수업을 듣고 발표를 더 잘하는 사람이 되기 위해 노력하는 것, 내세울 게 없는 사람처럼 느껴지더라도 네트워킹 행사에 참석해 시야를 넓히고 연락처를 확보하는 것도 마찬가지다. 일주일, 한 달, 심지어는 1년이 지나도 스스로 성장을 느끼지 못할 때도 있다. 큰 목표는 짧은 시간에 이루기 어려운 게 당연하기 때문이다.

대신 매일 조금씩 체계적으로 한 걸음씩 목표를 향해 나아가다 보면 아무리 불가능해 보였던 것이라도 달성할 수 있을 뿐 아니라, 그 시기 또한 생각보다 더 빠르게 올 수 있다.

이 놀라운 사실을 나를 포함한 많은 전문가는 이미 경험했다. 이제 당신의 차례다. 자, 이제 당신의 인생을 송두리째 바꿀 롱 게임을 본격적으로 시작해 보자.

차례

PHASE 2 중요한 일에 집중하기

PHASE 3 지치지 않고 지속하기

생각과 시간의
여백 찾기

이미 가득 찬 컵에 음료를 더 따를 수는 없는 법이다. 이것이 우리가 시간과 에너지를 어디에 쓸지 현명하게 선택해야 하는 이유다. 좋은 것을 채우려면 먼저 여백을 만들어야 한다.

많은 사람들이 이런저런 임무를 완수하느라 바쁜 나머지 기계적으로 살아간다. 바쁨은 일견 성공으로 가는 길처럼 보일 수 있지만, 성찰의 시간을 허락하지 않기 때문에 목적지와 방향을 잃고 헤맬 위험도 크다. 만약 잘못된 목표를 향해 열심히 달리고 있었다면? 성공적인 삶이란 무엇을 의미하는지 탐색할 시간을 가져야 하는 이유다. 규칙 1과 규칙 2를 통해 그 방법을 알아보자.

RULE 1

**바쁨의 유혹에
빠지지 않는다**

종종거리며 근시안적으로 살아가는 게 좋지 않다는 사실은 누구나 알고 있다. 매니지먼트 리서치 그룹에서 연구한 바에 따르면[1] 리더의 97%가 전략적 사고, 다시 말해 장기적 우선순위에 집중하는 능력을 조직의 성공에 핵심적인 요인으로 파악하고 있다. 그런데 문제가 있다. 다른 연구에 따르면[2] 위와 거의 같은 비중인 96%의 응답자가 장기적으로 전략적 사고를 할 시간이 없다고 답한 것이다.

과연 정말일까?

오늘날의 직장인은 모두 바쁘다. 맥킨지 연구 결과만 봐도 지식 근로자들은 업무 시간의 28%를 이메일을 확인하는 데 사용한다.[3] 아틀라시안 그룹의 연구에 따르면 직장인은 한 달 평균 62회의 미팅에 참석한다.[4] 충격적인 숫자처럼 들리겠지만 하루 두세 건이면 특별히 이상한 일은 아니다. 여느 평범한 직장인의 일상일 뿐이다. 이 약속에서 저 약속으로 허둥지둥 쫓기고, 매일 보고서를 써대며, 중간중간 셀카도 찍어야 하는 데다(온라인 친구들에게 자랑은 해야 하니까), 늦은 밤까지 이메일에 실시간으로 답장해야 하는 삶이 무한 루프처럼 돌아간다.

아직도 일부 회사는 사무실에서 갖는 페이스 타임(재택근무 시 페이스 타임은 스크린 타임이 되겠지만)이 생산성과 충성도를 높여준다고 여기는 오류를 범한다. 한 연구에 따르면 주당 50시간 이상 일하는 직원은 그보다 덜 일하는 동료들에 비해 연봉을 6% 더 벌긴 하지만,[5] 실제 생산성은 50시간을 넘어가면 떨어진다고 한다.[6] 항상 긴장 상태를 유지하는 건 잘못된 보상 체계에 대한 잘못된 적응 방식이라는 것이다.

게다가 정작 성과를 내고 평가받는 진짜 업무는 끼워 넣기로 겨우 끝내는 게 현실이다. 탁월한 생산성을 자랑하는 리더 중 96%가 핵심적인 업무에는 제대로 손도 못 댄다는 건 무언가 단단히 잘못된 것 아닐까?

바쁨은 잘나가는 사람의 상징일까

→

우리는 생각할 시간이 좀 있었으면 좋겠다고 말하면서도, 막상 달력에 빈칸이 생기면 뒤처지고 있는 건 아닐까 불안해한다. 달력에 적어놓은 다음 일정을 생각하느라 당장의 일은 즐기지 못한다. 즐거웠을 일조차 빠듯한 일정, 부담스러운 요구 사항, 무리한 압박 때문에 최악의 상황으로 돌변하곤 한다.

우리는 왜 멈추지 못하는가? 단기 실행 모드를 통해 무언가를 얻기 때문이다. 콜롬비아 경영대학원의 실비아 벨레자 연구팀에 따르면 적어도 미국에서는 바쁘다는 것이 높은 사회적 지위와 연관지어 인식된다.

"다른 직원이나 고객이 높이 사는 인적 자본 특성, 예를 들어 능력과 야망 등을 갖춘 개인은 찾는 곳이 많지만 공급은 적다. 바쁘고 일이 많다는 말을 자주 하는 것은 자신을 찾는 곳이 많다는 것을 어필하는 행위다. 그로 인해 자신의 사회적 지위에 대한 타인의 인식을 향상시키는 결과를 가져온다."[7]

미친듯이 바쁘게 사는 것과 이 사실을 타인에게 알리는 것은 의식적으로든 무의식적으로든 자존감 유지에 중요한 역할을 한다. 장기적인 사고를 위한 시간을 바란다고 하지만, 실제로 그럴 시간이 있다는 건 자신이 중요한 사람이 아니라는 의미가 되고 만다.

즉, 바쁘게 살아가는 강력한 동기는 결국 자기 자신이 만들어낸 것이다. 그런데 여기서 끝이 아니다.

팀 페리스가 일중독에 빠진 이유

바쁜 일상은 무감각해지는 방법이기도 하다. 팟캐스트 채널 '팀 페리스 쇼'에서 팀 페리스는 인터뷰 도중에 일에 중독됐던 경험을 밝혔다.

"2004년까지는 느끼기 싫은 감정이 있을 때마다 그것을 회피하기 위해 활동을 늘리곤 했다. 어떤 사람은 헤로인이나 코카인을 하지만 나는 일에 중독됐다."[8]

나도 이런 경험이 있다. 몇 년 전 실연의 상처와 가족의 죽음으로 힘들 때였다. 그해에 집을 팔고 다른 주로 이사를 했으며, 그 와중에 주요 연설을 61회나 했다. 일주일에 한 번 이상은 다른 택시에 올라타고, 다른 비행기에 올라, 다른 호텔 로비에 당도했다. 사실 그편이 좋았다. 집에서 멀리 떨어져 있어야만 눈물을 터뜨리지 않을 수 있었다. 어느 비행기, 몇 번 터미널, 몇 번 게이트 같은 당장 기억해야 할 것들에만 집중했다. 연설을 하고 고객들을 만족시키는 일에만 전념했다. 신시내티나 피닉스, 샬롯에서 맛있는 인도 음식점을 찾는 것처럼 사소한 일에 집중하는 것도 도움이 됐다. 집에 들어가 혼자 시간을 보내야 할 때면 참을 수 없는 기분이 들었기 때문이다.

당장 무슨 일을 해야 할지 알고 있을 때는 크나큰 존재적 안도감을 느낀다. 바쁜 일상을 보내고 실행에만 집중하면, 당황스러운 답변이 튀어나올지도 모르는 질문들을 던질 시간이 없다.

이게 과연 올바른 길인가?

진짜 성공이란 뭘까?

나는 지금 원하던 삶을 살고 있는가?

매출 25%를 올려야 하는데 방법을 모르거나, 직업적 선택을 재고해야 하거나, 업계 변화에 대응해야 할 때는 과거와 똑같은 방식을 되풀이하면 된다. 일이나 삶을 재평가할 질문들에는 그런 깊은 생각을 할 시간이 없다고 핑계를 대면 그만이다.

캐나다에서 프리랜싱 컨설턴트로 일하고 있는 알리 데이비스도 마찬가지였다. 영국 출신인 알리는 14년간 성공적으로 커리어를 쌓아 올렸지만, 10년쯤 지나 불안하고 불행한 기분이 들었다.

"이 일에서 빠져나가고 싶었지만 자신을 설득하며 계속 머물렀죠. 성공한 삶이었으니까요. 일반적인 의미의 성공에 등을 돌리고 나면 내 정체성에 어떤 변화가 닥칠까, 그게 잘못된 결정이면 어떻게 하나, 하는 두려움도 있었죠."

알리는 결국 4년을 더 회사에 머무른 뒤에야 자신에게 필요한 질문을 던지기 시작했다.

"때론 내가 꿈꾸었던 프로페셔널한 삶의 모습이 스스로의 발목을 잡곤 하죠. 실제로 무슨 일이 벌어지고 있는지 낱낱이 분석해야 하는 이유예요."

레베카 주커도 그 느낌을 잘 안다. 스탠퍼드 경영대학원을 갓 졸업하고 골드만삭스에서 일할 때 그녀는 이미 훌륭한 이력을 갖추고 있었다.

"BNP 파리바 그룹과 미팅을 했어요. M&A 부서장에게 M&A를 꼭 하고 싶다고 했죠. 그때 사실 저는 그저 울고 싶었을 뿐이었어요. 당시 부서장은 추가로 10개의 미팅을 더 잡았고, 전 계속 일을 했어요."

우리는 예전에 이미 해봤거나 잘됐던 방식, 우리가 원해야만 한다고 느끼는 것을 그대로 답습하는 경우가 너무나 많다. 게다가 비참한 기분이 드는 순간에도 그 어떠한 대가를 치르면서까지 같은 곳에 머무르려고 한다. 결국 시간이 흘러 레베카는 계시의 순간을 맞이했다.

"저는 금융업에 아무런 관심도 못 느꼈어요. 그저 파리에 있고 싶었죠."

진정한 우리 자신의 모습이나 정말로 하고 싶은 일은 생각할수록 더욱 선명해진다. 그렇지만 바쁜 삶을 맹신하는 사회에서 살고 있는 우리에게 성찰의 시간을 갖는 일은 쉽지 않다.

허버트 사이먼은 카네기멜론대학교 컴퓨터공학 및 심리학 교수로, 전화선으로 인터넷을 연결하던 초기 단계, 즉 인터넷이 미국인의 삶에 큰 영향을 주지 못했던 1971년에 이렇게 예견했다.

"정보가 넘쳐나는 사회에서는 정보의 풍요 때문에 다른 대상의 결핍이 발생합니다. 그 대상은 바로 수용자들의 주의력이죠."[9]

그는 이에 대한 해결책으로 주의를 끄는 온갖 정보들 사이에서 주의력을 효과적으로 분배하는 것을 꼽았다. 이는 무엇에 집중할 것인지를 확실히 파악해야 한다는 의미다.

그로부터 25년이 지난 지금 우리는 집중력을 한곳으로 모으는 것의 어려움을 너무 잘 알고 있다. 우리는 단기적 사고의 유혹이 만연한 시대에 살고 있다. 그저 고개를 숙이고 당장 눈앞의 일들을 처리하고 또 처리한다. 사회뿐만 아니라 심리적으로 이런 경향은 가속화되고 있다.

기업의 리더들은 거의 만장일치로 '장기적인 전략이 중요하다'는 데 찬성했다(97%나 되는 사람들이 찬성하는 안건이 어디 흔한가). 이 전제에 대부분이 동의한다는 가정하에, 우리는 어디서부터 시작하는 게 좋을까?

내 시간에 주도권을 쥐고 있는가

$\longrightarrow$

첫 단계로 데릭 시버스의 이야기를 참고해 보자. 시버스는 뮤지션으로 커리어를 시작했지만 CD 베이비라는 온라인 인디 음악 기업을 세우면서 기업가가 되었다. 2008년에는 기업을 성공적으로 키워 매각했다. 이후 그의 행보는 다른 기업가들처럼 황급히 새로운 스타트업을 시작하거나 투자에 뛰어드는 게 아니었다. 오히려 사업과 멀어졌다.

그는 현재 싱가포르, 뉴질랜드, 영국 옥스퍼드 등에 거주하면서 대부분의 시간을 글을 쓰며 보내고 있다. 시버스에게는 바쁜 것이 높은 지위를 상징하지 않는다. 반대로 노예와 같은 상태라고 생각한다.

"탈진, 패닉 상태에 빠져 '너무 바빠!'를 입에 달고 사는 전형적인 현대인의 삶을 저는 몹시 부정적으로 생각합니다. 내 삶에서 주도권을 놓치고 있는 기분이 들어요. 아주 성공한 사람들을 만나보니 그중 몇몇은 차분하고 심지가 있고 동요하지 않으면서 주의력이 좋았어요. 그들은 주변의 상황을 통제하고 있었죠. 저는 그런 삶을 원했습니다."

우리가 동경하는 사람들에 대한 관점을 바꾸는 것이 첫 단계로 나아가는 강력한 원동력이 될 수 있다. 적어도 무의식적으로 바쁨을 숭배하는 것은 멈출 수 있다.

일정을 자유자재로 통제하고 중요한 일에 많은 시간을 할애하는 사람을 존경한다고 하더라도 나 역시 당장 그렇게 되기는 쉽지 않다. 다른 사람과의 교류가 적은 직종에서 일하더라도 자신이 처리할 수 있는 것보다 많은 요청을 받고 있을 확률이 높다. 점심이나 저녁 식사 초대, 줌 회의, 프로젝트 회의, 팔로업 회의, 브레인스토밍, 조언이나 소개 요청 등 요구하는 것도 다양하다.

따라서 몇몇 요청에는 어쩔 수 없이 거절해야 한다. 전부 응하는 것이 물리적으로 불가능하기 때문이다. 그렇다고 공백을 만들기 위해 모든 요청을 거절하는 것 또한 불가능하다고 생각할 것이다.

이런 생각부터 떠오르지 않는가.

'사람들이 기분 나빠하면 어쩌지?'

'좋은 기회를 놓치는 건 아닐까?'

당연히 쉽지 않다. 거절하기가 롱 게임의 규칙 2가 된 것에는 이유가 있다. 심지어 좋은 제안도 거절해야 할 때가 있다.

중요한 것은 무의식일지라도 바쁨을 숭배하면 우리가 내리는 결정 역시 그 방향을 따를 거라는 점이다. 바쁨의 미신에서 벗어나 내 시간의 주인이 된다면 내가 원하는 일정으로 달력을 채울 수 있다. 그리고 목표가 명확할수록 일정을 통제하기가 쉬워진다.

가장 중요한 목표를 정하고 이를 기준으로 계획하고 생각하는 능력을 얻었다면, 이제는 한 발 더 나아가 그에 맞는 선택을 내릴 용기가 필요하다.

투두 리스트를 버려라

—→

이것은 데이브 크렌쇼의 이야기와도 이어진다.

"제가 어릴 적에는 환경이 좋지 않았어요. 그래서 제 아이들에게는 더 좋은 환경을 만들어주고 싶었죠."

그는 20여 년 전인 대학 시절에 이미 이런 결심을 했다. 한 수업에서 인생의 비전을 발표하라는 과제를 받았다.

"제 꿈은 당시엔 목돈으로 느껴질 만한 돈을 버는 것이었어요. 대신 일주일에 40시간 이하로 일하면서 말이죠."

질의응답 시간이 되자 한 학생이 말했다.

"현실적이지 않은 꿈이야. 그 정도의 돈을 벌려면 많이 일해야 할 텐데, 가족과의 시간도 희생해야 할걸."

데이브는 그의 인생을 통해 이 학생이 틀렸음을 증명했다. 현재 그는 작가이자 시간 관리 및 생산성 전문가로 일하고 있다. 주당 30시간 정도 일하며, 매년 7월과 12월에는 아내와 아이들을 데리고 휴가를 떠난다.

많은 돈을 벌기 위해서는 정신없이 바쁘게 일하며 사업을 운영해야 했지만, 가족과 보내는 시간을 업무 시간 사이에 끼워 넣지 않았다. 반대로 가족과 함께할 시간을 먼저 계획한 후 거기에 맞춰 일하는 시스템을 만들었다.

"평범한 사람들은 비효율적인 일정으로 하루에도 어마어마한 시간을 버립니다. 원치 않은 일을 참고 하면서도 그 사실을 깨닫지 못하죠. 오래 일하는 것을 무의식적으로 허용했기 때문입니다. 끊임없이 오랫동안 일하는 것을 용인하고 나면 작은 시스템에 갇힙니다. 그럼 여기저기서 전략적 비효율이 발생하죠."

반면 '7월은 쉴 거야' '매일 오후 6시까지 일을 끝내자'와 같은 기준을 세우고 일을 시작하면 창의적인 방법으로 시스템을 구축할 수 있다. 일 처리가 느린 컴퓨터나 미진한 일정 관리 시스템처럼 비효율이 존재하는 지점을 찾아내기도 한다. 그러지 않으면 자신과의 약속을 지킬 수 없기 때문이다.

시간을 낭비하는 원인을 파악하고 제거할 수 있을 뿐 아니라 아래와 같은 근본적인 질문에도 대답할 수 있다.

- 이 일을 꼭 해야 할까?
- 다른 누군가에게 맡기거나 안 하는 방법은 없을까?
- 가장 큰 보상을 얻으려면 어떤 일에 노력을 집중해야 할까?
- 다시 시작한다면 또 이 프로젝트에 투자할까?

시인이 소네트의 엄격한 형식을 지켜가며 시를 짓듯 어떤 일에든 기민하게 대처할 수 있도록 긍정적인 제약을 활용하는 것이다.

너무 많은 사람이 일정에 대한 비합리적인 생각을 수용하고 있다. 많은 일에 알겠다고 답하면서 다 해낼 수 있기를 염원하는 것이다. 그러느라 중요한 일은 뒤로 밀려나고, 동료들은 실망하며, 자신은 뒤처졌다는 느낌에 끊임없이 시달린다.

여기에서 벗어날 수 있는 간단한 팁을 데이브가 제시한다.

"투두 리스트 to-do list 를 그만두는 게 가장 중요합니다. 투두 리스트를 적기 시작하면 '무조건 다 써보자'는 마음이 생기기 때문이죠. 줄줄이 써 내려간 목록은 결국 다 해낼 수 없죠."

사람들은 데이브가 즐겨 쓰는 스케줄 앱을 알고 싶어 한다. 데이브의 답변은 그들을 실망시킨다. 왜냐하면 그 앱이란 일반적인 달력이기 때문이다.

"나에게 가장 중요한 일이 무엇인지 결정한 다음, 그 항목을 가장 먼저 달력에 씁니다. 덜 중요한 일은 나중에 쓰죠. 중요도가 아예 없는 것은 지워버리거나 타인에게 위임합니다. 애초에 거절해도 되고요. 투두 리스트 대신 달력을 보면서 일하면 하루 일정을 제대로 통제할 수 있습니다."

이는 완벽한 다이어트가 무엇이냐는 질문에 대한 답변의 생산성 버전이다. 케토식 다이어트? 앳킨스 다이어트? 사우스비치 다이어트? 간헐적 단식? 답은 간단하다. 그냥 적게 먹는 게 최고다. 일도 똑같다. 나에게 중요한 일을 하기 위해선 먼저 덜 중요한 일들을 하는 시간을 빼야 한다.

근시안적 사고의 결과에 만족하는 사람은 거의 없다. 끊임없는 흥분 상태, 쉼 없이 이어지는 챗바퀴 같은 일상, 공격적으로 목표만을 추구하는 태도 중 어느 것도 바람직하다고 보기 어렵다.

모두가 따르는 문화와 정반대의 길을 걷는 것에는 용기가 필요하다. 우리가 누구이고 진정으로 무엇을 원하는지와 같은 불편한 질문을 마주하려면 내면이 강해야 한다. 대면 시간과 업무량에 따라 생산성을 측정하는 데 익숙한 상사, 동료, 고객과도 협의를 해야 하므로 외적인 환경을 조성하는 작업도 필요하다. 이를 위해서는 능동적으로 바뀌어야 한다. 근본적으로 변화에 대한 확신이 있어야 한다.

생산성 지침서로 유명한 《쏟아지는 일 완벽하게 해내는 법》의 저자 데이비드 앨런을 몇 년 전에 만났다. 내 책 《스탠드 아웃》을 위해 인터뷰할 때였다. 당시 데이비드는 흥미로운 통찰을 공유해주었다.

"좋은 아이디어를 내는 데는 시간이 필요하지 않습니다. 공간이 필요하죠. 머릿속에 여유 공간이 없으면 새로운 생각은 떠오르지 않아요. 혁신적인 아이디어를 내거나 의사 결정을 내리는 일에는 시간이 걸리지 않지만, 심리적 공간이 없으면 최상의 결과를 내기 어렵습니다."

장기적이고 전략적인 사고를 위해 수백 시간을 마련할 필요는 없다. 사원으로 요양을 떠나거나 투스카니에 있는 농장을 빌릴 필요도 없다. 정신적 공간과 약간의 시간만 있으면 된다.

더 훌륭하고 기민하면서도 전략적으로 생각하기 위한 첫 번째 단계는 불필요한 요소들을 제거하는 것이다. 실제 삶에서는 끊임없이 이런저런 요청들이 밀려오므로 멋진 기회들이 자잘한 일들에 묻혀버리기도 한다.

이런 일을 막으려면 어디서부터 시작해야 좋을까? 다음 규칙을 살펴보자.

- 바쁜 것은 중요한 사람처럼 보이는 효과가 있다. 높은 사회적 지위를 과시하기 위해, 불편한 질문을 피하기 위해 무의식적으로 바쁘게 행동하기도 한다. 바쁨에 대한 제대로 된 인식이 필요하다.

- 바쁨은 '많은 사람이 필요로 하는 사람'이 아닌 '일정도 제대로 통제하지 못하는 사람'이 보여주는 행동이라고 관점을 바꿔서 생각해 보자. 더 이상 바쁜 게 매력적으로 보이지 않을 것이다.

- 내가 쓸 수 있는 시간의 한계를 명확히 인지하고 진짜 중요한 일만 일정에 넣자. 생각 없이 눈앞의 일만 처리하다 보면 우리의 모든 시간이 불필요한 일에 잡아먹힐 것이다. 일을 통제할 견고한 울타리를 만들어야 한다.

RULE 2 ➔ ## 좋은 제안도
때로는 거절한다

한동안 만나지 않았던 친구에게서 이메일을 받았다.

"내가 요즘 정신없이 바빠. 초대받은 기업가들의 모임에서 활동하고 있거든. 공공부문 영역에서 활동하는 디자이너, 개발자, 디지털 전략가, 홍보 전문가들이 매년 모여서 비즈니스를 확장하는 방법을 모색하는 모임이야."

친구는 모임을 소개하며, 다음 모임이 그랜드케이맨^{Grand Cayman} 섬에서 열릴 예정인데 주요 게스트로 참석해 줄 수 있느냐고 물었다. 매력적인 제안이었다. 친구를 만나고 멋진 기업가들과 흥미로운 대화를 나누고 멋진 해변 리조트에 공짜로 머물 수도 있었다. 그러나 한 가지가 마음에 걸렸다. 이 제안을 받아들이고 싶은 마음이 컸지만 신중하게 대답해야 했다.

우리는 이런 상황에 자주 직면한다. 직무와 관련된 행사 초대, 인맥을 만들기 위한 가벼운 만남, 안부를 묻는 전화, 지인을 통한 상담 요청, 모임이나 콘퍼런스에서의 발표 제안 등이 밀려든다. 물론 처음에는 기분이 좋다.

커리어 초기에는 나에게 오는 연락이 기뻤다. 알아두면 좋은 사람이라고 인정받았다며 뿌듯해했다. 상대에게 편한 시간을 묻고 근방의 스타벅스까지 찾아가 한 시간 정도 한담을 나누다(두루뭉술한 얘기들이었다) 돌아오곤 했다. 도보와 지하철 이동 시간(상습적인 연착을 포함하면)을 합치면 왕복 1시간 반이나 걸렸으니 이런 날은 반나절이 훌쩍 지나가버렸다.

그런 나날이 반복될수록 항상 바쁘게 지내는데도 왜 내 일은 진도가 더디고, 왜 아직도 원하는 만큼 돈을 벌지 못하는지 의문이었지만 이유는 알 수 없었다.

나는 좀 더 신중하게 요청을 받아들이기로 했다. 해파리가 파도에 휩쓸리듯 타인의 요청과 일정에 맞추다 보면 내 하루가 무의미하게 낭비된다는 사실을 깨달았기 때문이다. 점차 내 지위, 정확하게는 자아존중감이 높아지면서 나는 제안에 응하는 방법을 바꾸기로 했다.

• 타인의 일정을 위해 내 일정을 바꾸지 않는다. 나에게 맞춘 시간에

한해서만 요청에 응한다.

- 상대방이 내가 있는 곳으로 올 수 있거나 내가 상대방 근처로 갈 일이 있는 날짜로 약속을 정한다.
- 이유 없이 아무나 만나지 않는다. 업무상 연관이 있거나 흥미로운 점이 있는 사람만 만난다.

커리어 초반에는 아는 사람이 없기 때문에 되도록 많은 제안을 받아들이는 것이 좋은 출발점이 된다. 그렇지만 제안을 주의 깊게 골라야 한다. 이렇게 원칙을 수정하자 일정에 여유가 생겼고, 들어오는 제안의 수준도 높아졌다. 좋은 일이었지만 거절은 더 어려워졌다.

모르는 사람과의 통화는 거절하기 쉽지만 친구가 통화를 부탁한 사람은? 나를 알릴 수 있는 팟캐스트 출연 요청은? 잠재 구매자들이 참석하는 전문가 모임의 웨비나('web'과 'seminar'의 합성어로, 온라인으로 진행되는 실시간 양방향 세미나 — 역주) 진행 요청은?

나는 좀 더 엄격한 기준을 정해서 이런 상황을 관리하기로 했다. 팟캐스트는 출간 예정인 책이 있을 때만 출연하기, 웨비나는 뜻깊은 행사가 아닐 경우 참석료가 지급될 때만 수락하기, 그래도 히드라의 머리가 끊임없이 생겨나듯이 새로운 요청들이 계속해서 들어왔다. 3년 전, 아니 바로 전해만 하더라도 뛰어들었을 법한 일들도 잠시 멈춰서 고민하기 시작했다.

내가 이 일을 위한 시간을 낼 수 있나? 어떻게 일정에 끼워 넣지? 그만한 가치가 있는 일인가?

이 기준은 그랜드케이맨섬의 행사에서 연사로 서달라는 친구의 요청에도 적용했다.

거절 못 하는 사람들의 특징

→

거절은 장기적인 전략가가 되기 위해서라면 반드시 필요한 무기다. 실제로 우리 삶은 전쟁과 같다. 서로의 시간과 에너지를 지키고 뺏기 위해 싸운다. 그럼에도 우리는 다음과 같은 이유로 쉽게 '예'라고 말해버리는 실수를 저지르곤 한다.

- '내가 필요하다잖아!'

  : 타인이 실망하거나 그들의 기대에 부응하지 못하는 게 싫다.

- '내가 잘난 척한다고 생각하지 않을까?'

  : 타인의 부정적인 판단이 걱정된다.

- '뭐라고 하면서 거절하지?'

  : 어려운 대화를 피하고 싶고, 실제로도 안 하는 게 편하다.

- '만장일치로 나를 초대하기로 했다는데…?'

  : 중요하고 필요한 사람이 되고 싶다.

- '나 말고 다른 사람은 다 하는 거 아닐까?'

  '제2의 일론 머스크와 친해질 기회를 놓친 거면 어떡하지?'

  : 우리 사회에는 포모증후군FOMO, Fear of Missing Out, 즉 소외되는 것에 대한 두려움이 만연해 있다.

이런 식의 핑계를 대면서 모든 요청을 받아들일 수도 있다. 솔직히 말해서 커리어 초반에는 나와 대화하고 싶어 하는 사람이 그렇게 많지 않으니 모든 요청에 응할 시간도 충분하다. 경력이 쌓일수록 우리를 필요로 하는 사람은 점점 많아진다. 이때는 모든 요청을 수락하면서 또 다른 기회를 모색하는 것은 더 이상 똑똑한 전략이 아니다. 오히려 내 시간을 잡아먹는 커다란 골칫거리가 된다. 선별적으로 대응할 때가 된 것이다.

사람들은 앞에서 언급한 다양한 이유로 거절을 못하고, 하기 싫은 일도 참는다. 일정표가 하룻밤 사이에 가득 차지는 않으므로 개구리가 천천히 물속에서 끓여지다 결국엔 죽는 것처럼 지금 이 순간에도 온도가 올라가고 있다는 사실을 알아차리지 못한다. 결국 많은 사람이 '예'라고 답하는 습관을 고치지 못하고, 몹시 싫어하면서도 카오스와 같은 쉼 없는 일정에 갇혀버린다.

많은 사람이 생각할 시간 혹은 뜻밖의 즐거운 경험을 간절히 바란다. 편안한 대화나 관계의 즐거움도 누리고 싶다. 실제로 이런 일은 거의 일어나지 않는다.

딜로이트 센터 포 엣지의 존 헤이글 공동의장은 다음과 같은 비유를 들어 설명했다.

"달력을 보세요. 일정이 얼마나 빡빡한가요. 아침부터 종일 회의에 치인 후에 저녁 늦게 또 미팅이 잡혀 있진 않나요? 그렇다면 좋은 일을 우연히 마주칠 확률은 극히 낮아집니다. 갑자기 울리는 화재경보에 길거리로 뛰쳐나가지 않는 한 말이죠."

영국의 학자 C. 노스코트 파킨슨 역시 이런 말을 했다.

"일은 주어진 시간이 끝날 때까지 증가한다."[1]

이는 누구에게나 적용되는 진리다. 자유 시간을 철저하게 지키지 않으면 다른 일에 잡아먹힌다.

실제로 우리는 원하지 않지만 그렇게 살고 있다. 성공적인 삶일수록 기회가 더욱 넘쳐나기 때문이다. 단기적으로는 기회를 받아들이는 쪽이 손쉬운 대응이 될 수 있다. 그러다 보면 일정표는 순식간에 빡빡하게 채워지고 정신없이 시간에 쫓기다가 문득 이런 생각이 든다. 왜 내일은커녕 다음 미팅에서 무슨 말을 할지 생각할 여유조차 없는 거지?

정말로 원하는 삶을 만들기 위해서는 어떻게 거절하고, 어떤 어려운 결정을 내려야 할까?

심장이 뛰지 않는다면 거절하라

→

데릭 시버스가 제안하는 거절의 전략을 살펴보자. 그가 음악 관련 사업을 하다가 작가가 된 이야기를 기억할 것이다. 그는 통제 불능의 바쁜 일상을 경계했다. 그런 그에게 수년 전 친구가 이렇게 조언했다.

"어떤 일을 할지 말지 결정할 때 '와! 멋지다! 당연히 해야지! 무조건이지!' 할 정도가 아니라면 거절해야 해."[2]

이러한 이분법은 극단적으로 들릴 수 있다. 그래도 시버스에게는 잘 맞았다.

"그 말을 너무 잘 따라서 거의 모든 일을 거절했어요. 그렇게까지 할 필요는 없었겠지만, 덕분에 제 삶은 굉장히 단순하고 편해졌습니다."

이후 그는 자신에게 의미 있는 일에 하루의 많은 시간을 할애할 수 있었다.

우리는 '목요일까지 무료로 제 논문을 좀 교열해 주시겠어요?' 같은 제안은 거절하고, '연봉을 5만 달러 올리고 승진도 시켜드리죠'처럼 좋은 제안은 잽싸게 받아들일 수 있을 정도로 똑똑하다. 이럴 때 데릭의 친구가 알려준 마법의 주문은 잘 통한다.

문제는 애매한 경우에 발생한다. 좋은 점과 안 좋은 점이 공존하는 경우다. 지루해 보이는 행사에 친구가 초대해서 억지로 참석하는 것, 도움이 될 만한 관객 앞에서 무료 연설을 하는 것 등이 여기에 속한다. 언젠가 내 쪽에서 부탁할 만한 일이 생길 수 있다는 이유로 잘 알지도 못하는 사람을 만나 상담해 주기도 한다. 이런 경우엔 어떻게 해야 할까.

이럴 땐 전부 허락하거나 전부 거절하는 전략이 유효하다. 자신의 만족도를 기준으로 10점 중 9점이 안 되는 것, 심지어 10점인 항목도 거절한다.

나도 용기를 냈다. 그랜드케이맨섬에 가는 일에서 염려되는 점을 분석하는 데는 시간이 조금 걸렸지만 결국 무엇이 문제인지가 명확해졌다.

스케줄상 출장을 갈 수는 있었으나 앞뒤로 출장 일정이 이미 꽉 차 있어서 참석하더라도 지친 탓에 제대로 즐기지 못할 게 뻔했다. 게다가 회원들이 자체적으로 운영하는 곳이라 연사들을 위한 예산은 없을 것이다. 비행기 표와 호텔 숙박비는 지원되겠지만 무료로 연설을 해야 했다. 친구를 볼 수 있다는 것과 햇살 좋은 날씨를 누리는 건 분명 매력적이었다. 하지만 그 좋은 것들을 녹초가 된 상태에서 제대로 즐길 수나 있을까, 돈도 안 받고 일하면서? 친구와는 따로 만나 저녁 식사를 한번 하는 게 나을 터였다.

친구에게 이렇게 답장했다.

"그랜드케이맨섬에서 너희 동료들과 함께할 기회를 줘서 정말 고마워. 흥미롭고 재미있는 행사가 될 것 같아. 하지만 아쉽게도 참석하지 못하겠어. 일정을 살펴봤는데 2~4월에는 쉴 틈 없이 출장이 잡혀 있어서 스케줄을 신경 써서 관리하고 있어. 아무리 멋진 곳에 가는 일이더라도 말이야.

올해 내 다짐은 모든 기회를 받아들이지 않고 좀 더 현명하게 기회비용을 관리하는 거야. 나를 생각해 줘서 정말 고마워. 웨비나를 연다거나 다른 방식으로 내가 도움이 될 수 있다면 기꺼이 힘을 보탤게."

전송 버튼을 누르면서 나는 움찔했다. 거절은 참 어렵다. 그렇지만 나는 결국 해냈다.

만난 적 없는 가족을 위해
COO 자리를 걷어차다

→

테리 라이스는 베테랑 디지털 마케터였다. 메타(페이스북), 어도비 등의 경력이 있으니 그를 필요로 하는 곳이 많은 건 놀라운 일이 아니다. 그런 그가 컨설팅 비즈니스를 처음 시작했을 때 한 달에 2만 달러짜리 의뢰를 받았다. 이제 시작하는 컨설턴트라면 혹할 만한 제안이었다. 하지만 이 일을 맡으면 브루클린에서 롱아일랜드섬까지 매일 오가야 했다. 출퇴근하는 데만 몇 시간이 걸린다는 뜻이다.

"제가 독립했던 이유는 가족과 더 많은 시간을 보내기 위해서 였어요. 만일 이 제안을 수락했다면 딸아이의 얼굴을 거의 못 보겠죠. 프로젝트 내용도 그렇게 매력적이지 않았어요. 제가 쓸 수 있는 시간은 한정돼 있으니 그 일을 수락했다면 정말 관심 있는 다른 프로젝트들을 하지 못했을 거예요."

테리는 의사 결정을 위해 일단 멈춰 선 다음 한 가지 중요한 일을 했다. 기회를 평가하기 위한 핵심가치들을 정리한 것이다. 그의 핵심가치는 돈이 아니었다. 만일 돈이었다면 고민하지도 않았을 것이다. 그는 가족과의 시간이 소중했고 흥미로운 프로젝트를 하고 싶었다. 가치를 명확히 정리한 덕분에 단호하게 결정을 내릴 수 있었다.

"1년 동안 그 회사에서 계속 연락이 왔어요. 거절은 항상 어렵죠. 일이 많이 안 들어오는 시기라면 더더욱 그렇고요. 그렇지만 제안을 계속 거절한 건 잘한 일이었습니다."

메리 반 드 비엘도 비슷한 경험을 한 적이 있다. 글로벌 광고 에이전시가 호주 시드니에 있는 그녀의 브랜딩·디자인 회사를 매각하라고 제안했을 때였다.

그녀를 인도해 준 북극성은 무엇이었을까? 자율권이었다.

"저보다 먼저 글로벌 인수합병 프로그램에 소속된 소형 광고 에이전시 두 곳에 연락해 봤어요. 덕분에 저의 재량으로 사업을 운영할 수 없을 거라는 힌트를 얻었죠. 2000년에 뉴욕에서 사무실을 열려고 했는데, 대형 에이전시에 매각하면 이 건도 승인받을 수 없으리라는 걸 알았어요."

20여 년이 지난 지금 그녀는 거절이 잘한 선택이었음을 안다. 그녀는 이후 원하는 조건으로 다른 입찰사에 회사를 매각할 수 있었다.

때로는 현재 상황이 아닌 원하는 목표를 기준으로 결정을 내려야 하는 경우도 있다. 톰 워터하우스가 그랬다. 2007년 가을, 자산 관리회사의 임원이었던 톰은 꿈꾸던 포지션을 제안받았다. 싱가포르 지사의 최고 운영 책임자^{COO} 자리였다.

"당시 회사에 있던 모든 사람이 원하던 자리였어요. 멋진 개발 계획이 예정돼 있었고 예산도 많이 책정돼 있었죠. 저 또한 싱가포르가 좋았고, 몇 가지 프로젝트를 그곳에서 진행해 본 경험도 있었어요. 함께 일할 사람들도 좋았고요."

2월에 근무를 시작할 예정이었던 톰은 영국 본가에 가서 가족과 크리스마스를 보냈다. 그는 어머니와의 대화를 통해 자신의 마음을 깨달았다.

"사람들이 다 네가 싱가포르에 간다고 좋아하더구나. 정작 너만 빼고 말이야. 내 말이 맞니?"

연말 휴가가 끝나고 출근한 첫날, 즉 1월 3일에 톰은 살면서 가장 어려웠던 전화를 걸었다. 싱가포르의 CEO에게 마음이 바뀌었다고 알리는 통화였다. 톰은 여전히 그때의 고통스러웠던 대화를 기억하고 있다.

"마치 이별 통보 전화 같았죠. 그에게 제 잘못이라고 이야기했죠. 그는 전화를 끊고 나서 15분 후에 다시 전화해 '이해가 안 되는군요. 제가 뭔가 잘못했나요?'라고 물었어요."

회사의 책임 파트너에게 알리는 일 또한 똑같이 힘들었다. 그는 톰이 회사를 배신했다고 표현했으며 더는 그를 믿지 못하겠다고 말했다. 동료들에게 다시 받아들여지기까지 톰은 1년이 넘는 시간을 지옥 속에서 보내야 했다.

무언가를 거절할 때 우리는 다음과 같이 자신을 책망하는 질문을 던질 수 있다. 왜 스스로 괴로운 상황을 자초하는가? 그런 매력적인 기회를 거절하다니 나는 바보인가? 어째서 친구와 동료의 노여움을 사는 위험을 감수하려 하는가? 그렇지만 톰은 달랐다. 그의 결정은 확고했다.

"저는 마흔둘이었고, 가정을 꾸려 아이들이 성장하는 모습을 지켜보는 게 꿈이었습니다. 저에게는 장성한 아들이 있지만, 아이 엄마와 저는 이혼했어요. 두 살이었던 아들은 엄마와 함께 외국으로 건너갔습니다. 제가 싱가포르 포지션을 수락하면 일 때문에 바빠 좋은 사람을 만날 기회를 만들지 못할 게 분명했죠."

테리 라이스와 달리 가족과 시간을 보내기 위한 선택은 아니었다. 톰에겐 아직 아내와 아이가 없었다. 다만 싱가포르로 가면 아내와 아이를 만날 가능성이 훨씬 줄어들 거라는 사실은 잘 알고 있었다. 그래서 그는 베팅을 한 것이다.

우리는 미래에 어떤 일이 벌어질지, 특정한 상황이 어떤 결과를 불러올지 미리 알지 못한다. 그러니 자신에게 중요한 일이라면 얻기 위해 노력을 기울여야 한다.

톰은 발령을 거절한 후 꿈이 결코 이루어지지 않으리라는 사실을 막 받아들일 때쯤인 2년 후에 지금의 아내를 만나 두 명의 아이를 낳았다.

성공한 기업이 가장 잘하는 선택

→

누구나 못하는 일은 있다. '전기 엔지니어링은 어디서부터 시작해야 할지도 모르겠어'처럼 한 번도 배워본 적 없는 일일 수도 있고, '나는 운동엔 젬병이야'라고 하는 것처럼 못하는 일이 곧 자신의 정체성이 되기도 한다.

그렇더라도 자신의 전문 분야에서 무능한 사람이 되는 건 원치 않을 것이다. 적당히 중간 정도만 하는 것도 싫다. 특정 지역의 모든 아이가 자신은 평균 이상이라고 생각한다는 '워비곤 호수 효과Lake Wobegon effect'의 비즈니스 버전이라고 할 수 있다. 이는 프랜시스 프레이와 앤 모리스가 책《탁월한 서비스Uncommon Service》에서 다룬 현상이기도 하다.

하버드 경영대학원 교수인 프랜시스와 사업가인 앤을 처음 만난 건 10년 전 인터뷰를 하기 위해서였다. 이들의 연구 주제는 리테일 분야의 고객 서비스에 집중되어 있었는데, 당시 이들은 왜 세상에는 뛰어난 회사가 많지 않으며 대부분의 회사가 그저 그런 실적을 내는지 연구하고 있었다.

답은 명확했다. 모든 사람을 대상으로 모든 방안을 시도하기 때문이다. 우리는 모두를 위한 제품과 마케팅은 성공할 수 없다는 걸 알지만 잠재 고객 중 어느 누구도 등을 돌리길 원치 않아서, 다른 기업이 하니까 등의 핑계를 대며 하던 대로 한다.

똑똑하고 연봉도 높은 임원이 이끄는 회사들조차 가장 기본적인 전략, 즉 '선택'조차 제대로 못하는 경우도 있다. 반면 역설적이게도 성공한 회사들은 못하는 것을 인정하고 '포기'하는 것을 두려워하지 않는다. 그들에게 '포기'는 성공을 위한 하나의 '선택'인 것이다.

모든 회사들이 A, B, C를 다 잘하기를 바란다. 불가능하다. 한 가지를 잘하기 위해서는 대가가 따른다. 대부분의 회사들이 인정하기 어려워하는 것이 바로 무언가를 뛰어나게 잘하기 위해서는 못하는 것도 있어야 한다는 사실이다.

늦게까지 문을 열면 고객이 좋아할 것을 은행들은 안다. 고객은 편리하지만 은행은 돈이 든다. 실제로 시행하는 은행이 없는 이유다. 대부분의 은행은 고객이 좋아한다는 이유로 그만큼의 비용을 부담하길 원치 않는다. 단 하나의 은행만 빼고 말이다. 프랜시스와 앤이 책에서 소개한 커머스 뱅크다. 이 은행은 일주일에 7일을 영업하고, 평일에는 저녁 8시까지 문을 연다. 다른 은행이 못했던 일을 커머스 뱅크는 어떻게 해냈을까?

커머스 뱅크는 최저 수준의 금리를 제공한다. 고객에게 "계좌 금리를 쥐꼬리만큼 받으시겠어요?" 하고 묻는다면 당연히 싫다고 답할 것이다. 하지만 금리 수입보다 퇴근 후에도 은행 업무를 볼 수 있다는 편리함의 가치를 더 높게 생각하는 사람들은 커머스 뱅크의 고객이 된다.

"못하는 것을 정하는 게 탁월함을 성취하는 유일한 방법입니다. 그것을 거부하면 평범함만이 남죠."[3]

은행과 항공사에 대한 사례 연구가 풍부하게 담긴 이들의 책을 읽으면서 나는 깨달았다. 우리 인생에도 같은 원칙이 적용된다. 우리는 선택하기를 두려워하고, 거절하기를 두려워하며, 하나의 문을 닫아 다른 문을 여는 일을 두려워한다.

우리가 자주 목격하는 것처럼 그 결과는 매우 좋지 않다. 달력이 이런저런 일들로 가득해진다. 어떤 행사는 일찍 빠져나와야 하고 다른 행사는 늦기 일쑤다. 백만 가지 일을 아주 조금씩 해나가는 바람에 항상 '반응 모드'를 유지하느라 온몸이 경직된 채 긴장을 풀지 못한다. 앞으로 닥칠 일에 대응하는 데 급급해 자신의 일정도 주도하지 못한다.

모든 걸 수락한다는 것은 모든 걸 그저 그렇게 해낸다는 뜻이다. 반대로 거절하면 남달라질 수 있는 흔치 않은 기회가 주어진다. 그로 인해 실망하는 사람들도 있을 것이다. 사촌이랑 한번 만나달라는 부탁, 무료 연설 요청, 원고 초안 검토와 같은 일들 중에서 어떤 일은 거절해야 하고, 다 할 수 없다는 사실을 자연스러운 것으로 여겨야 한다.

나는 책 원고를 쓰는 일과 같은 장기 프로젝트를 하고 있을 때, 메일함이 스팸으로 가득 차고 그로 인해 정작 중요한 사람의 메일이 묻혀 그가 화를 낼 일이 생기리라는 사실을 인정하기로 했다. 우리가 무언가를 성취하고 싶다면 이런 일은 받아들여야 한다.

거절하기 힘들면 질문부터 하라

→

다음으로 소개할 거절 방식은 나의 경험을 토대로 한 것이다. 컨설턴트로서 미팅이나 행사 참석을 요청받는 경우가 많은데, 그럴 때 사용하는 방법이다.

어떤 목적으로 나와의 만남이나 도움을 요청하는지 먼저 물어보는 것이다. 이게 거절을 하는 데 무슨 소용인가, 괜히 말이 오가고 답변만 미루는 꼴이 아닌가, 하고 반문할지도 모르겠다. 직관적으로 보이진 않지만 직접 해보면 효과가 좋다.

"제가 제대로 도와드릴 수 있을지 먼저 확인해 보고 싶군요. 의논하고 싶으신 일이 무엇인지, 제가 특별히 도움이 될 만한 일이 무엇인지 자세히 설명해 주시겠어요?"

이렇게 추가 정보를 요청하는 데에는 두 가지 강력한 효과가 있다.

첫 번째 효과는 질문에 답하는 노력조차 기울이지 않는 사람을 거를 수 있다는 점이다. 질문을 하면 상대방은 설명해야 하는 입장이 된다. 만남을 요청했다면 무슨 얘기를 할지, 도움을 요청하는 경우라면 어떤 도움을 원하는지 생각해 보게 된다. 그러나 첫 요청 때 별생각이 없던 사람들은 이 질문에 답하는 두 번째 메일을 보내지 못한다. 여기서 25% 가까이 가지치기가 된다.

질문을 해오는 대부분의 사람은 사회초년생, 또는 관련 분야의 정보가 필요하지만 네트워킹이 귀찮거나 정보가 부족한 경우들이다. 학교 진로상담가로부터 '커피 한잔하자고 해라' '상대의 지능을 빌려라'와 같은 조언을 듣고 가볍게 요청한 것이다.

그들은 당신과 나누고 싶은 특별한 이야기가 없을지도 모른다. 친구가 이유를 명확하게 밝히지 않은 채 추천했거나 동문 학회지나 링크드인에서 당신의 이름을 봤을 것이다. 당신이 하는 일을 제대로 모른다면 "제프 베이조스에게 저 좀 소개해 주실래요?"처럼 당신이 해줄 수 있는 일에 대해서도 말도 안 되는 기대치를 가질 수 있다. 이들이 먼저 조사를 해오면 좋겠지만, 대부분은 그렇게까지 노력하지 않는다. 따라서 당신의 소중한 시간이 갑작스러운 요청으로 낭비되지 않도록 적극적으로 일정을 방어해야 한다.

친한 친구나 클라이언트를 돕고 싶고, 멋지고 잠재력이 뛰어난 차세대 비즈니스 리더와 만나고 싶은 마음은 이해한다. 그러나 명확한 이유도 없이 잠깐 통화하자거나 커피 한잔을 요청할 때는, 허락하기 전에 먼저 무엇을 원하는지 질문을 던져 속도를 조절할 필요가 있다.

두 번째 효과는 상대에게 어디서, 어떻게, 얼마나 도와줄 수 있는지를 미리 가늠할 수 있다는 점이다. 구체적으로는 다음과 같은 정보를 얻을 수 있다.

- 대화 주제와 그에 대한 상대방의 의중을 알 수 있다.
- 상대방이 내게 원하는 것을 알 수 있다.

대화 주제를 미리 알면 의중을 파악하기 위한 수고로움을 덜 수 있다. 상대가 홍보 분야에서 일하길 원하지만 당신이 하는 일과는 부합하지 않다면 그와의 대화로 한 시간을 낭비하는 꼴이다. 그럴 땐 자신은 연설문 작성이 전문이라 홍보 분야에 대해서는 유용한 정보를 주기 어렵다고 밝히면 만남으로 이어지지 않는다. 혹은 실제로 홍보 분야에서 일하고 있으며 그와 관련해 글을 쓴 적이 있다면, 자신이 썼던 글이나 자료를 전달함으로써 직접 만나지 않고도 도움을 줄 수 있다.

어떤 사람들은 자신이 원하는 바를 명확히 표현하는 것을 어려워한다. 엉뚱하고 부적절한 부탁이어서 그렇기도 하다. 한번은 저녁 식사 초대를 받은 자리에서 앙트레를 먹을 때쯤 만남의 목적을 들을 수 있었다. 자신이 진행하는 영화 프로젝트에 투자해 달라는 것이었다. 디저트가 나올 땐 어색함만 감돌았다.

사전에 질문을 명확하게 해두면 이런 당황스러운 상황을 피할 수 있다. 대신 간단하게 다른 소스를 알려주어 상대방에게 좀 더 도움이 되는 방향을 제시할 수도 있다.

"그 회사에는 아는 사람이 없지만 이런 책을 읽어보거나 이런 블로그를 확인해 보세요."

이렇게 만남의 정보를 요구하는 것은 상대방의 노력을 요하는 일이다. 이 점이 중요하다. 이 단계를 통과해 실제 만남으로 연결되는 사람들은 동기부여가 잘돼 있고 성실할 가능성이 높다. 이런 사람들은 알아둘 가치가 있다.

일의 중요도 체크리스트

⟶

체크리스트를 잘 활용하지 않는 사람이 의외로 많다. 업무용 체크리스트가 아예 없을 수도 있다. 만일 당신이 대서양 비행을 준비 중인 파일럿이거나 수술을 준비하는 의사라면, 체크리스트는 기본적인 실수를 예방하는 데 있어서 무척 유용한 도구가 되어줄 것이다. 경력이 많고 재능 있는 사람일지라도 일이 잘 안 되는 날도 있고 실수를 하는 날도 있다. 따라서 필요한 질문을 반복적으로 던지는 일이 중요하다.

이처럼 체크리스트는 어떤 일의 프로세스를 확인하기 위한 방법이기도 하지만 일의 중요도를 체크하는 데도 활용할 수 있다. 앞서 언급했던 상대방에게 건네는 질문 역시 체크리스트의 일종이라고 할 수 있다.

일의 중요도나 비용을 분석할 수 있는 체크리스트가 있다면 일일이 들어오는 요청이나 기회를 매번 새롭게 관찰하고 해결책을 찾지 않아도 된다. 이 초대를 수락해야 할까? 그 기사를 쓰는 데 동의해야 할까? 그 미팅에 참석해야 할까? 매번 이런 질문들을 반복하며 '예스' 혹은 '노'를 결정하는 일은 나의 귀중한 인지 능력을 낭비하는 일이다.

이런 일 대신 좀 더 넓은 시야를 가지고 어떤 방향으로 인생을 살고 싶은지, 어떤 일에 시간을 쓰고 싶은지를 고민하고 분석하는 게 훨씬 더 중요하다.

아래는 내가 임원 코칭을 할 때 사용하는 질문들이다. 이 질문을 통해 다양한 요청, 기회, 의무들에 대해서 좀 더 정확하게 분석할 수 있다.

추가로 요구되는 일은 무엇인가?

우리는 보통 어떤 일에 시간이 얼마나 걸릴지 짐작할 수 있다. 문제는 이런 예상이 완전히 빗나갈 때도 많다는 것이다. 한 시간의 무료 웨비나 발표는 언뜻 보면 별일 아닌 것처럼 보이지만 준비 단계의 통화, 메시지, 리허설, 슬라이드 제작 등의 과정을 모두 포함하면 서너 시간은 족히 소요된다.

계속 이런 식으로 중요한 업무에 필요한 시간이나 비용을 예상보다 서너 배씩 낭비하니 정작 중요한 일은 손도 못 댄다. 우리는 의외로 이런 오류를 자주 범할 뿐만 아니라 제대로 인지하지도 못한다.

어떤 요청을 받고 나면 단계별로 필요한 일을 찬찬히 검토해보자. 언뜻 잘 보이지 않거나 직접적으로 언급되지 않은 의무 사항들이 포함되어 있을 것이다.

그런 다음 실제로 수행해야 하는 일의 목록을 작성하라. 이 리스트를 보면 의외로 많은 일을 해야 하고, 많은 시간을 빼앗기는 데 놀라서 쉽게 거절할 수 있을 것이다.

기회비용은 무엇인가?

웨비나를 할까, 말까. 이런 선택이 간단하게 느껴질 때가 많다. 하지만 이건 훨씬 복잡한 문제다. 웨비나를 하겠다는 결정에는 더 가치 있는 다른 일에 쓸 수 있는 네 시간을 웨비나의 계획, 준비,

실행에 쓰겠다는 의미가 포함되어 있기 때문이다. 여기서 다른 가치 있는 일이란 가족과 시간을 보내거나, 일주일에 몇 번씩 운동을 하거나, 피아노 레슨을 받거나, 장기 리서치 프로젝트를 준비하는 것 등이다. 이런 일들을 선택하지 않음으로써 우리가 지불해야 하는 물질적, 감정적 비용은 실제로 잘 보이지 않는다.

어떤 일의 수락 여부를 결정할 때는 보이지 않는 요소들을 수면 위로 끌어올려야 현명한 판단을 내릴 수 있다.

만일 웨비나에서 발표하는 것이 나에게 가장 의미 있는 일이라면 그렇게 하면 된다! 명문 대학의 초청 강연이라면 나에 대한 신뢰도를 높이는 커리어가 될 수 있다. 혹은 수백만 달러짜리 계약으로 이어질 수 있는 최고위급 임원들을 대상으로 한 행사일 수도 있다. 적은 수의 평범한 사람들을 대상으로 한 강연이더라도, 중요한 콘퍼런스 발표 전에 자료를 검증하는 기회가 될 수도 있다. 다양한 이유로 웨비나 참석의 우선순위가 높아질 수 있다.

이런 이유가 아니라 단순히 거절하기 어렵다는 이유로 수락했다면 다시 생각해 보자.

물리적, 정서적 비용은 얼마인가?

사실 나는 그랜드케이맨섬에 출장을 갈 수도 있었다. 친구가 요청한 것은 행사 6개월 전이었고, 그 기간에는 아직 다른 일정이 없었다. 대신 이 제안에는 물리적 비용이 숨겨져 있었다. 흥미로운 제안이었음에도 거절 의사를 표시할 용기를 낼 수 있었던 이유다.

그 기간 앞뒤로 이미 출장이 잡혀 있었기에 몇 주간 쉬지 않고 비행기를 타야 했다. 시차로 고생할 것이고, 집을 떠나 여행 가방에 의지해서 생활해야 하는 기간은 더욱 늘어날 것이다. 건강한 음식과 멀어지고, 비행기 안의 비좁은 좌석에서 오래 앉아 있느라 관절은 굳고, 심한 멀미로 목적지에 도착할 때마다 공항을 빠져나오는 택시 안에서 울렁거림을 느낄 것이다. 한 가지 일을 수락함으로써 어떤 연쇄작용이 일어날 것인지 이해하자, 결코 좋은 결정이 아님을 확실히 알 수 있었다.

이것이 만비르 카우르가 좋은 기회처럼 보이는 일의 감정적 대가를 따져보고 깨달았던 사실이다. 10여 년 전에 인도에서 임원으로 일하고 있던 그녀는 괜찮은 일자리를 제안받았다.

"근사한 조직이었어요. 직함, 역할, 연봉도 좋았고요. 하지만 회사에서는 제가 가장 늦게 끝나는 저녁 시간대에 일하기를 원했어요."

그녀에게는 학교에 다니는 아이가 있었다. 저녁 시간은 자녀와 보내는 소중한 시간이었다. 그녀는 그 제안을 거절했고 당시의 선택을 이렇게 기억한다.

"야망이 있는 커리어 우먼으로서 제안을 거절하기가 무척 어려웠어요."

매력적이지 않은 지루한 기회를 거절하는 건 쉽다. 문제는 매력적인 제안을 받았을 때다. 우선순위가 높은 것들이 상충되는 경우 그 균형을 어떻게 맞춰야 할까. 이것이 바로 승낙할 경우 따라올 물리적, 감정적인 책임과 보상을 제대로 파악해야 하는 이유다.

이 일을 하지 않으면 1년 뒤에 후회할 것인가?

놓친 기회들을 생각하면 마음이 아프다. 예를 들어 친구들의 파티 사진을 소셜 미디어로 접했을 때처럼 말이다. 당신이 다른 일에 매여 있는 동안 친구들끼리 즐거운 시간을 보낸 모습을 보면 기분이 좋지 않다. 하지만 이런 마음은 며칠이 지나면 가라앉는다. 파티는 또 열릴 것이고, 하루쯤 멋진 저녁을 보낼 기회를 놓쳤다 하더라도 그것이 내 인생을 바꿀 만한 영향을 미치지는 않기 때문이다.

물론 한 번의 결정이 내 인생의 전환점이 될 수도 있다. 그래서 어떤 일을 할지, 안 할지 따져보는 과정에서 다음과 같은 질문이 필요하다.

'내가 이 일을 하지 않으면 1년 뒤에 어떤 기분이 들까?'

이는 웡수옌이 몇 년 전 자신에게 물었던 질문이기도 하다. 당시 그녀는 싱가포르에서 국립 리더십 기관의 CEO로 일하고 있었다. 그녀는 이 기관에 대한 야심 찬 비전이 있었고 아직 할 일이 많이 남아 있다고 느꼈다. 그때 아버지가 4기 암을 진단받고, 의사에게 남은 날이 몇 개월뿐이라는 이야기를 들었다.

건강에 관해서 미래를 단언할 순 없지만, 그녀는 아버지가 돌아가신 후에야 더 많은 시간을 함께 보내지 못했다며 후회하고 싶지 않았다. 그래서 자신의 일을 사랑함에도 불구하고 직장을 그만둔다는 힘든 결정을 내렸다.

"아버지는 예술을 사랑하셨고, 수년에 걸쳐서 멋진 컬렉션을 모으셨어요. 저는 아버지와 함께 네 달 동안 모든 수집품을 정리했죠. 함께 시간을 보내는 멋진 방법이었어요. 아버지도 돌아가시기 직전까지 무척 기뻐하셨고요."

그녀는 아버지를 도와 프로젝트를 진행하기도 했다.

"아버지는 언제나 자신의 지식과 수집품을 다른 사람과 공유하는 데 열성을 보이셨어요. 그래서 얼마 남지 않은 기간 동안에도 책을 두 권이나 내셨죠. 한 권은 종이책으로, 다른 한 권은 전자책으로 확인하신 다음 떠나실 수 있었어요."

현재 컨설턴트이자 기업 이사회 일원으로 일하고 있는 그녀는 그때의 결정을 잘한 일이라고 확신한다.

우리는 미래에 어떤 일이 일어날지 알지 못한다. 미래는 우리가 통제 가능한 범위 밖에 있다. 그렇지만 시간 감각을 넓혀 지금의 선택을 1년, 5년 혹은 10년 뒤에 스스로 어떻게 느낄지 물어봄으로써 더 나은 결정을 내릴 수 있다.

장기적인 사고를 위해서는 사소한 것에 집중하지 않는 태도가 매우 중요하다. 잠깐 스쳐가는 일들에 시간을 낭비하지 않기 위해서는 우선순위를 정해야 한다. 그렇다면 끊임없이 선택을 요구하는 세상에서 우리는 무엇에 집중해야 할까?

- 커리어 초반에는 거절하지 않는 것도 나쁘지 않은 전략이다. 시간도 많고 새로 만나는 사람들 중에 훗날 도움이 될 만한 인연도 있을 것이기 때문이다. 하지만 자신의 분야에서 커리어를 쌓아갈수록 바빠지는 만큼 거절을 해야 할 때가 온다.

- 아주 좋은 기회와 아주 나쁜 기회를 판단하는 건 쉽다. 그러나 애매한 경우에는 결정을 내리기가 어렵다. 그렇기 때문에 스스로 즐겁게 할 수 있는 일들만 수락하는 습관을 들이자.

- 못해도 되는 일을 정하자. 모든 일을 잘할 수는 없다. 무언가를 월등히 잘하고 싶다면, 못하는 일은 포기해야 한다는 사실을 인정하자. 선택과 집중을 하지 않으면 평범함에 머무를 수밖에 없다.

- 다양한 요청들 중에 우선순위를 매기는 좋은 방법은 상대에게 자세한 정보를 물어보는 것이다. 많은 사람이 회신을 하지 않을 것이고, 조사를 제대로 하지 않은 사람들도 쉽게 알아낼 수 있을 것이다. 이런 사람들의 요청은 거절하면 된다.

- 다음의 네 가지 질문을 활용해 할 만한 가치가 있는 일인지 결정할 수 있다.

  ① 추가로 들어가는 시간은 얼마나 되는가?

  ② 기회비용은 무엇인가?

  ③ 물리적, 정서적 비용은 어떠한가?

  ④ 이 일을 하지 않으면 1년 뒤에 후회할 것인가?

PHASE 2

중요한 일에
집중하기

당신은 새로운 가능성을 고려할 수 있도록 캘린더와 머릿속에 여백을 만들었다. 이제 중요한 질문을 할 때가 됐다.

'무엇을 목표로 할 것인가?'

롱 게임이 좋다는 걸 알았지만, 목표를 항상 명확하게 알 수 있는 것은 아니다. 그럼 어떻게 올바른 목표를 설정할 수 있을까? 목표 설정 후에는 우리의 제한된 시간과 에너지를 어디에 집중시켜야 가장 좋은 결과를 얻을 수 있을까?

2단계에서 알아볼 내용이 바로 이것이다.

RULE 3 ➡ **좋아하는 일을
인생의 목표로 삼는다**

우리는 돈을 중심으로 목표를 정하는 경우가 많다. 특별한 꿈이 없는 대학 졸업자들이 로스쿨이나 경영대학원을 선택하는 이유도, 그것이 많은 돈을 버는 길이라고 생각하기 때문이다.

이런 선택은 위험하다. 실리에만 집중하는 회사들은 절차를 무시하고 윤리적으로 문제가 될 만한 행동을 할 확률이 높다. 또한 은행 계좌에 찍힌 액수만을 중요하게 생각하다 보면 개인적인 관계에서 생기는 문제는 방치할 가능성이 크다. 이렇게 되면 장기적인 관점에서 긍정적인 결과를 얻기 힘들다.

목표가 명확하지 않을 때는 돈보다 '의미'를 추구하는 게 대안이 될 수 있다. 어떤 이에게는 의미를 추구하는 것이 이상적인 사회운동에 직접 참여하는 일이 될 수도 있고, 가족과 시간을 보낸 다든지 좋아하는 취미생활을 하는 등 개인의 관심사에 시간을 할애하는 것이 될 수도 있다.

추구하는 가치를 통해 찾을 수도 있다. 2006년 루키야 존슨이 그랬다. 당시 대학교 2학년이던 그녀는 지역사회 활동가였던 남동생이 살해당했다는 소식을 듣는다. 그 후 루키야는 커리어를 바꿔 남동생의 유지를 잇기 위해 교육 분야에서 일하기로 결심한다. 남동생이 교육에 열정을 보였기 때문이다.

현재 그녀는 어린 유색인종 학생들이 의료 서비스를 제대로 누리고, STEM(과학, 기술, 엔지니어링, 수학) 분야에 진출할 수 있도록 돕는 프로그램을 운영 중이다.

"제 삶의 목적을 찾았어요. 모든 게 분명해졌어요."

루키야의 이야기는 강력하면서도 훌륭한 사례다. 하지만 내가 어느 분야에 열정을 가지고 있는지 모르거나 무엇이 의미 있게 느껴지는지 알 수 없는 경우엔 어떻게 해야 할까?

더 알고 싶은 것에서 시작한다

→

자신의 '진정한 열정의 대상' 혹은 '진짜 목적' '꼭 해야 하는 일'을 찾는 데 어려움을 겪는다는 독자들의 문의를 많이 받는다.

그들 중에는 최근 졸업한 학생뿐만 아니라 중견 전문가도 포함돼 있다. 이들은 미국 문화에서 주입하듯 자신만의 소명이 있으며, 그걸 찾는 게 임무라고 믿고 있다. 주변에서 반복적으로 그런 말을 듣기도 한다. 그래서 자신의 소명이 뭔지 모르고 아직 찾지 못했다면 무언가 잘못됐다고 생각한다. 당연히 이런 자책은 소명을 찾는 데 아무런 도움이 되지 않는다.

당신이 의미 있는 일을 찾고 있거나 다재다능한 르네상스 시대의 지식인처럼 많은 것에 관심을 가지고 있다면, 흥미를 기준으로 삶의 목표를 설정하는 방식이 도움될 것이다.

2006년 컨설팅 사업을 시작하면서 배운 교훈이기도 하다. 이때 고객 중에 매사추세츠주 부지사에 출마한 여성이 있었다. 그녀를 위해 마케팅·커뮤니케이션 컨설턴트로서 내가 할 수 있는 일을 찾아야 했지만 사실 너무 막막했다. 어마어마한 규모의 홍보 경쟁이 펼쳐지는 주지사나 상원의원, 대통령 선거와 달리 부지사 선거에 대부분의 사람들은 관심이 없었다. 솔직히 부지사가 무슨 일을 하는 사람인지조차 잘 모른다. 주지사가 아프거나 갑작스레 사임하여 부지사가 노출되지 않는 한 말이다.

사람들의 관심을 끌기 위한 묘책이 필요했다. 나의 클라이언트인 후보자는 환경운동가였기 때문에 그녀의 취미이기도 한 카약을 타고 투어 홍보를 펼치기로 했다. 노를 저어 몇몇 강을 건넌 다음 지역 언론과 만나 정책 공약에 관한 인터뷰를 했다.

이런 홍보 활동에도 불구하고 그녀는 당선되지 못했지만 나에게는 놀라운 일이 일어났다. 카약 투어 홍보에 초대된 명사 매리언 스토더트를 만난 것이다. 당시 80세를 앞두고 있던 매리언은 짧은 백발에 주름진 얼굴을 한 채 카약을 타고 있었다. 그녀는 1960년대에 매사추세츠주 나슈아강 청소를 성공적으로 이끈 인물이다. 나슈아강은 당시 미국 내에서 가장 오염된 10곳 중 하나였다. 그녀의 활동에는 깊은 인상을 받았지만, 선거가 끝난 후에는 특별히 떠올릴 일이 없었다.

어느 날 선거운동 당시 자원봉사자였던 수 에드워즈라는 여성에게 전화를 받았다.

"매리언에 대한 생각이 머릿속에서 떠나지 않아요. 누군가가 그녀의 생애에 관한 영화를 만들어야 해요."

그녀의 이야기가 많은 사람들에게 영감을 주었을 뿐만 아니라 매리언이 그 자체로 워낙 카리스마 있는 인물이었기 때문에, 나도 동의했다. 근데 누가 그 일을 맡아서 하겠는가.

다큐멘터리 영화계에 아는 사람이 몇 있어서 수에게 연락처를 알려주었다. 몇 주간 수는 내가 소개해 준 세 사람과 면담을 했고, 영화 제작 프로세스를 본격적으로 알아갔다. 이후 수는 나에게 찾아와 제안했다. 그녀가 프로듀싱을 맡을 테니, 내가 감독을 맡아 줄 수 있겠느냐는 것이다.

나는 다큐멘터리 영화를 만들어본 적이 없었다. 다만 이 또한 스토리텔링의 일종임을 깨달았다. 기자로도 일한 적이 있던 나는 내러티브 구조를 만들고 영상과 대사를 통해 시청자들을 이야기로 끌어들이는 일이라면 어떻게 하는지 잘 알고 있었다. 무엇보다 이 일은 내 흥미를 끌었다. 나는 수의 제안을 수락했다.

이후 3년간 나는 〈매리언 스토더트: 1000명이 만든 작품^{Marion Stoddart: The Work of 1000}〉이라는 영화의 제작팀으로 일했다. 우리는 매리언이 어떤 과정을 거쳐 성장했는지부터 강 청소를 위한 환경운동에 어떤 정치적 전략을 이용했는지에 이르기까지 긴 시간을 들여 인터뷰하며, 그녀의 삶을 낱낱이 조사했다.

그중 유독 한 이야기가 마음에 남았다. 매리언이 17세에 대학 진학을 위해 집을 나설 때였다. 그녀의 엄마가 마지막으로 조언을 건넸다.

"앞으로 어떤 일을 할지 선택할 순간이 온다면, 더 흥미로운 쪽을 고르렴."

나는 생각했다. '바로 이거야!' 우리는 흔히 장기적인 사고를 하기 위해서는 미래에 대한 답을 미리 알고 있어야 한다고 생각한다. 그래야 계획도 세울 수 있지 않겠는가. 하지만 우리는 전지전능하지 않고 상황은 계속 바뀐다. 따라서 스무 살에 하나의 목표를 정해두고 그것만을 바라보며 남은 인생을 살아가는 건 불가능에 가깝다. 이는 그 목표의 좋고 나쁨과는 상관없다.

하고 싶은 일이나 잘하는 일과 같이 나에게 의미 있는 일을 찾지 못할 수 있다. 하지만 더 알고 싶은 관심사는 누구나 가지고 있다. 예를 들어 새를 찍고 싶다는 마음은 특별한 '의미'가 없어도 충분히 '흥미'로운 일이다. 이런 호기심이 더 잘하고 싶은 열정에 불을 지피고, 결과적으로는 책 출간 계약이나 지역 습지 보존 캠페인 등의 개인적, 직업적 인연을 만들어 실질적인 결과를 낼 수 있도록 한다.

흥미만으로 인생의 목표를 찾는 것에 의구심을 가질 독자도 있을 것이다. 그런 건 경제적으로 여유가 있는 이들이나 가능한 일이라고 생각하면서 말이다.

"학자금 대출을 갚으려면 이 일을 계속해야 해요."

"빚 갚을 방법부터 생각해야죠."

이런 말을 할지도 모른다. 물론 이해한다. 단기적인 관점에서는 말이다.

우리가 롱 게임을 시작하려는 이유가 무엇인지 생각해 보자. 상황의 노예가 되지 않기 위해서다. 지금과 같은 현실이 언제까지나 지속되리라고 생각해서는 안 된다. 호기심을 자극하는 일이나 탐색해 보고 싶은 분야가 있더라도 당장 직장을 그만두거나 그 일에 바로 도전하기는 어렵다. 실제로 그렇게 하는 사람도 드물다. 길게 보자. 전략적으로 하나씩 작은 단계를 밟아간다면 세상에 불가능한 일은 거의 없다.

너무 오랫동안 그저 일만 하느라 내가 무엇에 흥미를 느끼는지 알 수 없다면 어떻게 해야 할까? 직무에서 정체되었다고 느끼거나 지루함을 느낀다면, 혹은 혼란스럽거나 어디서부터 시작해야 할지 모르는 경우라면 어떻게 해야 할까?

지금 가장 많은 시간을 쏟는 일은 무엇인가

$$\longrightarrow$$

흥미를 느끼는 대상을 찾는 좋은 방법 중 하나는 지금 하고 있는 일을 관찰하는 것이다. 내 인스타그램 피드가 예쁘게 찍은 음식 사진으로 가득 차 있다면 당신은 언젠가 음식 평론가가 되거나 케이터링 회사를 설립하거나 식료품 회사를 브랜딩하는 데 좋은 자질을 갖추고 있을 확률이 높다. 늘 팟캐스트를 듣고, 친구들에게 새로운 팟캐스트 채널을 추천해 주는 사람이라면 언젠가는 직접 나서서 업무용 팟캐스트를 만들거나 팟캐스트를 제작하는 회사의 일자리를 알아볼 수도 있다.

무엇이 당신의 관심을 끌고 붙잡아 두는지 알아차리는 것이 중요하다. 여러 가지 일에 관심이 있더라도 괜찮다. 그 어떤 관심사라도 한 시간을 투자해 자료를 읽거나 알아볼 만한 가치는 있다.

다만 최근 관심을 가진 일을 성급하게 삶의 목표로 만들지는 말자. 먼저 테스트를 해야 한다. 관심 있는 대상에 대해 더 많이 알아보자. 관련 분야의 책을 여러 권 읽거나 그 분야에서 일하는 사람과 인터뷰를 하거나 하루 종일 따라다니면서 일하는 모습을 지켜봐도 되냐고 물어볼 수도 있다.

다음엔 시간이 흘러도 관심이 유지되는지 지켜본다. 잠깐 스쳐 가는 관심사를 걸러내고 '반짝이는 물건 증후군 Shiny Object Syndrome' 의 유혹에 빠진 건 아닌지 확인하는 과정이다.

흥미를 갖는 대상이 여럿이라면 그들의 공통점을 찾아보자. 이 것은 레베카 주커가 했던 일이기도 하다. 앞에서 그녀가 파리에 살고 싶은 마음을 깨달았던 이야기를 했다. 이후 그녀는 파리에서 이런저런 일을 전전하며 살았다. 그리고 자신이 했던 다양한 일들 속에서 일정한 패턴을 발견했다.

"영어를 가르쳤고, 경영대학원에 지원하는 사람들을 도왔죠. 런던의 은행과 인터뷰를 앞두고 있는 사람의 인터뷰 연습을 돕기 도 했어요. 발표력 코칭을 비롯해 이런저런 컨설팅을 하기도 했 죠. 그러다 보니 제가 다른 사람이 성공하는 걸 돕는 일에 관심이 있다는 사실을 깨달았어요."

다시 직장인이 되었을 때 레베카는 인력 트레이닝 및 능력 개 발 부서로 지원했다.

"저를 찾아오는 분들은 모두 일과 관련된 문제를 해결하고 싶 어 하는 분들이죠. 저는 이분들이 하는 이야기를 듣고 질문을 던 져요."

자신을 행복하게 해주는 일이자 다른 사람에게 도움이 되는 능력을 깨달은 레베카는 임원 코치가 되고 싶었다. 그로부터 1년 뒤 그녀는 자신의 회사를 설립했다.

메릴 린치에서 증권 중개인으로 커리어를 시작한 콘스턴스 디 에릭스도 호기심을 따라간 경우다. 그녀의 관심사는 '사람들은 왜 돈과 관련해서는 그토록 비이성적인 결정을 내리는가?' 하는 것이었다.

'쌀 때 사고 비쌀 때 팔아라'라는 투자 원칙을 알고 있으면서도 똑똑한 사람들조차 종종 그 반대로 행동한다. 누가 봐도 거품이 낀 시장에서 욕심을 부리고, 패닉에 빠져 내다 파는 어리석은 행동을 한다.

"매주 서점에 가서 의사 결정이나 심리학에 관한 책들을 몇 시간씩 읽었어요."

콘스턴스는 회사에서 고객들과 탄탄한 관계를 맺고 있다는 사실에 만족스러워하면서도 의사 결정에 대한 관심의 끈을 놓을 수가 없었다.

결국 이 두 가지를 결합할 방법을 생각해 냈다. 심리학 박사 과정을 밟는 것이었다. 쉬운 결정은 아니었다. 가족의 경제적 안정을 담보로 한 일이기 때문이다. 메릴 린치에서 받던 보수가 넉넉한 만큼, 학생으로 돌아가면 상황은 정반대가 될 것이었다.

하지만 의사 결정에 대한 그녀의 관심은 시간이 지날수록 커지기만 했다. 이것이 자신의 길이라는 확신이 생겼다. 현재 그녀는 컨설턴트로서 성공적으로 커리어를 쌓으면서 심리, 리더십 분야의 책을 출간한 작가로도 활동한다.

자신의 진정한 관심사가 무엇인지를 아는 건 생각보다 어렵지 않다. 단순하게 현재 많은 시간을 쓰고 있는 일들이 무엇인지만 찾으면 된다. 과거에 당신이 열정을 불어넣었던 일과 다시 연결되는 것도 좋은 방법이다.

뉴욕의 로펌을 나와
엣시의 사내 변호사가 되다

→

"저는 아티스트예요. 제가 로스쿨을 다닌 건 저 같은 예술가들을 돕고 싶어서였어요."

세라 파인골드는 학위를 받은 후 뉴욕주 북부의 작은 로펌에서 판결신청문서의 초안과 계약서를 작성했으며 부동산 관련 사건에도 참여했다. 법률과 관련해서는 많은 것을 배웠지만 세라는 만족감을 느끼지 못했다.

"그 로펌에서는 예술가나 자영업자들을 변호할 일이 없었죠. 지식재산 관련 법률 업무를 담당하지도 않았고요. 로펌 파트너 중 한 사람에게 이런 이야기를 했을 때 분명히 느꼈죠. 다른 사람에게 내 커리어를 맡겼다간 아무것도 바뀌지 않으리라는 것을요."

당시 그녀에게 기쁨을 가져다주던 일은 목걸이, 귀걸이, 반지 등 액세서리를 만드는 사이드잡이었다. 몇 달 전부터 그녀는 자신이 만든 물건들을 엣시Etsy라는 새로 생긴 온라인스토어에서 팔곤 했다. 웹사이트를 이곳저곳 돌아다니던 어느 날 아이디어가 떠올랐다.

"엣시에는 아직 사내 변호사가 없었어요. 내가 엣시에서 일한다면 예술가들을 돕고 싶다는 목표를 이룰 수 있었죠."

어느 날 엣시에서 새로운 정책을 발표했다. 세라는 그에 대한 질문들이 생겼고, 몇 가지 법률적 조언도 공유하고 싶었다. 당시는 엣시가 아직 소규모일 때여서 그녀는 CEO 롭 케일린에게 전화로 연락을 취할 수 있었다. 이들은 짧지만 의미 있는 대화를 나눴다. 세라는 자신의 운을 시험해 보기로 했다.

그녀는 곧바로 뉴욕시로 가는 비행기 표를 샀고, 그곳에서 일자리를 얻기 위한 피칭을 준비했다. 이것은 상당히 배짱 좋은, 어떻게 보면 말도 안 되는 계획이었다. 누군가를 만날 약속도 잡지 않았기 때문이다. 대부분의 스타트업들이 실패하는 데다, 이 작은 회사는 B2B 제품도 없었다. 공예품을 판매하는 작은 온라인 숍에서 사내 변호사를 구할지 확신할 수도 없었다.

그녀는 케일린에게 인터뷰를 하고 싶다고 했으나, 시간을 낼 수 없다는 답변이 되돌아왔다. 하지만 세라의 대범함에 설득된 케일린은 짧은 미팅을 수락했다. 그 자리에서 세라는 자신의 포부를 이야기하며 그녀가 케일린의 일을 덜어줄 수 있음을 피력했다.

"저는 엣시 커뮤니티의 일원이기 때문에 엣시를 잘 이해하고 있었고, 이들이 무엇을 원하는지를 알았죠. 저에겐 회사에 제공할 능력이 있었고, 앞으로 회사가 성장하는 데 도움을 줄 수 있었어요. 저는 그곳에서 필요로 하는 인재였죠. 케일린은 그동안 궁금했지만 명쾌한 답을 얻을 수 없었던 법률적 질문들을 던졌고, 저는 그 문제들을 해결할 수 있다고 말했어요."

케일린은 그 자리에서 세라를 고용했다.

주변에서는 그녀에게 무모하다고 했다. 안전하고 미래가 보장된 직장을 왜 포기하느냐고 말이다. 세라는 안전과 안정성 때문에 법을 공부한 게 아니다. 그녀는 다른 예술가들을 돕기 위해 법을 공부했다. 그것이야말로 그녀가 흥미를 느끼는 일이자 추구하는 목적이었다.

세라는 뉴욕시로 거처를 옮겨 9년 이상 엣시에서 일했다. 그리고 부업 삼아 액세서리를 만들어 팔던 소규모 온라인스토어 엣시가 나스닥에 상장해 수십억 달러 규모의 회사가 될 때까지 함께했다.

나의 관심사를 잘 모르거나 예전에는 알았더라도 지금은 잊어버린 것 같은 느낌이 든다면, 지금 하는 일을 시작할 때 당신에게 영감을 주었던 것이 무엇이었는지 떠올려 보라. 때로는 처음 시작한 동기를 상기하는 것만으로도 충분한 영감을 얻을 수 있다.

나의 새로운 가능성을 발견하는 법

→

내가 추구하고 싶은 것을 알고 있더라도 잘못된 선택은 아닐까, 하는 걱정이 들 때도 있다. 몇 년 전 만난 육군 장교 T. J. 와그너가 바로 이런 경우였다.

컨설팅 회사 딜로이트에서는 기업의 사회적 책임에 관한 프로그램을 만들었고, 나는 이 프로그램을 수년간 진행해 왔다. 그중 코어CORE 리더십 프로그램에서는 새 출발을 앞둔 참전 용사들의 커리어 목표 탐색을 돕고, 군인으로서의 경험을 사회에서 어떻게 활용하면 좋은지 가이드를 제공했다. 수십 회 이상의 재사회화 교육을 했지만 T. J.는 유독 기억에 남는 수강생이었다.

10시가 가까운 늦은 밤에 강연이 끝난 참이라 강연장은 어수선한 분위기였다. 떠날 채비를 하던 나에게 한 군인이 다가와 조언을 구하고 싶다고 했다. T. J.는 자신이 무엇을 하고 싶은지 확실히 알고 있었지만, 그의 경우엔 바로 그 점이 문제였다.

"좋은 생각인지 확신할 수가 없어요."

9개월 후에 경영대학원 입학을 앞두고 있던 그는 그동안 선장 학교를 다니면서 자격증을 따고 그리스와 크로아티아에서 배를 운전하고 싶었다. 하지만 그러면 이력에 공백기가 생기기 때문에 도전하는 걸 망설이고 있었다.

'꿈을 좇으면 우습고 철없는 장난처럼 보일까? 미래의 고용주

들이 날 안 좋게 생각하지는 않을까? 내가 심각한 실수를 저지르는 것일까?'

그때 강연을 듣던 50여 명의 회원들은 하나같이 총명하고 유능한 사람들이었다. 그중에서도 T. J.는 눈에 띄었다. 다른 사람과 차별화되는 비전을 가지고 있었기 때문이었다. 나는 이런 면모가 그를 돋보이게 하리라고 확신했다.

"누구나 모험을 하고 싶어 하죠. 모든 사람이 당신의 경험을 통해서 대리만족을 할 거예요. 사람들의 흥미를 끄는 사람이 될 수 있는 기회인 거죠. 그러니 망설이지 말고 다녀오세요."

그는 가장 친한 친구와 필리핀에서 항해 이론반에 참석한 다음 말레이시아에 가서 본격적으로 선장학교에 입학했다. 크로아티아에서 아카데미도 수료했다. T. J.는 훗날 마지막 선장 시험에 관한 이야기를 들려주었다.

"저희는 매우 어려운 항해 기술들을 익혔고, 늘 비상시에 대비해야 했어요. 어느 날 밤에는 강사들이 요트에서 구명보트를 풀어 놓고선 '보트가 떠내려간다!'라고 고래고래 외치면서 우리를 깨웠어요. 다시 군대로 돌아온 느낌이었죠."

그는 만점으로 최종 시험을 통과했고 선장이 되어 여름 내내 지중해를 항해했다. 그의 말에 따르면 '세상에서 가장 멋진 직업'이었다. T. J.의 모험은 강력한 스토리가 되었다. 그는 이 경험을 통해 어떤 인사담당자든 수많은 이력서 중에서 그의 서류를 집어들고 "흥미로운 사람 같은데. 한번 불러보지."라고 말할 수 있는 사람이 되었다.

물론 여기서 끝은 아니다. 흥미를 기준으로 목표를 설정할 때 진정한 이점은 사람들에게 들려줄 멋진 이야기를 만드는 데 있지만은 않다. 더욱 중요한 건 흥미로운 경험을 추구하면 그 경험이 그동안 숨겨져 있었거나 평상시라면 접근하지 못했을 가능성을 열어준다는 사실이다.

항해 기술을 갖춘 T. J.는 경영대학원의 요트클럽에 가입했다. 막상 클럽에 들어가 보니 관리가 제대로 되어 있지 않다는 사실을 발견하곤 즉시 회장으로 출마해 당선되었다. 그 후 그는 50명이 넘는 회원을 영입했다. 항해 분야의 네트워킹 고수가 된 것이다. 이를 통해 자연스럽게 학급 동료, 다른 경영대학원 요트클럽의 학생들, 클럽 회원이었던 선배들과도 연결될 수 있었다.

지중해를 항해하는 것은 일반적인 선택지는 아니다. 그런 만큼 T. J.에게 꼭 맞는 선택이었고, 그는 사람들의 고루한 조언을 무시함으로써 특별한 입지를 다지고 자신만의 길을 걸어갔다. 스스로 만든 기준을 따름으로써 T. J.는 흥미로운 사람이 되었을 뿐만 아니라 마법 같은 일이 일어나기를 바라는 다른 사람들에게도 등대 같은 존재가 되었다.

어떤 사람이 되고 싶은가

$\longrightarrow$

어떤 목표를 추구해야 할지 모를 때 물어보면 좋을 만한 질문이 또 한 가지 있다.

'나는 어떤 사람이 되고 싶은가?'

모든 일은 〈해밀턴〉에서 시작됐다. 내 친구 알리사 콘은 린마누엘 미란다가 만든 이 뮤지컬에 흠뻑 빠져 브로드웨이에서만 여덟 번을 봤다.

그러다가 알리사는 미란다가 만든 프리스타일 힙합 코미디 쇼인 〈프리스타일 러브 수프림〉과 이 작품의 제작자들이 운영하는 아카데미를 알게 되었다. 이곳에서는 참가자들에게 비트박스와 프리스타일 랩을 가르치고 있었다.

"뭔지 잘 모르겠지만 일단 등록했어."

이 교육 과정을 완수하는 길은 쉽지 않았다. 우선 수업 인원이 꽉 차서 대기자 명단에 들어갔다. 겨우 수업에 등록하는 데 성공했지만 이번엔 알리사 쪽에서 계속 참석을 미뤘다. 마음속 두려움이 그녀를 괴롭혔기 때문이다.

"거의 1년 동안 망설인 것 같아. '난 멍청해 보일 거야. 엄청 못하겠지. 못하는 게 당연하지. 모든 사람이 날 비웃을 거야' 이런 생각만 맴돌았지. 어릴 때 따돌림 당하고 놀림받던 기억들이 되살아났던 것 같아."

그녀는 스스로를 밀어붙여 겨우 수업에 참석할 용기를 냈다. 수업 첫날 교실 안으로 들어가니 그녀보다 스무 살은 어려 보이는 남성들이 대부분이었고, 알리사는 자신이 예외적인 케이스임을 알 수 있었다.

"수강생들 중 절반은 랩을 해본 적이 있더라고. 반면에 나는 말 그대로 경험이 전무했지. 다들 최소한 랩을 어떻게 해야 하는지는 알고 있었어. 〈해밀턴〉에서 배운 랩이 전부인 나는 전혀 그렇지 않고 말이야. 세 시간을 연습했지만 내가 잘하는 일이 아니라는 것만은 확실히 깨달았지.

연습 시간 후에는 다 같이 둥그렇게 서더니, 돌아가면서 순서대로 프리스타일 랩을 하라는 거야. 그 자리에 선 모든 사람이 지켜보는 앞에서 말이야. 처음 내 차례가 왔을 때는 패스했어. 도저히 입이 떨어지지가 않더라고. 다른 사람들이 어떻게 볼까 너무 신경이 쓰였어.

내가 왜 이 수업을 들으려고 했지? 나는 부끄러움을 타는 내 성격을 극복하고 싶었고, 내 안의 창조성을 밖으로 꺼내고 싶었어. 이 자리에 서 있는 이유, 그건 이 도전이 나의 목표에 도움이 된다는 걸 알았기 때문이지."

그날 밤 다시 자신의 차례가 왔을 때 그녀는 용기를 내어 랩을 해냈다. 8주 뒤에는 졸업 공연으로 60명의 관객들 앞에서 프리스타일 랩을 선보였다.

"물론 잘했다는 말은 아냐. 당연히 잘하진 못했지. 내가 끝까지 해냈다는 것만으로 충분했어. 어쨌든 많은 사람들 앞에서 랩을 했고, 그들의 응원을 받았다는 사실이 중요한 거야."

수업이 끝난 후에도 알리사는 꾸준히 랩을 연습하며 실력을 갈고닦았다. 친구에게 부탁해 스타트업 임원 코치로서 하고 있는 일에 관한 랩을 써달라고 했고, 이 랩을 녹음한 후 직접 아이폰으로 뮤직비디오도 찍었다. ("랩 카리스마가 넘치는 나는 임원 코치, 내 이름은 알리사라고 하네!")

알리사는 랩으로 스타가 될 생각이 없다. 뮤직비디오를 만든다고 새로운 클라이언트를 만나리라는 생각도 하지 않는다. 그럼에도 이 경험은 그녀에게 중요한 의미가 있다.

"랩을 배우고 뮤직비디오까지 만들어보니 앞으로도 더 많은 것들을 창조할 수 있겠다는 자신감이 생겼어. 스스로를 제약하지 않고, 남의 시선을 의식하지 않으면서 더 많은 걸 표현할 수 있게 된 거야."

새로운 일을 하지 않아야 할 이유에는 수만 가지가 존재한다. 특히 편안함을 느끼는 영역 밖에 있는 것이라면 더욱 꺼려진다. 우리는 그 일을 피하기 위해 납득할 만한 변명들을 장황하게 늘어놓을 수 있다.

시간이나 여유가 없다는 변명을 가장 많이 한다. 그렇지만 꼭 맞는 타이밍이란 건 영원히 오지 않을 것이다. 새로운 도전보다 더 중요하고 급하게 처리해야 할 일들은 언제든 생길 것이다. 머릿속에 떠오른 좋은 아이디어들은 그대로 방치될 것이다.

롱 게임은 우리가 모든 일에 전문가가 아니라는 사실을 인정하는 것에서 시작된다. 우리가 그리는 미래의 이상적인 사람이 되기 위해선 서투른 시기를 견뎌야 한다. 때론 바보처럼 보이는 위험도 감수하면서 말이다.

뇌종양 환자가 마라톤 결승선을 넘다

우리는 종종 실망하지 않기 위해 스스로를 가둔다. 즉, 안전한 길로만 가는 것이다. 이루어지지도 않을 목표를 왜 생각해야 하지? 이런 생각으로 CEO를 꿈꾸는 대신 이사나 전무를 목표로 한다. 목표를 크게 잡겠다고 하면서, 빌보드 차트에 오를 만한 히트곡을 만드는 대신 일주일에 한 번 동네 선술집에서 밴드 공연을 하려면 어떻게 해야 하는지를 고민하기도 한다.

롱 게임을 하는 근본적인 이유는 지금 당장은 말도 안 되는 것처럼 느껴지는 목표를 이루기 위해서다. 이게 가능하다는 것을 깨닫는 것이 중요하다. 스스로에게 다음과 같은 질문을 던져보자.

'내가 진정으로 원하던 성공을 이루면 어떤 상황이 펼쳐질까?'

우리가 진정으로 원하는 모습이 되기 위해 스스로의 한계를 넘어서까지 밀어붙여서 목표를 크게 잡으면, 마음이 이끄는 대로 솔직한 로드맵을 그릴 수 있다. 5년이 걸릴 수도, 10년 혹은 20년이 걸릴 수도 있다. 하지만 시간은 흐르고 우리는 그 길의 끝에 도착할 것이다.

실망하지 않을까 걱정하며 쉽게 해낼 정도로 낮춰진 목표는 가짜다. 우리가 가장 원하는 형태의 진짜 목표를 세워야 한다.

가치 있는 큰 목표는 우리를 주눅들게 하고 멈칫하게 한다.

'오래전부터 소설을 쓰고 싶었는데, 뭘 써야 하지?'

하지만 작지만 일관된 실천과 큰 목표가 합쳐진다면, 설령 도중에 큰 시련이 닥치더라도 커다란 추진력을 얻을 수 있다. 이것을 실제로 경험한 사람의 이야기를 들어보자.

미시간주립대학교의 루이스 벨라스케스 교수는 어느 날 끔찍한 소식을 듣는다. 자신이 뇌종양에 걸렸다는 것이다. 루이스는 회복에 대해 막연한 환상을 가지고 있지 않았다. 과학자인 그는 자신의 회복 가능성이 크지 않다는 걸 정확히 알고 있었다.

그와 아내가 시카고에서 주말을 보내고 있었을 때 우연히도 마라톤 대회가 열리고 있었다.

"결승선 주변에 몇 시간 동안 서 있었어요. 선수들이 완주했을 때의 얼굴 표정까지 자세히 볼 수 있을 정도로 가까웠죠. 몇몇 사람은 결승선 앞에 이르러 눈물을 터뜨리더군요. 다리가 아픈지 천천히 걸어오는 사람들도 있었고요. 선수들이 더 가까워지니 상의에 작은 표식이 있다는 사실을 알아챘습니다. 좀 더 자세히 보기 위해 몸을 앞으로 내밀고서야 그것이 암 생존자, 가정 폭력 생존자, 유방암 생존자, 뇌종양 생존자 등을 의미하는 표식이란 사실을 알았어요."

루이스는 아내에게 내년에 이 마라톤 대회에 참가하고 싶다고 말했다. 뇌수술을 받고 나서야 루이스는 현실을 깨달았다. 의사에게 언제 다시 일할 수 있는지, 언제쯤 마라톤 트레이닝을 시작할 수 있는지 물었을 때 그는 이렇게 답했다.

"루이스, 당신은 아마 다시 교수직으로 돌아가지 못할 거예요. 다시 똑바로 걷는 것조차 오랜 시간이 걸릴 겁니다. 지금은 그 두 가지 일에 대해서 생각하지 않는 게 좋겠어요."

루이스는 의사의 말을 따르지 않았다. 그는 매일 받는 물리치료에 '나의 마라톤 트레이닝'이라는 이름을 붙였다. 쉽지 않은 일이었다.

"물리치료 선생님이 과제를 내주면 처방받은 횟수의 열 배, 때로는 스무 배 연습했어요. 탈진할 때까지 연습해서 어지럼증을 느끼거나 두통이 찾아오기도 했죠."

압도적인 노력을 통해 그는 똑바로 걷는 능력을 되찾았다. 다음엔 뛰는 연습을 하기 시작했다.

"저를 앞으로 나아가게 했던 건 결국 해내고 말겠다는 생각이었죠. 돌이켜 보면 가장 큰 동기는 사람들을 놀라게 만들겠다는 것이었어요. 그 과정에서 자신감도 되찾았습니다."

여느 사람이라면 뇌수술 후유증에 시달리느라 의사의 경고에 귀를 기울였을 것이다.

"살아 있는 게 다행이에요. 마라톤 같은 건 잊으시죠."

루이스에게는 목표가 있었기 때문에 다르게 반응했다.

"그때 저에게 달리기는 해낼 수 있다는 느낌을 줄 만한 유일한 대상이었어요."

뇌수술을 받은 후 정확히 1년 뒤에 루이스는 시카고 마라톤 결승선을 넘었다.

"마지막 1마일을 뛰는 동안에는 기쁨이 벅차올라 억누를 수가 없었어요. 눈물이 나오기 시작하더니 결승선에 닿을 때까지 계속 울고 있었죠. 불과 1년 전만 해도 저는 맞은편에 서서 이듬해에는 내가 살아 있을지 죽었을지 모르겠다는 생각이나 하고 있었는데 말이죠."

그 이후로 루이스는 꾸준히 마라톤 대회에 참가했다. 심지어 경주 거리가 100마일에 이르는 울트라 마라톤도 뛰었다.

아픈 몸이라는 난적을 물리치기 위해 그는 한계를 넘어서는 목표를 세웠고, 그 이후로 매일 근육운동과 물리치료, 식이요법을 병행하며 스스로의 비전을 현실로 만들었다.

물론 뇌종양을 극복하는 일은 회사에서 주목하는 신규 프로젝트를 성공적으로 처리해 내는 일보다(여기서도 두려움과 불안을 느끼겠지만) 훨씬 난이도가 높다. 그럼에도 우리는 루이스의 사례로 부터 보편적인 교훈을 얻을 수 있다.

그는 주변에서 들려오던 경고의 목소리("마라톤 같은 건 잊어버리세요.")에 귀를 기울이거나, 실망할 일 따위 없도록 마라톤을 포기할 수도 있었다. 그 대신 루이스는 한계를 넘는 목표를 세워 큰 동력을 얻었다.

의미 있는 목표를 세우면 우리는 지난한 일상적인 단계들을 무사히 통과할 수 있다. 게다가 관심사와 맞다면 아무리 높거나 멀리 있는 목표이더라도 시도해 볼 용기가 생긴다. 단순히 관리하기 쉬운 목표보다 더 큰 추진력을 얻을 수도 있다.

젊은 재즈 음악가인 마리가 카네기 홀을 자신의 무대로 정했던 이유이기도 하다.

누구나 카네기 홀에 설 수 있다

→

전설적인 무대 카네기 홀에 설 수 있는 방법 중 가장 잘 알려진 방법은 바로 '연습'이다. 물론 다른 방법도 있다. 개인이나 단체는 개별 행사를 위해 카네기 홀의 강당을 빌릴 수 있다. 마리 인콘트레라는 이 사실을 알았을 때 무척 흥분했다.

"음악 커리어에서 사회적 인정을 받는 몇 가지 단계가 있어요.

카네기 홀은 그 맨 꼭대기에 있죠. 그 무대에 서는 것은 비록 대관 공연일지라도 커리어에서 어느 정도 위치에 도달했음을 보여주는 일이에요. 객석을 채우고 대관료를 낼 수 있는 능력이 된다는 뜻이니까요."

대관료는 얼마일까? 6000달러가 채 되지 않는다. 안타깝게도 이것은 시작에 불과하다.

"저는 이렇게 생각했어요. '멋진걸. 그 정도면 나도 낼 수 있겠다. 생각보다 비싸지 않네.' 그 다음엔 1만 5000달러의 노조 경비를 지불해야 했어요. 인력, 티켓, 무대 담당자를 비롯해서 공연장에서 무얼 하든 하나하나 추가 요금이 붙었어요. 무대 위에 소품을 놓고 싶으면 소품 담당자를 고용해야 했고, 마이크를 사용하고 싶으면 사용료를 내야 했죠. 동영상 촬영을 하려면 녹화비를 지불해야 했고요."

악단에 참여하는 음악가들에게 지불할 금액도 별도로 필요했다. 결국 총비용은 4만 달러에 이르렀다. 이 정도면 누구든 무시할 수 없는 금액이다.

특히 브루클린 외곽에 있는 방 한 칸짜리 아파트에서 고양이와 함께 근근이 살아가던 마리에게는 이것이 더욱 어려운 일로 느껴졌다. 하룻밤 공연에 들어가는 예산이 작년 한 해 동안 벌었던 돈의 세 배나 되었던 것이다.

막대한 예산에도 불구하고 그녀는 어떻게든 공연을 해내리라고 결심했다. 그녀와 함께 공연할 팀 역시 이 계획을 무척 마음에 들어 했으며, 공연을 위해 조금씩 모금을 하기 시작했다.

그녀는 수개월간 지원금을 신청하고 개별 후원자들에게 연락을 돌렸으며, 시작한 지 얼마 안 된 소셜 미디어 컨설팅 사이드잡에서 벌어들인 수입도 활용했다. 모금 활동 과정에서 어려운 일을 넘어서는 멋진 순간들이 여러 번 있었다. 그때마다 그녀는 이렇게 생각했다.

'와, 이 공연만 성공시키면 내 인생이 달라지겠는걸.'

반대로 이런 생각도 들었다.

'이런, 이 계획은 실패할 거야. 남은 인생 내내 돈을 갚으면서 보내야 할지도 몰라. 아니면 파산할지도 모르지. 그것도 아니라면 아파트를 은행에 뺏길지도 모르고 말이야.'

다행히도 나쁜 생각은 현실에 일어나지 않았다. 높은 목표를 동력으로 활용한 결과, 그녀는 마지막 순간까지 버티면서 모금 활동을 할 수 있었다. 수년이 지난 지금도 카네기 홀에서 공연한 경험은 그녀에게 큰 영향을 미치고 있다.

"지금까지 제가 한 일 중에 가장 어려운 도전이었어요. 그 경험은 여전히 제가 이렇게 말할 수 있는 일이에요. '내가 해내고야 말았어!' 사람들도 이때의 경험에 대해 듣고 싶어 하죠. 제가 그 일에 대해 이야기하고 나면 사람들이 저에게 훨씬 많은 관심을 보여요."

마리는 이후 사이드잡으로 했던 소셜 미디어 컨설팅 서비스를 론칭해 성공시켰고, 뮤지컬과 TV 파일럿 쇼도 제작했다.

우리는 현재의 모습만을 보고 미래의 자신도 다르지 않을 거라고 섣부르게 단정짓는 경우가 너무도 많다.

"지금 내 상황이 이런데 어디까지 갈 수 있겠어?"

이 말은 잘못됐다. 현재 상황에서 출발하는 것은 지금 가능한 것들로 나를 가두는 일이다. 무한하게 확장할 가능성을 포기한 것과 같다.

때로는 마리와 루이스가 보여준 것처럼 극단적인 목표를 선택할 필요가 있다. 지금은 불가능해 보이는 것들 말이다. 그래야 흥미가 일어나고 더 큰 에너지가 생긴다. 흥미를 중심으로 목표를 정하면, 기꺼이 많은 시간과 에너지를 들여 미래의 나에게 투자하고 싶어진다.

물론 어떤 결과가 나올지 우리는 알지 못한다. 하지만 이것이 중요한 포인트이기도 하다. 롱 게임을 한다는 것은 오랜 시간 노력을 쏟아붓는 과정에서 마주하는 인생의 기회들을 잡아채고 성공의 도약으로 삼을 준비를 한다는 것이다. 즉, 불확실한 미래에 대비하겠다는 뜻이다.

여기서 우리는 자신에게 맞는 목표를 찾아냈거나 최소한 잠재적으로 흥미를 끌 만한 영역을 발견했을 것이다. 그중에서 무엇이 가장 전도유망할지는 과연 어떻게 판단할 수 있을까? 어떤 것을 우선시하는 것이 좋을까? 모든 걸 쏟아붓기 전에 시험을 해보는 방법은 없을까?

다행스럽게도 방법이 있다. 네 번째 룰을 살펴보자.

- 세상은 돈을 많이 버는 커리어를 권한다. 물론 돈은 중요하지만 돈만으로는 만족스러운 삶을 살 수 없다. 이에 대한 대안은 의미를 추구하는 것이다. 안타까운 점은 모든 사람이 자신에게 의미 있는 것이 뭔지를 잘 모른다는 것이다.

- 인생의 가장 중요한 가치와 목표를 찾기 힘들다면 나의 흥미와 호기심을 따르는 것이 방법이 될 수 있다. 이를 알아보는 구체적인 질문은 다음과 같다.

  ① 내가 하고 있는 일 중에 재미있다고 느끼는 게 뭘까?

  : 자발적으로 시간을 어디에 많이 쓰고 있는지 관찰하면 진짜 흥미를 가지고 있는 대상을 잘 파악할 수 있을 것이다.

  ② 내가 왜 이 일을 시작했지?

  : 현재 일하고 있는 분야나 관심 주제를 추구했던 최초의 동기에 대해서 생각해 보고 다시금 그때에 이입해 보라.

  ③ 다른 사람의 평가에 영향받지 않으려면 어떻게 해야 하지?

  : 모든 경험이나 경로가 일직선으로 이어질 필요는 없다. 아직 어떤 길이 구축되지 않았다고 해서 그것이 잘못된 길이라는 뜻은 아니다.

④ 나는 어떤 사람이 되고 싶은가?

: 바로 그런 사람이 될 수 있도록 해줄 경험들을 정리해 보라.

⑤ 어떻게 하면 더 크게 생각할 수 있을까?

: 지금 가능한 일들만을 기준으로 스스로를 제약하지 마라. 미
래에 어느 곳에 있고 싶은지를 생각하라.

RULE 4

내 인생의
시간 포트폴리오를 짠다

2015년 12월 말 뉴욕시에서의 일이다. 어디를 둘러봐도 트리 위에 반짝거리는 흰색 불빛이 가득했고, 5번가의 가게 진열창에는 아기자기한 크리스마스 물품들이 채워져 있었다. 그 속에서 나는 기침과 열 때문에 내가 뭘 하고 있는지도 모른 채 침대 위에 몸을 웅크리고 있었다.

그해 첫 책《스탠드 아웃》홍보 행사만 76회 참석했다. 대부분은 다른 도시에서 열렸다. 그 덕택에 나는 일주일에 한 번, 혹은 심지어 두 번까지도 택시에 꾸역꾸역 올라타 공항에 간 다음 늦은 밤 열려 있는 아무 식당에나 가서 부실한 식사를 하는 일을 반복했다.

침대에서 열이 나는 몸을 뒤척이면서 생각했다.

'어차피 집에 잘 있지도 않을 거라면 나는 왜 세계에서 가장 비싼 뉴욕으로 이사를 온 거지?'

새해는 며칠밖에 남지 않았다. 나는 신년 계획으로 뉴욕에서만 할 수 있는 활동을 일주일에 하나씩 하기로 했다. 상영 장소가 아무리 멋지고 고급스러워도 영화를 보러 가는 일은 제외했다. 영화는 어디서든 볼 수 있기 때문이다. 브로드웨이 쇼를 보러 가는 것은 최우선순위였다. 1년 넘게 뉴욕에 살고 있었는데 그동안 딱 한 개의 쇼만 관람했다. 그것도 다른 곳에서 온 방문객이 함께 가자고 해준 덕분이었다.

이렇게 결심하고 난 후 나는 브루스 라자루스와 그의 아들과 함께 록펠러 센터를 지나 브로드웨이에 〈펀 홈〉을 보러 갔다. 브루스와는 몇 주 전에 콘퍼런스에서 만났다. 그는 연극과 뮤지컬을 대상으로 허가증을 발급하는 회사인 사무엘프렌치의 책임자였다. 〈펀 홈〉은 이들이 맡고 있는 프로젝트 중 하나여서 브루스가 표를 가지고 있었다. 그는 나를 초대했고, 나는 기꺼이 수락했다.

브로드웨이 쇼를 특별히 좋아했던 적은 없다. 성장기에는 팝음악만 들었고, 쇼 음악은 전혀 듣지 않았다. 내가 살던 작은 동네의 학교에는 연극부조차 없었다. 엄마는 나를 여러 문화 행사에 데려가려고 애썼지만, 노스캐롤라이나 롤리로 〈캣츠〉 순회공연을 보러갔을 때도 나는 별 감흥을 느끼지 못했다. 대체 왜 무대 위에서 저렇게 돌아다니는지 감을 잡지 못했을 정도였다(당연하다. 이 쇼에는 플롯이 없으니까).

그렇지만 〈펀 홈〉은 달랐다. 정말 멋진 쇼였다. 다음 날 나는 아침 일찍 일어나 집 근처의 커피숍으로 향하면서 단 한 번도 해보지 않았던 생각에 빠져 있었다.

'나도 뮤지컬을 쓰고 싶어.'

어떻게 해야 할지는 아직 몰랐지만(심지어 '뮤지컬 쓰는 법'이라고 구글링도 했다) 꼭 배우겠노라 결심했다.

구글의 혁신 동력, 20% 시간 전략

$\longrightarrow$

구글이 2004년에 상장했을 때, 이들은 '20%의 시간'이라는 재미있는 개념을 대중화시켰다. 창업자 세르게이 브린과 래리 페이지는 IPO 공시 자료에서 다음과 같이 언급했다.[1]

"우리는 직원들에게 정규 프로젝트 이외에 20%의 시간을 써서 구글에 도움이 될 만한 일에 사용하라고 권장하고 있습니다. 그렇게 하면 직원들은 더욱 창의적이고 혁신적이 될 것입니다. 구글의 놀라운 진보는 많은 경우 바로 이런 방식을 통해 이루어진 것입니다."

실제로 구글 뉴스와 지메일은 20% 시간을 활용해 만들어진 서비스였다.

사실 이 개념은 3M에서 만든 것이다. 3M에서는 직원들에게 '15%의 시간'을 혁신적인 활동에 쓰도록 했고, 이를 통해 포스트 잇 메모장 등을 만들었다.

실험을 위한 시간을 따로 할당하여 어떤 결과가 탄생하는지 보겠다는 생각에는 주목할 만한 점이 있다. 앞에서 우리는 흥미를 발견할 수 있는 전략에 대해서 살펴봤다. 그렇지만 단순히 어떤 주제에 끌린다고 느끼는 것과 실제로 이것을 삶과 직업에 있어서 핵심적인 자리에 두는 것에는 엄청난 차이가 존재한다.

20% 시간 전략이 유용한 이유가 여기에 있다. 제한된 시간을 활용하면, 관심사를 탐색할 수 있으면서도 리스크가 상대적으로 적다. 그래서 부담을 적게 가지면서 확인 과정을 거칠 수 있다.

20%의 시간을 할애하는 것도 쉬운 일은 아니다. 바쁜 와중에 업무에 필요한 시간 외에 추가로 에너지를 쓰려고 하는 사람이 많지는 않을 것이다. 이와 관련해 구글에서 오랜 기간 일했던 전 야후 CEO인 마리사 메이어는 이렇게 말했다.

"구글의 20% 시간 전략의 비밀은, 실제 시간은 120%를 뜻한다는 겁니다."

다시 말해 이 프로젝트는 정규 업무(100%)에 더해 추가(20%)로 해야 하는 일인 것이다.[2] 몇 년 전 한 통계에서는 오로지 10%의 구글 직원들만이 20% 시간 프로그램을 활용한다고 추정했다.[3]

구글의 업무량을 따져봤을 때 얼마나 바쁠지 생각해 보면, 전사적으로 20% 프로젝트를 장려한다고는 해도 적은 수의 직원만 참여하는 게 특별히 놀라운 일도 아니다. 대다수는 매일 주어지는 업무를 처리하는 데 급급해 20%의 시간을 따로 내기가 힘들고, 그러한 노력을 들일 여유조차 없다. 그렇지만 이 프로젝트에 참여하는 사람에게 새로운 기회가 열리는 건 확실하다.

자율적인 프로젝트에 참여하기 어려운 시기이거나 그런 상황이 생길 수 있다. 그러나 할 수 있을 때 틈틈이 20%의 시간을 만들어둔다면 당신만의 경쟁력을 만들 수 있을 것이다. 변화할 기회도 생긴다.

구글에서 X의 마케터가 된다는 것

→

애덤 럭스턴도 이것을 경험했다. 그는 'X'에서 로봇 프로젝트의 마케팅 책임자로 일하고 있다. '구글 X'라고 불렸던 이곳은 배달 드론에서 자율주행차까지 많은 혁신 프로젝트가 탄생한 구글의 혁신 기지다.

아일랜드 출신인 애덤은 2011년 구글에 입사해 더블린 오피스에서 일을 시작했다. 첫해가 끝나갈 때쯤에는 20% 시간을 할애해 런던 오피스의 프로젝트를 도왔다. 구글 앱을 유럽 국가에 도입하는 작업이었다. 그는 이 시간을 커리어 개발의 일환으로 여겼다.

"구글의 마케팅 프로그램은 다양한 영역을 넘나들죠. 그래서 다른 팀에서 일해보는 걸 권장합니다. 타 부서가 어떻게 일하는지부터 다른 제품과 그 사용자에 관한 정보까지 얻을 수 있기 때문입니다. 이런 지식은 다음 프로젝트에 활용할 수 있습니다."

이 모든 일은 상대에게 질문을 하는 데서 시작된다고 그는 말한다. 흥미를 끄는 다른 팀의 직원과 커피 약속을 잡는 것처럼 말이다.

"무엇이 중요한지 물어봅니다. 그 부서에서는 어떤 일이 벌어지고 있는지, 도움이 필요한 내용은 무엇인지, 인력이 더 필요한 부분은 없는지도 물어보죠."

그러고 나서 어떻게 도움을 줄 수 있는지 가설을 세운다. 새로운 영역에 이제 막 발을 들인 사람이 흥미가 있다고 무작정 신규 프로젝트 참여를 요구할 경우 재난을 불러올 수 있다. 돌아오는 반응도 '당신 때문에 일만 더 늘어나겠군' 정도일 것이다. 그러니 당신이 상대의 일을 덜어줄 수 있다는 것을 명확히 알려야 한다. 애덤이 어떻게 접근했는지를 들어보자.

"무작정 치고 들어가서 '관련 글을 열 개 읽었어요. 이 데크를 찾았어요. 이런저런 세 가지가 보이네요. 저한테 아이디어가 좀 있는데, 앞으로 몇 개월 혹은 몇 년간 이런 영역을 신경 쓰셔야 할 것 같아요. 이 다섯 가지에 대해서는 생각해 보셨나요? 일주일에 몇 시간 정도 기꺼이 할애해드릴 수 있는데요.' 이렇게까지 자세히 이야기하면 상대방이 거절하기 어려워지죠. 잘 맞는 일이 생기면 자연스럽게 더 많은 미팅에 초대받고 조금씩 서클 안으로 들어가서 결국 중요한 일을 맡는 거죠."

이것이 애덤이 X와 처음 일하게 된 방법이다. 당시 자율주행차 프로젝트를 진행하는 일을 시작한 동료가 있었는데, 애덤도 무척 참여하고 싶었다.

"제가 '저에게 기회가 찾아왔다'고 한 것은 사실 '제가 좀 도와드리면 안 될까요?'라고 말하면서 거의 빌었다는 것을 세련되게 표현한 것입니다. 저는 미래 자동차 산업에 정말로 관심이 많았고 이들이 무슨 일을 하는지 너무나 궁금했죠. 생각만 해도 신이 날 정도였어요."

애덤은 몇 달 동안 리서치 프로젝트에 자진 참여하면서 고객들이 새로운 기술을 어떻게 배우고 활용하는지 파악해 갔다. 물론 애덤은 그가 맡았던 프로젝트들이 세상을 깜짝 놀라게 할 만한 결과물을 내지는 않았음을 안다.

"20%의 시간을 활용해서 팀을 이끌거나 전면적인 변화를 만들어내는 일은 많지 않아요. '제가 공백을 메워드리도록 하죠. 할 수 있는 만큼 돕겠습니다.' 하는 개념에 가까워요."

그래도 좋았다. 첫 20% 프로젝트를 런던 팀과 함께한 것을 계기로 애덤은 다양한 흥미로운 과제들에 참여할 수 있었다.

한 동료와는 소형 팀 프로토타입 예산을 활용해 고객의 온라인 경험을 사실적으로 이해할 수 있도록 돕는 몰입형 360도 가상 현실을 만들기도 했다. 이 프로젝트는 좋은 반응을 얻어 전 세계적으로 지금까지 수천 곳이 넘는 곳에서 활용되고 있다. 애덤은 그 후로도 자발적으로 새로운 프로젝트에 참여하고 새로운 사람들을 만났다.

얼마 후 구글 X가 X로 리브랜딩한다는 발표가 있었다. 당연히 팀에서는 이를 위한 마케팅이 필요했다. 당시 채용 담당자는 마침 애덤이 얼마 전에 함께 일했던 사람이었다. 애덤은 일생일대의 기회를 붙잡아 구글의 혁신 기지에서 일하며 리브랜딩 팀을 이끌게 되었다.

나에게 주어진 업무 시간을 줄이고 20%의 시간을 따로 낸다는 것은 당연히 어려운 일이다. 이 개념을 보급한 회사에서 일하고 있더라도 말이다. 추가적인 노력을 기울여야 하고, 일정에 대한 여러 압박을 극복하는 와중에 스스로 기회를 만들어가야 한다. 그럼에도 불구하고 애덤이 말하듯 전략적인 실험에 대한 보상은 그만한 가치가 있다.

"신중하고 적극적으로 접근하기만 한다면 원하는 기회를 충분히 살릴 수 있어요."

새로운 스킬과 인간관계를 쌓아가면서 당신의 구미를 당기는 일이 외부적인 압박에도 유지되는지 확인해 보자. 다음과 같은 핵심 질문도 던져보자.

- 본격적으로 탐색해 봐도 매력적이라고 느껴지는가?
- 다른 사람도 흥미롭게 느끼는가?
- 내가 가진 능력이 실제로 쓰일 기회가 있는가?

시간 투자에도 포트폴리오가 필요하다

———→

"리스크 관리나 금융 부서에서는 영향력보다 확실성을 중요시합니다. 만일 채권에 투자한다면 확실한 투자이기 때문에 커다란 수익이 돌아오지 않는다는 걸 누구나 알고 있죠. 그러나 2001년에 스페이스 X에 투자했다면 훨씬 큰 수익을 기대하는 게 당연합니다."

앞에서도 언급했던 혁신 전략가 조너선 브릴이 리스크와 보상에 관해 한 말이다. 혁신 제품만을 만드는 회사에게는 상상을 초월한 성장 기회가 주어진다. 물론 잘 안 될 경우 회사 문을 닫아야 하지만 말이다. 애덤 럭스턴이 일하는 X가 구글에 하나밖에 없는 이유다.

어떤 사람들은 망설임 없이 모든 것을 걸기도 한다. 스페이스 X의 설립자이자 테슬라의 CEO인 일론 머스크가 그렇다. 확고한 비전을 가지고 페이팔로 번 1억 8000만 달러를 두 회사에 재투자했다. 그로 인해 2009년 말에는 회사 현금이 바닥날 정도였다.[4] 하지만 2022년 현재 일론 머스크는 2190억 달러의 자산을 가진 세계 부자 1위에 선정되었다.

이렇게 모든 것을 거는 전략은 놀라운 성공 비법이 아니다. 제2의 일론 머스크가 되고 싶었던 수천 명의 사람이 모든 것을 걸었다가 전부 잃는 경우가 훨씬 많다는 사실만 봐도 그렇다. 이런 사람들의 이야기는 〈포춘〉이나 〈파이낸셜 타임즈〉에 소개되지 않아서 우리가 잘 모를 뿐이다.

우리는 대부분 반대의 길을 택한다. 리스크가 크다는 사실을 알기 때문에 안전한 길을 걷는 것이다. 부모가 추천하는 대학이나 대학원에 들어가고 안정적인 직장을 구하고 다수가 이미 검증한 길을 따라간다. 조너선의 비유에 따르면 채권을 사는 것과 마찬가지다. 억만장자가 되지는 못하겠지만 파산할 일도 없다.

하지만 롱 게임을 시작한 우리가 원하는 건 단순히 파산을 면하는 삶이 아니다.

만일 일론 머스크처럼 혁신에 올인하지 않고 생활에 필요한 수입을 벌면서 안전하게 도전할 수 있는 제3의 길이 있다면 어떨까? 이것이 바로 20% 시간 전략이다. 이 원리를 개인의 삶에 동일하게 적용하는 것이다.

조너선은 생계를 위한 수입을 버는 데 최소한의 시간을 쓰려고 노력한다. 수입은 주택 융자금을 갚고 기본적인 생활을 유지할 수 있는 정도면 충분하다. 그 외에는 적극적으로 기회를 찾는 데 투자한다. 그는 항상 고민한다.

'내 시간의 20%를 어떤 고위험의 활동에 쓸까?'

기회만 잘 들어맞는다면 보상은 막대하다. 그는 2015년에 밀라노 세계박람회 측과 합작회사를 설립해 음식 관련 사업을 시작했다. 그가 관심 있던 분야였기에 행사와 관련해 귀찮은 형식적 관료주의가 산재해 있는 것을 알았다. 그래서인지 큰 기업은 이 사업에 손대지 않았고, 그에게까지 기회가 찾아왔다.

조너선은 미국에서 관련 건물 건축 사업에서 주요한 역할을 맡았다. 일이 잘 풀린다면 시간 대비 10배 정도의 보상을 얻을 수 있으리라고 계산했다. 중요한 것은 이 사업이 어떻게 끝나건 그에게는 이득인 상황이라는 점이다.

"저는 정부 정책을 더 많이 알고 싶었어요. 음식 관련 사업 분야의 인물들과 네트워킹하길 바랐죠. 이 프로젝트가 아쉽게 성공하지 않더라도 저에게는 다른 사업을 시작할 수 있는 여지가 있었고, 자영업자로서 정부 기관에서 일하는 방식을 배울 기회이기도 했죠."

이것만으로도 이 사업 경험은 조너선에게 충분히 가치가 있었다. 자신에게 맞는 곳에 있다면 예상치도 못한 새로운 기회들을 맞닥뜨리기도 한다. 조너선의 경우 식음료 업체들을 대상으로 전문 컨설팅을 제공할 수 있었던 것이 바로 그 기회였다.

"그때 배운 경험을 토대로 수백만 달러의 사업을 일궈낼 수 있었어요."

물론 모든 실험에 보상이 돌아오는 것은 아니다. 어떤 프로젝트가 보상을 안겨줄지 알 수도 없다. 애덤이 구글에서 수행했던 20% 프로젝트 중에는 눈에 띄는 결과를 내지 못한 것도 있었다. 하지만 그중 한 가지가 성공한 덕택에 그는 꿈꾸던 직업을 가졌다. 조너선의 경우에도 세계박람회에서 일하면서 큰 거래를 성사시켰지만, 반대로 아무런 결과가 없을 수도 있었다.

여기에서 우리가 얻을 수 있는 핵심 교훈은 위험을 감수하되 어떤 일은 잘 안 될 수도 있다는 사실을 받아들이는 것이다. 되려 처음에는 말도 안 되고 쓸모없다고 느껴졌던 일들이 좋은 결과를 가져올 수도 있다.

조너선은 20% 시간 전략에 대해서 이렇게 설명한다.

"손실의 시기를 잘 넘기려는 의지가 있어야 합니다. 단기적인 고통은 피하기 어렵죠."

완벽하게 안전한 투자를 하려면 스페이스 X가 아닌 채권을 택해야 한다. 그럼 예상치를 넘어서는 보상을 안겨줄 확률은 제로에 가깝다. 그렇다고 스스로 잃어서는 안 되는 것 이상으로 도박을 해서도 안 된다. 이것이 내 시간의 20%만 사용해야 하는 이유다.

무언가를 시도하긴 해야 한다. 그렇지 않고서는 죽을 때까지 같은 일을 하면서 살아야 할 것이기 때문이다. 어떤 사람들은 상황이 나빠졌을 때에야 비로소 실험을 하겠다고 달려든다. 그러나 이들의 꿈은 이미 산산조각 나 있는 상태이고, 상황은 이미 궁지에 몰려 있다. 조녀선에 따르면 이런 때 새로운 시도하기에는 너무 늦었다. 곁길로 큰 기회를 만들어내기 위해서는 많은 시간이 걸리기 때문이다.

"힘이 있을 때 해야지 약해져 있을 때 해서는 안 됩니다."

그러니 새로운 시도를 할 체력이 있을 때 꾸준하고 일관된 노력을 기울이면 단 20%의 시간만 투자하더라도 인생을 바꿀 만큼 큰 보상을 얻을 수도 있을 것이다.

딱 1년, 또 다른 나를 만나는 실험의 시간

—→

2016년은 맹렬하게 시작되었다. 단순히 친구 브루스와 브로드웨이 쇼를 관람하는 것을 넘어서 훨씬 더 열정적으로 동네들을 탐색했다. 재미난 일들로 가득 차 있던 목록에서 매주 굵직한 항목들을 하나하나 지워나갔다. 혼자서든 친구와 함께든 말이다.

예를 들어 전통적인 유대인 동네에 있는 버러파크 산책 투어에 참가하기도 했다. 퀸스에 있는 영상 박물관을 방문한 적도 있었다. 아직 방송 전인 TV 쇼 녹화장에 편법으로 초대를 받기도 했다. 유서 깊은 예일클럽의 행사에 참여했고, 수중 자전거 수업도 들었다(물속에 들어가면 칼로리가 훨씬 많이 소모된다는 말은 사실이었다). 바클리 센터에서는 칸막이 좌석에 앉아 바브라 스트라이샌드를 보기도 했다.

매번 이런 활동을 할 때마다 새로운 것을 배웠고, 훗날 사람들에게 들려줄 좋은 이야깃거리가 생겼다. 좋은 경험이었든 그렇지 않은 경험이었든 말이다. 그런 면에서 오페라 〈맥베스〉를 초콜릿 공장에서 보는 것은 새로운 경험이었으나, 공연장에 난방이 안 된다는 사실을 알았을 때 좋은 아이디어가 아닌 것으로 판명 났다. 그때는 11월이었다.

이 모든 활동은 궁극적으로 작은 도전이었고, 무엇이 나와 공명하는지를 확인하는 작은 실험이었다. 그중 어떤 것은 좋은 경험이었지만, 어떤 것은 한 번으로 족했다. 예를 들어 폴 댄스 수업은 재밌었지만 다시는 하지 않을 것이다.

지속한 활동도 있었다. 친구의 영향으로 한 번도 해본 적 없는 스탠드업 코미디 수업에 등록했다. 세 달 동안 꾸준히 수업을 들었고, 결국 맨해튼의 코미디 클럽에서 공연도 했다.

한편 여전히 나는 〈펀 홈〉을 본 후의 확신을 떨칠 수 없었다. 어떻게든 뮤지컬을 쓰고 싶었다. 구글링은 그다지 도움이 되지 않았다. '뮤지컬 한 편에는 노래가 몇 곡이 들어가나요?' '뮤지컬을 어떻게 구성하나요?' '가사에 어울리는 작곡을 누구에게 의뢰하면 좋

을까요?'

나는 나름대로 최선을 다했다. 창작열이 극에 달했던 몇 주 동안은 주말마다 뮤지컬 원고와 가사를 썼다. 온라인 시대에 큰 노력 없이 사업을 성공시키는 기업가정신에 관한 내용이었다. 뛰어난 작품은 아니었지만, 더 좋은 것도 딱히 생각나지 않았다.

한 달 뒤 콘퍼런스를 마치고 이어진 저녁 식사에 초대받았다. 지정석이 아니었기에 우연히 꽤 알려진 뮤지컬 극작가 옆자리에 앉는 행운을 누릴 수 있었다. 그에게 내 이야기를 하니 좋은 정보를 얻었다.

"BMI 워크숍에 꼭 참석해 보세요!"

음악 발매사인 BMI에서는 1961년부터 워크숍을 열어 뮤지컬 작곡가와 작사가들을 교육해 왔다. 이 워크숍은 미국에서 가장 우수한 트레이닝 프로그램으로 알려져 있다. 엄격한 입학 과정에서 합격하면 2년 동안 전액 무료로 교육을 받을 수 있었다. 2007년에는 뮤지컬 분야에 기여한 업적을 인정받아 토니상에서 특별공로상을 받기도 했다.

나는 그동안 작성해 둔 가사들을 정리해 지원서를 제출했고, 가차 없이 떨어졌다. 심지어 1차도 통과하지 못했다. 당연히 나는 실망했다.

'이 사람들은 아직 나를 잘 몰라.'

하지만 나는 롱 게임을 하고 있었다.

돈 안 되는 꿈을 돈 되는 직업으로 만드는 법

20% 시간 프로젝트를 시작한다는 것은 물론 매력적으로 들린다. 그동안 생각만 하던 이탈리아어를 배우거나 피아노 수업을 듣거나 구상해 둔 소설을 써보는 것을 누구나 원할 것이다. 수년간 정말로 하고 싶은 일이라고 노래를 불러왔지 않은가.

이 책에서 가장 먼저 일정을 정리하는 것을 이야기한 이유가 여기에 있다. 바쁨이 성공의 지표가 아님을 이해하고, 시간과 생각의 여백을 확보할 수 있도록 말이다. 바쁨은 무조건 피해야 한다. 우리에게는 아주 짧은 시간일지라도 실험을 위한 시간이 필요하다.

그 보상은 생각 이상으로 크다는 것을 기억하자. 조너선처럼 중요한 비즈니스 인맥을 쌓아서 큰 거래를 성사시킬 수도 있다. 또는 애덤처럼 잠재적인 신규 채용 관리자에게 우리의 능력을 보여줄 수도 있다.

직업적으로 궁극적인 목표가 무엇인지 모르겠다고 하더라도 20% 시간 전략을 수용하는 것은 여전히 좋은 패가 되어준다. 이것은 대학교수인 말레나 코르코란이 발견한 사실이기도 하다.

말레나는 남편이 교수직을 제안받았던 20년 전에 함께 뮌헨으로 왔는데, 얼마 후 브라운대학교 동문 인터뷰 프로그램에서 폴란드 지역 책임자를 맡지 않겠느냐는 이메일을 받았다. 물론 뮌헨은

폴란드가 아니다. 폴란드인 지원자를 찾기가 어려웠기 때문이다. 할아버지가 폴란드 출신이었던 말레나에게 제안이 온 것이다.

"저에게 연락한 동문이 워낙 간절해 보였어요. 이유를 즉시 알 수 있었죠. 공산국가였던 나라에서는 모르는 사람들에게 갑작스러운 전화를 걸 수 없거든요."

그녀는 결국 절차를 수정해 그 해에 폴란드 지원자 전원에게 연락을 취할 수 있었다. 그녀의 성공에 깊은 인상을 받은 브라운 대학교에서는 여전히 자원봉사 역할이긴 했지만 그녀를 동유럽 지역 책임자 역할로, 그 다음엔 유럽, 아프리카, 중동 지역 총책임자로 빠르게 승진시켰다.

"딱 하나 있던 아이디어가 좋았어요. 뉴저지에서라면 후보자를 스타벅스에서 만나겠지만 그런 방법은 완전히 잊어야 했어요. 지금 사는 지역이 다르더라도 인종, 전공 분야, 학습 성향 같은 것들을 기반으로 관련성이 있는 사람들끼리 연결시켜 줬죠."

그녀가 하는 일은 엄청난 만족감을 주었다. 독일에서 외래 교수로 일하면서 종신직을 얻어내는 데 어려움을 겪고 있었기 때문에 더욱 그랬다.

말레나는 이 일로 상까지 받고 난 후 자원봉사 경험을 일생의 업으로 삼을 수도 있겠다고 생각했다. 외국인 학생이 미국의 명문대에 지원하도록 돕는 사업이었다. 말레나는 이런 새로운 방향성을 20% 시간 활용을 통해 자연스럽게 발견했다. 그녀의 남편이 말하는 것처럼 "현재 많은 사람이 꿈꾸는 방식으로 교육자가 된" 것이다.

우리는 진로에 대한 확신과 명확한 방향을 알고 있더라도 어떻게 해야 거기까지 도달할 수 있을지 모르는 경우가 많다. 그럴 때 20%의 시간을 투자하는 전략을 활용하면 힌트를 얻을 수 있다.

베키 라스트는 15년간 관광업계에서 일하다가 전직해 다른 일을 하고 있었다. 하지만 관광업계가 그리워 돌아가고 싶었다. 그 방법을 찾던 중에 1년간 호주의 국제 자원봉사 단체(미국의 평화봉사단과 비슷하다)를 통해 태평양의 작은 섬나라 바누아투 관광청을 돕기로 했다.

"친구들은 이 생각이 별로라고 했어요. 하지만 제 생각은 달랐죠."

이 기회는 그녀가 사랑하는 분야와 다시 연결해 주고, 게다가 다른 사람까지 도울 수 있었다. 하지만 계획을 벗어난 상황은 언제든 발생한다.

"강도 5의 사이클론이 불어닥쳐서 말 그대로 하룻밤 사이에 일대를 완전히 망가뜨렸어요."

직원과 시민은 대부분 자신의 가족을 돌보고 주변 지역을 복구하느라 여념이 없었다. 결국 베키가 나서기로 했다.

"직원 중에서 일에 집중할 여력이 있는 몇 안 되는 사람 중 한 명으로서 저는 손실 분석을 하고 일대의 복구 계획 보고서를 쓰는 일을 맡았어요. 이건 제 업무 범위를 훨씬 넘어서는 일이었어요. 개인적인 경험을 넘어서는 일이기도 했고요.”

그녀는 이런 일을 해본 적이 없었다. 그럼에도 방법을 찾아냈다. 바누아투의 복구 작업에 전념하면서 베키는 세계은행뿐 아니라 다른 기부 단체와도 함께 일했다.

“재난 이후에 두 곳에서 저를 관광 컨설턴트로 고용했어요. 정부 부처에서도 바누아투 추가 2년 체류를 후원해 주었죠.”

현재 베키는 세계은행 그룹의 상근 직원으로 일하면서 태평양 관광 개발 프로젝트를 이끌고 있다. 그녀는 관광업에서 다시 일하고 싶었지만 그 방법은 알지 못했다. 그러나 직감을 따르고 자원봉사 경력을 활용함으로써 유망한 새로운 기술을 익혔고, 예상치 못한 새로운 기회를 붙잡았다.

20%의 시간이 중요한 또 다른 이유는 새로운 시도가 실제 수입원이 되어주기까지 어느 정도 시간이 걸리기 때문이다. 현재 호주에서 비영리단체를 이끌고 있는 크리스티나 라이언은 처음부터 사회 정의를 위해 싸우는 일에 헌신해 왔다.

“여성 권리를 위해 오랫동안 일해왔고, 여성 장애인 관련 단체를 대변하는 국가 위원회의 일원으로도 일했어요.”

15년 이상 그녀는 이런 일을 자원봉사로 해왔다. 그 과정에서 크리스티나는 그 분야에서 인정받는 전문가가 되었고, 호주 대표단의 일원으로서 UN에서 중대한 여성권리협약을 논의하기 위해 뉴욕에 출장을 가기도 했다.

"성평등 혹은 장애인 관련 위원회나 대표단 업무를 맡아달라는 많은 요청을 받았어요. 봉사활동으로 10년은 먹고살 전문 지식을 얻었죠."

그녀는 봉사활동으로 활약했던 분야에서 돈을 받고 일하게 됐다.

그렇지만 20% 시간 전략을 추구해야 하는 가장 큰 이유는 단순히 더 많은 소득 창출을 위해서가 아니다. 꿈을 이루기 위해서다.

머릿속 아이디어를 현실로 만드는
여섯 가지 방법

→

원하는 목표를 미루는 데에는 백만 가지의 이유가 존재한다. 작가이자 연설가인 56세의 페트라 콜버가 마음속에 품고 있던 큰 꿈은 DJ가 되는 것이었다. 이 일을 미루고 있는 것은 단순한 게으름 때문이기도 했고, 내가 정말로 해낼 수 있을까 하는 자기 의심 때문이기도 했다. 또 다른 이유는 제대로 해내고 싶었기 때문이었다.

"기왕 시작한 디제잉이니 잘하고 싶었어요. 그럭저럭한 분위기를 만들고 싶지 않았어요. 사람들이 열광하길 바랐죠."

물론 이것은 한 번도 해보지 않은 일을 해내고자 하는 사람에게는 무척 높은 기준이었다. 우리는 누구나 장애물과 내면의 장벽을 마주한다. 그리고 만일 당신이 20% 시간을 제대로 활용하고 싶다면, 그렇게 해서 원하는 목표를 정말로 달성하고 싶다면, 해오던 생각보다 한 수 앞서는 법을 배워야 한다. 다음은 이를 위한 여섯 가지 방법이다.

제대로 지원받기

페트라가 디제잉 기술을 배우고 싶다고 선언했을 때, 음악을 사랑하는 친구가 믹싱을 해서 음악을 미리 들어볼 수 있는 장비를 선물해 주며 "제대로 준비시켜 줄게."라고 했다.

"이렇게 지켜봐 주는 상대가 없다면, 사람들에게 목표를 말로 표현하거나 어딘가에 적어두는 등 어떤 식으로든 선언하지 않는다면, 상황이 어려워졌을 때 금세 포기하게 돼요. 다른 사람들의 성공은 쉽게 이루어지는 것처럼 보이거든요."

이런 문제를 해결하기 위한 가장 좋은 방법은 신뢰하는 친구들로부터 지지를 얻어내는 것이라고 했다.

코치 고용하기

페트라는 친구에게 조언을 들었지만 누구나 진입하고자 하는 분야의 전문가를 알지는 못한다. 물론 인터넷에서도 배울 수 있지만 빠르게 배우는 방법 중 가장 좋은 한 가지는 바로 코치를 고용하는 것이다.

이것이 잭 브레이커가 했던 일이기도 하다. 마케팅 및 혁신 컨설팅펌의 CEO인 잭은 줄곧 문학에 대한 열정을 마음속에 간직하고 있었다.

"고등학교, 대학교에서 문학은 언제나 가장 좋아하는 수업이었죠. 선생님들은 좋은 삶을 살도록 저에게 영감을 주었고요."

바쁜 CEO인 그는 원하는 만큼 책을 읽을 시간이 없었다. 만일 여유가 있었다 하더라도 누가 그와 그런 주제를 토론하고 싶어 할지도 알 수 없었다. 그러나 팬데믹이 그에게 분명한 사실을 알려주었다.

"자가격리를 하면서 따분한 일상의 루틴, 불안, 재택근무, 높아진 스트레스, 끊임없는 변화, 줄어든 사람들과의 만남 등이 저에게 타격을 입혔습니다. 저는 제가 사랑하는 걸 해야 한다는 사실을 알고 있었지만, 타협하는 일이 많았어요. 중요한 것보다 긴급한 일들에 집중하면서 말이죠."

그는 더 이상 그렇게 살지 않기로 결심한다.

"내가 좋아하는 것을 가장 중요시하기로 했죠. 내가 원하는 것을 추구하고 책임지기 위해 선택하고 투자하기로 했습니다."

잭은 문학 코치를 고용했다. 잭은 사실 이런 직업이 있는지 몰랐다. 대신 온라인 강사들이 이렇게나 많으니 그와 책에 관한 이야기를 나눠줄 사람이 한 명 정도는 있을 거라 생각했다. 여러 플랫폼을 탐색한 결과 멕시코에서 대학을 나와 문학박사 과정을 밟고 있으며 영어를 할 줄 아는 학생을 만났다.

이들은 금요일 저녁마다 한 시간씩 만나서 그 주에 읽은 단편 소설에 관해 토론을 벌인다. 작가는 살만 루슈디, 레이먼드 카버, 어슐러 르 귄, 줌파 라히리 등 다양했다.

"먼저 우리는 작품을 재미있게 읽었는지, 그 이유는 무엇인지 총평을 번갈아 가며 이야기합니다. 그런 다음에는 등장인물을 한 명 뽑아서 그의 동기, 놀라운 점, 선택 등을 분석합니다. 소설 작법의 기술적인 관점에서 스토리가 어떻게 만들어졌고, 현실 같은 전개를 위해 작가가 어떤 선택을 했는지에 대해서도 토론하죠. 언어, 이야기 흐름, 은유 등도 다룹니다."

독서는 좋은 것이지만 왜 돈을 써서까지 코치를 고용하느냐고 묻는 사람도 있을 것이다.

"저에게 활력을 주거든요. 호기심을 갖도록 해주기도 하죠. 잠시나마 다른 사람의 세계에서 시간을 보내면 기분이 전환됩니다. 튜터의 관점을 듣는 것도 정말 재미있고요. 날카로운 시선을 가지고 있어서 저는 생각지도 못한 방식으로 소설을 분석합니다. 전에는 생각지 못한 부분이지만 튜터가 다른 나라 사람이기 때문에 세상을 완전히 다르게 보는 것 같아요."

그는 지금도 이 가치에 대한 생각이 명확하다.

"저는 제 삶 속에 문학이 더 많이 들어오기를 바라기 때문에 앞으로도 이런 기회들을 놓치지 않을 겁니다."

잭이 활용한 전략은 많은 분야에 적용 가능하다. 나는 BMI의 뮤지컬 워크숍에 떨어진 뒤 이듬해에 다시 도전하기로 결심했다. 다만 같은 실수를 두 번 하지 않으려고 코치를 고용했다. 친구에게 워크숍의 고급반 작사가이자 작곡가인 크리스티아나 콜을 소개받았다. 그녀는 내 지원서를 살펴보고 수정할 사항과 추가할 사항들을 이야기해 주었으며, 지원서를 다듬는 것도 도와주었다. 크리스티아나의 도움 덕택에 나는 다음 해 워크숍에 합격할 수 있었다.

데드라인 정하기

지금의 일을 내일로 미루는 것은 쉽다. 언젠가는 덜 바쁠 때가 있을 거라 여기고 아직은 시간이 많이 남아 있다고 느끼기 때문이다. 하지만 덜 바쁜 날은 결코 오지 않는다.

일을 진행시키고 행동하기 위해 필요한 것은 다름 아닌 데드라인이다. 페트라 콜버는 그의 책 《완벽한 해독 The Perfection Detox》 출간 파티에서 얼결에 데드라인을 정했다. 무대 위에서 인터뷰어가 가볍게 물었다.

"페트라 님의 다음 행보는 무엇인가요?"

그녀는 아직 정해진 계획이 없었음에도 즉석에서 디제잉을 하고 싶다는 꿈을 밝혔다. 그날 저녁, 북미에서 가장 큰 피트니스 행사를 운영하는 친구가 페트라를 찾아왔다. 그리고 정해진 일정을 통보하듯 그녀에게 1년 뒤 8월에 열릴 VIP 파티에서 디제잉을 해

달라고 했다.

"저는 흔쾌히 알겠다고 했죠. 1년 뒤? 좋지!"

당시에는 실감이 안 났다. 조금씩 행사 날짜가 다가올수록 페트라는 고위급 인사들이 참석하는 600명 규모의 애프터 파티에 막중한 책임감을 느끼기 시작했다.

"아무도 없는 댄스 플로어를 보는 것보다 무서운 일은 없을 거예요. 상상해보세요. 당신에게는 그 무대를 채워야 할 의무가 있는 거죠. 분위기가 안 좋아 사람들 앞에서 망신당할지도 모른 다고 생각하면 가만히 있을 수가 없었어요."

그러나 그녀에게는 정해진 데드라인이 있었기에 더 이상 머뭇 거릴 수 없었다. 이제는 정말 디제잉을 배워야 했다. 페트라는 혼 자서 트레이닝을 하는 방법을 검색하기 시작했다.

계속해서 배우기

페트라의 VIP 피트니스 행사 디제잉은 대성공을 거뒀다.

"사람들이 어떤 음악을 필요로 하는지 알았죠. 무대로 뛰쳐나 고 싶어지는 노래들을 틀었어요."

20%의 시간을 들인 프로젝트를 풀타임 일자리로 만들 생각이 없다면, 이벤트가 끝난 후에는 그 프로젝트에 별다른 주의를 기울 이지 않는 경우가 많다. 그러나 많은 노력을 들여 발전시킨 능력 을 방치하는 것은 큰 손해다. 배움과 성장 프로세스가 계속해서

가동되도록 하는 시스템을 만들 필요가 있다.

페트라는 뉴욕에서 살고 있는 아파트 건너편에 있는 루프탑 바를 방문했을 때 기회를 발견했다. 그녀는 바텐더에게 디제이가 필요하지 않은지 물었다. 바텐더는 마침 호텔에서 '로제 온 더 루프탑Rosé on the Rooftop'이라는 행사를 론칭했다며, 바로 다음 주에 공연을 해 달라는 것이 아닌가.

"놀라웠어요. 제가 사는 동네 사람들을 만날 수 있었죠. 이전 행사와는 다른 디제잉 스타일을 시험해 보면서 그들을 즐겁게 해줄 수 있었어요. 칵테일을 마시는 사람들 뒤에서 마음 편하게 배경이 되었죠. 낮은 리스크로 연습할 수 있는 절호의 기회였어요."

그녀는 이 기회를 활용해 도전적인 음악을 실험해 보기로 했다.

"〈해밀턴〉에서 숀 콤스(P. 디디)에 이르기까지 서로 다른 음악들을 믹싱했어요. 비트만 괜찮으면 뭐든 시도해봤죠."

그녀는 매번 무언가를 배웠고 발전했다. 잘되지 않는 날도 있었지만, 그렇다고 세상이 끝나는 것도 아니었다.

디제잉을 연습해 온 경험에서 영감을 얻은 페트라는 기대치를 더욱 높여 2년 뒤에 또다시 커다란 도전을 하기로 결정한다. 이번에는 디지털 노마드로 일하면서 전 세계를 1년 동안 여행하는 것이었다. 오랜 기간 마음속에 품고 있던 꿈이었고, 그녀는 그것을 이뤄냈다.

실패하더라도 이득이 되는 상황 만들기

20% 시간에 대한 리스크를 줄이는 궁극적인 방법은 바로 이것이다. 즉, 지더라도 이기는 싸움을 만들어내는 것이다. 조너선 브릴도 세계박람회 프로젝트를 맡았을 때 그렇게 했다. 어떤 결과가 나오더라도 새로운 스킬을 익히고 소중한 인맥을 쌓을 수 있으리라는 사실을 알았기 때문에 시작했다. 특정한 상황이나 기회로부터 얻을 수 있는 최소 이익을 가늠해보는 데도 도움이 된다.

새로운 산업계에 자신을 노출시키거나 특정 지역에서 인맥을 만드는 것, 새로운 소프트웨어를 배우거나 대중들 앞에서 말하는 등의 가치 있는 일을 연습하는 것도 포함된다. 성과가 비록 크지 않더라도 매력적으로 들린다면 도전 자체로도 가치 있다. 이직이나 컨설팅 기회, 금전적 이익 등의 추가적인 보상이 당신이 통제할 수 없는 범위에 있다면 연연할 필요는 없다.

10년 단위로 생각하기

"우리는 하루에 달성할 수 있는 일은 과대평가하고, 1년 안에 성취할 수 있는 일은 과소평가한다."

잘 알려진 격언인 만큼 진실을 말하고 있다. 1년 안에 해낼 수 있는 일도 과소평가를 한다는데 10년은 말할 것도 없다. 20% 시간 프로젝트에 내 시간을 투자하는 것은 주식시장에 투자하는 것과 마찬가지로 복리의 마법이 발휘된다. 처음에는 작고 의미 없어 보이더라도 궁극적으로 경쟁자들과의 격차를 크게 벌리는 힘이 된다.

연극계에서는 쇼 한 편이 브로드웨이에 가기까지 평균 7년이 걸린다고 한다. 작품을 써야 하고, 그 작품이 자랑스럽게 쇼로 내보일 수 있을 정도로 좋아야 하는 건 당연하다. 다음엔 자금을 모아 여러 번에 걸쳐 워크숍을 진행해야 한다. 이를 통해 제작자의 흥미를 끌 수 있도록 끊임없이 수정을 거친다. 이후 브로드웨이에 진출하기 전에 뉴욕 퍼블릭시어터에서 시작했던 〈해밀턴〉처럼 오프 브로드웨이 쇼케이스를 하거나 보스턴·시카고·샌디에이고 등에서의 시험 상영을 위해 더 많은 자금을 마련한다. 최종 단계가 브로드웨이 극장가인 그레이트화이트웨이의 무대에 오르는 일이다. 여기서 쇼를 하려면 연극은 400만 달러, 뮤지컬은 1500만 달러 이상이 필요하다. 지난하고 힘든 여정이다. 따라서 끈기가 필수다.

2016년에 처음으로 뮤지컬을 써야겠다고 결심했을 때, 브로드웨이에서 공연하기까지의 기간을 10년으로 정했다. 기술적인 부분을 배우고 배운 스킬을 다듬고 필요한 인맥을 쌓고 프로젝트를 진척시키기 위해서는 길게 봐야 가능하다는 걸 알았기 때문이다. 2026년까지 브로드웨이에 올릴 만한 작품을 만들 수 있을지는 모르겠다. 내 우선순위가 바뀔 수도, 외부 상황이 바뀔 수도 있으니 말이다. 다만 장기적인 계획을 세우고 실천하지 않았을 때보다 지금 훨씬 멀리 와 있다는 건 확실하다. 세계에서 가장 좋은 트레이 닝을 받고 신출내기에서 능숙한 공연 작사가가 되기까지는 수년 의 시간이 걸렸다.

프로듀서들과 인맥을 만들어야 한다는 사실을 깨닫고 2017년 부터 친구 알리사 콘과 함께 브로드웨이와 그 외의 연극 공연에 도 투자하기 시작했다. 토니상을 받은 브로드웨이 쇼를 포함해 세 작품에 투자했으며, 호주―뉴질랜드 투어 제작에도 투자했다. 그 과정에서 20여 명의 프로듀서들과 친구가 되었다. 이것이 내 목 표의 성공을 보장해 주진 않는다. 다만 전문가들과 만나며 적어도 제작 과정을 더 배울 수 있었다.

꿈이 없는 걸 부끄럽게 여기는 사람이 많다. 괜찮다. 자신의 꿈 을 명확하게 얘기할 수 있는 사람이 그리 많지 않다. 상황은 언제 나 변화하고 예상치 못한 기회에서 성공은 꽃피우기도 한다. 롱 게임은 미리 계획해 둔 작은 단계들이 몇 년의 시간 동안 쌓여 불 가능해 보이는 목표를 이루는 데 의미가 있다. 그러나 우리가 중 간에 계획을 바꾸거나 아예 다른 목표를 설정하더라도 쌓아온 시 간은 더 많은 옵션을 가능케 한다. 이것이 바로 20%의 시간이 주 는 진정한 선물이다. 그러니 결과가 없더라도 20%의 시간을 활용 함으로써 다양한 실험들을 감행할 수 있다. 이를 위해 필요한 질 문들이 있다.

- 좋은 아이디어나 구상이 떠오를 때 다음 단계는 무엇일까?

- 어떤 방법으로 시작하지?

- 어떻게 하면 제대로 오래 할 수 있을까?

- 누군가가 나에게 성장의 기회를 떠먹여 주지 않는다. 적극적으로 기회를 찾아 나서야 한다.

- 20%의 시간을 새로운 영역을 탐색하는 데 써보자. 그 정도의 시간만 해봐도 내가 어떤 일을 재미있게 하는지, 잠재력이 있는지 알 수 있다. 결과가 좋지 않더라도 또 다른 것에 도전해 볼 수 있을 정도의 투자다.

- 힘이 있어야 새로운 아이디어도 시험해 볼 수 있다. 힘이 없을 땐 새로운 일 따위는 눈에 들어오지 않는다. 새로운 아이디어를 떠올린 그때가 시작해야 할 적기인 이유다.

- 지더라도 이기는 방법은 무엇일까? 20%의 시간 프로젝트에 실패하더라도 인맥을 만들거나 새로운 기술을 습득했다면 결과 아닌 과정으로써 이득을 얻은 것이다. 이처럼 실패해도 이길 수 있는 프로젝트로 계획을 세워보자.

- 수십 년 앞을 내다보라. 다른 이들이 몇 개월이든 몇 년이든 생각만 할 때, 장기적인 계획을 세우고 조금씩 실천하면 따라

올 수 없는 경쟁력을 만들 수 있다. 10년 혹은 그 이상을 바라
본다면, 단기적인 손실도 가볍게 넘기고 훨씬 더 큰 것을 성취
할 수 있다.

RULE 5

탐색과 집중의
사이클을 만든다

물론 모든 걸 한 번에 다 할 수는 없다. 이것은 명백한 사실이다. 그러나 많은 뛰어난 전문가들이 빠지는 함정은 자신이 잘하는 한 가지 활동, 혹은 비슷한 활동들을 선택한 다음 그것만 계속한다는 것이다. 이것이 생산적으로 느껴질 수 있다. 실제로 어느 정도 선까지는 그렇기도 하다.

그러나 어느 시점이 지나면 이들은 혼란에 빠진다. 왜 커리어가 더 이상 앞으로 나아가지 않는 거지? 왜 정체기에 들어선 느낌이 들지? 많은 경우 이것은 강점에 너무 집중한 나머지 못하거나 흥미가 없거나 위험을 감수하기 두려운 영역을 무시했기 때문이다.

작가라면 책을 내고 또 다음 책을 내는 식으로 작업을 이어갈 수 있다. 자신의 생각을 종이 위에 표현하고 연구하는 것이 익숙하므로 그것만 해도 충분하다고 여긴다. 추가로 팟캐스트 인터뷰, 웨비나, 연설, 기고문 집필 등으로 책을 마케팅하는 데 시간을 들인다면 훨씬 큰 성공을 거둘 수 있지만 책 집필 이외에는 부수적인 일이라고 생각한다. 둘 다 중요한 성공 요인임에도 여전히 많은 사람이 이와 같은 실수를 저지른다.

따라서 성공의 열쇠는 당신이 지금 어느 위치에 있는지를 파악하고 '하나에 집중해야 할 시기'와 '초점을 바꿔야 할 시기' 중에서 전략적인 선택을 하는 데 있다. 이어지는 내용을 통해 그 방법을 살펴볼 것이다.

커리어상의 내 위치를 직시할 것

→

여러 가지에 얕은 노력을 기울이는 것보다 하나의 주요 핵심 목표에 집중하면 큰 전진을 이룰 수 있다. 그럴 때에는 다음과 같은 질문이 필요하다.

'지금 투자해서 가장 많은 보상을 얻을 수 있는 영역은 무엇인가? 최대한 많은 보상을 받으려면 어떻게 해야 할까?'

이에 대한 답은 이름을 많이 노출할수록 눈에 띄기 쉽다는 것이다. 이것이 내가 아이디어 콘퍼런스인 르네상스 위켄드에 참석했을 때의 전략이기도 하다.

르네상스 위켄드는 1981년에 필립 레이더와 린다 레이더가 친구들과 만든 유쾌한 신년 모임으로 시작했다. 필립은 클린턴 정부의 영국 대사가 되었다.[1] 필립을 비롯한 이들의 사회적 지위가 점점 높아지면서 행사의 규모는 점점 커져 1000명이 넘는 고위급 인사들이 모였다. 그러자 클린턴 대통령과 같은 권위자들이 정기적으로 참석하는 이 비공개 모임에 대해 언론의 추측성 보도가 이어졌다.

노스캐롤라이나의 작은 동네에서 살고 있던 10대인 나에게도 르네상스 위켄드에 대한 이야기가 들려왔다. 정치에 관심이 많았던 나는 이 모임에 끼고 싶었으나 어떻게 해야 참석할 수 있는지는 몰랐다. 부모님은 그런 사람들과는 거리가 먼 분들이었다. 나는 그때 한 가지 목표를 세웠다.

10년이 지났지만 나는 여전히 어떻게 해야 할지 몰랐다. 이 콘퍼런스의 웹사이트에는 초대자에 한해 참석 가능하다고 명시되어 있었다. 어쨌든 시도해 보기로 했다. 당시 29세였던 나는 이력이 많지 않았지만 오랜 기간 참석을 열망해 온 마음을 담아 진심 어린 편지를 작성했다.

놀랍게도 몇 달 후에 메일이 도착했다. 별도의 설명이나 커버 레터는 없었다. 그저 이후 개최될 네 번의 모임에 대한 가입신청서가 들어 있었다. 나는 사업을 시작한 지 2년이 지났을 뿐이었고 수입도 많지 않았다. 그런데도 나에게 보낸 초청을 철회할까 두려워 호텔과 항공료를 포함해 1만 달러가 훌쩍 넘는 참가비와 신청서를 보냈다. 개최 장소조차 아직 공개되지 않았음에도 네 번의 모임에 전부 등록한 것이다.

이것은 맹목적인 선택이 아니었다. 당시 내 우선순위는 흥미로운 고위급 인사들과의 네트워크 구축이었다. 이미 조사를 많이 한 상태였으므로 그곳이 내 목표를 달성하기에 적합한 장소라는 걸 알았다. 내 선택에 리스크나 불확실성은 없었다.

당연히 첫 번째 행사는 쉽지 않았다. 항상 참석해 온 사람들 사이에서 내가 아는 사람은 한 명도 없었다. 새로운 집단의 룰을 터득하면서 수백 명이 넘는 사람들을 한꺼번에 만나느라 과부하로 머리가 터질 지경이었다. 그러나 물러설 순 없었다. 앞으로 행사는 세 번이 남아 있었다.

다음 해에는 조금 익숙해졌다. 세 번째 행사에 참석할 때쯤에는 구면인 사람들에게 인사하고, 새로운 사람들에게 자기소개를 하면서 시장이라도 된 듯한 느낌이 들었다. 지금은 그때처럼 자주 참석하지는 않지만 초반에 많은 사람에게 인사를 해둔 덕에 당시 알게 된 사람을 만날 때마다 도움이 된다. 혹은 그들이 데려온 새로운 사람에게 소개될 때도 마찬가지다.

2012년 초에도 같은 방법을 사용해 〈포브스〉에 기고를 시작했다. 나는 원래 〈하버드 비즈니스 리뷰〉에서 글을 쓰고 있었다. 하지만 여기는 출간 기사 수를 엄격하게 제한하고 있었다. 온라인으로는 하루에 다섯 개 정도만 새로이 기사를 발간할 수 있었다. 종이 잡지에는 훨씬 적은 수의 기사가 실렸다.

나는 콘텐츠를 만드는 일이 내 브랜드와 비즈니스에 매우 중요한 역할을 한다는 것과 지금보다 훨씬 많은 글을 발표해야 한다는 것을 알았다. 내 아이디어를 나눌 또 다른 공간이 필요했다.

전국 신문, 지역 일간지, 케이블 TV, 유명 해외 언론사를 포함해 20여 개의 미디어 목록을 만들었다. 이 매체 중에 외부 기고자들에게 온라인 기사를 받는 곳이 어디인지를 알아보고, 가능성이 있는 곳은 무료로 기고하겠다고 제안했다. 그중 단 세 곳에서만 회신이 왔다. 나는 기사 아이디어와 제안 내용을 담은 회신을 보냈고, 두 곳에서는 바로 거절당했다. 그 후 이들에게서는 다시 연락이 오지 않았다.

당시 〈포브스〉는 외부 기고가를 늘리고 있던 때였기 때문에 즉시 시작해 줄 수 있는지 물어왔다. 나는 당연히 가능하다고 답했고, 나의 첫 기사는 열흘도 지나지 않아 〈포브스〉에 실렸다.

나에게는 선택권이 있었다. 〈포브스〉에 종종 무료로 기고하는 것 혹은 한 달에 최소 5개의 기사를 반드시 쓰면서 유료 기고가가 되는 것이었다. 나는 후자를 택했다. 돈이 궁해서가 아니라(굳이 밝히자면 큰 금액도 아니었다) 몰두할 수 있는 계기라고 생각했기 때문이다. 이제 계약까지 했으니 콘텐츠를 만드는 것을 우선순위로

두어야 했다. 그것은 내가 정한 목표에도 맞았다.

그 후 몇 년간 〈포브스〉에 250개가 넘는 기사를 발표했다. 때로는 한 달에 10개를 실은 적도 있었다. 이걸 기회로 내 이름을 알릴 수 있었고 나를 구독하는 분들과의 네트워크도 크게 성장했다. 기사를 위해 작가나 기업의 리더를 인터뷰한 것도 도움이 됐다. 나와 비슷한 위치에 있는 사람들은 이렇게 말할지도 모른다.

"너무 바쁘니까 〈포브스〉에 기사를 쓴다고 말할 수 있을 정도만 최소한으로 기사를 쓰면 안 되나?"

커리어상의 위치에 따라서는 맞는 전략일 수도 있다. 그러나 눈앞의 기회가 목표와 완전히 들어맞는다면 전략적으로 더 많은 투자를 할 필요도 있다.

고개를 들 때와 숙일 때가 다르다

→

여러 역할을 탐색하고 집중할 영역을 결정하는 법을 터득하면서 내가 유용하게 활용했던 또 다른 시스템은 '고개 들기'와 '고개 숙이기'다.

나는 이 말을 내 책《나를 경영하라》를 위해 재러드 클라이너트와 인터뷰를 할 때 처음 들었다. 그는 애틀랜타 기반의 기업가로, 《20억 명의 미성년자들 2 Billion Under 20》의 편집자이기도 하다.

그는 기업가를 비롯한 대부분의 사람들이 끊임없이 다른 커다란 목표를 찾고 있으며, 그것을 그만두는 게 얼마나 힘든지 '반짝이는 물건 증후군'의 개념을 통해 설명해 주었다. 이는 단기적인 사고의 극치다. 이 일을 하다가 다른 일이 더 좋아 보인다고 넘어가는 것은 그게 좋든 나쁘든 허용되지 않는다. 하나의 일을 성공시키는 데는 무엇보다 시간이 필요하기 때문이다.

그렇다고 무조건 하나의 일에만 집중하는 것에도 어느 정도 위험이 따른다. 제러드는 이를 이렇게 설명한다.

"지금 가장 중요하게 해야 하는 일을 아는 건 어렵습니다. 오히려 상황을 파악하고 뒤늦게 아는 경우가 많습니다. 꽤 성공한 프로젝트가 있다고 해보죠. 그게 정말 중요한 일이었을까요? 좀 더 일해보면서 알아봐야 할까요, 아니면 다른 일과 같이 해보면서 어느 게 더 나은지 판단해야 할까요?"

재러드가 '고개 들기'와 '고개 숙이기' 모드를 개발한 이유다. 이를 간단히 설명하면 다음과 같다.

"고개 들기 모드에서는 새로운 기회를 찾고, 고개 숙이기 모드에서는 하나를 실행하는 데 집중합니다."

'고개 들기' 모드에 있을 때는 다른 일을 계속 시도해 보는 게 좋다. 하지만 자신에게 맞는 일을 찾았고, 지금이 '고개 숙이기' 상태라면 하나의 일을 계속하는 것이 좋다.

재러드에 따르면 각각의 모드에 해당하는 경우가 따로 있으며,

그때그때 어느 모드여야 하는지를 아는 것이 매우 중요하다. 내가 어떤 상태에 있는지를 혼동한다면, 잘되는 일에 집중해야 할 때 더 나은 것을 찾아 헤맬 수 있다. 반대로 가능성을 충분히 탐색하지 않은 상태에서 한 가지 특정한 일에만 전념한다면 제대로 성과를 얻기 힘들다.

이후 나는 재러드의 아이디어를 내 삶에 적용하기 시작했다. 3~6개월 주기와 같이 일정한 기간을 정해 '고개 들기'와 '고개 숙이기' 모드의 시기를 나누었다.

고개 들기 모드일 때는 즐거운 마음으로 저녁 식사 약속을 잡거나 전화 통화를 하고 네트워킹하기 위한 모임에 참석했으며, 인터뷰와 팟캐스트 출연 요청을 수락해 내가 하는 일을 알렸다.

반면 고개 숙이기 모드일 때는 상황이 완전히 달라진다. 아주 긴급한 것이 아니라면 모든 요청을 거절하고, 신규 온라인 수업을 구상하거나 책 원고를 집필하는 것처럼 몰입이 필요한 일에 충분히 집중한 상태로 시간을 보냈다.

이런 접근법을 통해서 필요시에 충분히 집중하고, 비슷한 일들은 하나로 묶어서 처리하며(멀티태스킹으로 인한 인지적 과부하를 줄여준다), 루틴을 변화시킴으로써 활기찬 상태를 유지할 수 있다.

운동할 때는 한 부위의 근력운동을 매일 하는 게 오히려 안 좋다. 근육이 회복하고 치유된 다음 더 강하게 자리 잡을 시간이 필요하기 때문이다. 마찬가지로 같은 업무를 매일 반복적으로 하는 것보다 사이클을 도입해 일하는 것이 더 효과적이다. 고개 들기 모드와 고개 숙이기 모드를 오가면서 일하면 집중력을 극대화할 수 있다.

그리고 나는 이를 롱 게임에 적용해 '커리어 파도타기'라는 목표 달성까지의 네 단계 사이클을 개발했다.

커리어의 파도에 올라타는 법

⟶

시간을 어디에 분배할지 현명한 선택을 내려야 할 때 나는 '커리어 파도타기'를 적용한다. 내가 활동하는 분야에서 전문가가 되기 위해서는 네 가지 단계를 거쳐야 한다. '배우기' '만들기' '연결하기' '수확하기'다.

바다의 조류처럼 우리도 각각의 파도를 타서 다음 단계로 넘어가는 법을 배워야 한다. 너무 오랫동안 특정 파도에 매달리다 보면 혼란과 정체를 초래한다. 그렇지만 각각의 파도에서 배운 교훈을 체화해 품격 있게 다음 단계로 이행할 수 있다면, 지속적으로 성장하고 발전하면서 앞으로 나아갈 수 있다.

배우기

2000년대 중반에 자전거 타기를 장려하는 비영리기관에서 임원으로 일한 적이 있다. 내게는 매우 뜻깊은 일이었다. 그곳에서 우리는 자전거 전용도로와 버스에 설치되는 자전거 거치대 수를 확대해 달라거나 레일 트레일을 개발해 달라고 요구했다.

동시에 이 일은 스트레스를 많이 받는 일이기도 했다. 대통령 선거 캠페인에서 언론 홍보를 담당했을 때는 주말까지 일하면서 만성적인 수면 부족에 시달리기도 했다. 반면 비영리기관에서 일할 때는 바쁜 것보다 책임에 대한 압박이 더 컸다. 혼자서 기관의 모든 재무를 책임지고, 나를 제외한 두 명의 직원에게 급여를 지급해야 했던 것이다. 몇 년 전까지는 전임자가 거액의 정부 지원금을 받았지만, 그가 떠나면서 지급이 만료됐다. 나는 아무것도 없는 상태에서 매년 15만 달러를 모금해야 했다. 그러지 않으면 문을 닫아야 하는 처지였다. 비영리기관은 잘 성장했으며 2년 후에는 회원이 두 배로 늘어가기도 했다.

그러다가 깨달음의 순간을 맞이했다. 나는 단순히 비영리기관을 운영하는 것이 아니라 억대 비즈니스를 운영하고 있었다! 그러면 내 사업으로도 똑같은 일을 할 수 있지 않을까?

그전까지만 해도 기업가가 되리라는 생각은 해보지 않았다. 대부분 사업은 위험하다고 생각한다. 그렇지만 1년에 3만 6000달러를 벌면서 이 작은 조직의 미래에 대한 걱정으로 일주일에 최소 두 번은 잠을 깨는 것보다, 차라리 내가 컨설팅 사업을 하는 편이 훨씬 나은 판단처럼 보였다. 한 달에 3000달러 정도는 나도 벌 수 있을 거라는 확신이 있었다.

사업에 도움이 될 만한 기술과 경험은 여럿 가지고 있었다. 리포터로도 일했고 정치 캠페인도 운영했었다. 글도 썼고 말도 잘했다. 비영리기관에서 일하는 동안 익힌 기술 중에도 유용한 것들이 있었다. 간단한 웹 디자인이나 데이터베이스 관리 같은 것들 말이다.

내가 몰랐던 건 어디서부터 시작할지였다. 클라이언트를 어떻게 유치할 것인지 등 기업 운영에 관한 나머지 영역은 나에겐 내용을 알 수 없는 블랙박스와도 같았다. 그래서 배우기로 했다.

내가 모르고 있지만 알아야 할 목록을 만들고, 1년 동안 헌신적으로 배웠다. 토요일마다 지역 교육센터에서 사업 기획안 작성, 파워포인트 템플릿 제작, 간단한 장부 관리 등의 강의를 종일 들었다. 이때는 비영리기관에서 일할 때라 이 기술들이 기관 운영에도 도움이 될 것이라고 설득해 수업료를 지원받았다. 89달러짜리 수업도 크게 느껴지던 시절이었다.

도서관에서 경영 및 리더십 관련 도서를 한 아름씩 빌리기도 했다(그 덕에 도서관 최고의 홍보대사가 되었다). 저녁이면 경영의 고전이라 불리는 마이클 거버의 《사업의 철학》, 키이스 페라지의 《혼자 밥먹지 마라》, 짐 콜린스의 《좋은 기업을 넘어 위대한 기업으로》 같은 책들을 읽었다. 각주에 언급된 책들을 이어서 읽으며 배경지식을 쌓았다.

내 사업을 시작하기 전까지 몰입해서 배워야 했다. 그렇게 하지 않으면 아무도 나를 진지하게 생각해 주지 않을 거라고 생각했다. 이건 자신감 부족이 아닌 있는 그대로의 사실이었다.

나는 MBA 학위나 경영학 박사학위가 없었다. 심지어 회사에서 일한 적도 없었다. 학부 시절에는 철학을 전공했고, 신학 석사학위가 있었다. 물론 이러한 사실들도 그 자체로 훌륭한 자격 증빙이 되긴 하겠지만, 기업 임원들이 내 말을 들어야 할 이유가 되기는 어려웠다.

내 이력과 접근법을 기반으로 생각했을 때 사업을 시작하면 기존의 통념을 깨야 한다. 그리고 이런 선택은 나를 차별화시킬 수 있는 전략이 될 것이다. 그렇지만 이런 접근법을 취할 때는 매우 신중해야 하고, 기존의 룰에 대해서도 제대로 알고 있어야 한다. 그렇지 않으면 무지에 의한 행동으로 보일 뿐이다.

롱 게임을 한다는 것은 우리가 언제나 경기장에 즉각 뛰어오를 수는 없음을 이해하는 것이다. 일이 너무 천천히 진행되므로 시간 낭비처럼 느껴질 수도 있다. 그러나 게임의 룰을 이해하는 데 들이는 시간은 실제로 경기에 출전했을 때 매우 강력한 힘이 될 것이다.

물론 한계는 있다. 한번은 자신의 사업에 대해 끊임없이 불평하는 친구를 상담해준 적이 있는데, 불평의 요지는 사업의 성장 속도가 너무 느리다는 것이었다. 그러나 몇 가지 간단한 질문을 던진 후에 나는 그 이유를 금세 파악할 수 있었다. 추천을 부탁한다든지 이름을 알릴 수 있도록 기사를 발행하는 등 실제로 고객을 끌어들일 수 있는 액션들을 취하는 대신 그녀는 계속 새로운 수업에 등록하고 자격증을 따기 위해 노력하고 있었다. 그녀는 사업 기회가 하늘에서 뚝 떨어질 만한 교육 과정을 찾는 데에만 돈을 쓰고 있었다. 하지만 배우는 것만으로는 수입을 올릴 수 없다. '배우기'가 중요한 단계이긴 하지만, 첫 번째 파도에 불과하다.

그 분야에서 기본적인 시스템과 이론들에 익숙해진 후 자신만의 관점이 생기면, 실제로 콘텐츠를 만들어 아이디어를 공유해야 한다.

만들기

모든 일은 몇몇 친구를 초대하면서 시작되었다. 2016년 카라 쿠트루줄라는 잡지 편집자를 그만두고 프리랜서 기자가 되었다. 동료가 없는 건 어떤 면에선 좋았지만 한편으로는 쓸쓸했다. 그래서 한 달에 한 번씩 파티를 열었다. 그녀는 이 파티를 '성공을 위한 정상회담Brass Ring Summit'이라고 불렀다. 친구들을 자신의 아파트로 초대해 그간의 안부를 묻고 이런저런 이야기들을 나눴다.

카라는 이 모임이 좀 더 쓸모 있기를 바랐다. 모임에 참석한 친구들이 돌아가면서 마음에 들었던 제품이나 서비스, 혹은 제공할 수 있는 일, 아니면 찾고 있는 일(충고, 컨설팅 사이드잡, 새로운 룸메이트)에 대한 설명을 공유하도록 했다. 카라는 관련 내용을 정리해서 사람들에게 들려주었다. 그러다 누군가가 이 내용을 뉴스레터로 만들어보면 어떻겠느냐고 제안했다.

글쓰기가 주 업무인 사람에게 무료 뉴스레터를 시작해 보라는 아이디어는 또 다른 일처럼 들릴 수도 있다. 그렇지만 카라는 이렇게 규칙적으로 글을 쓰는 일이 저자로서 자신의 목소리를 연마하고 명민한 관점을 갖는 데 도움이 될 것이라 판단했다. 또한 프리랜서로서 어쩔 수 없이 겪어야 하는 기복에 대해서도 해결책이 되어줄 수 있었다.

"프리랜서는 다른 사람에게 작업물을 받고, 그 사람의 일정에 따라 데드라인을 정해야 합니다. 타인에게 의존해야 하죠. 그런데 뉴스레터는 내가 완전히 통제할 수 있는 영역처럼 느껴졌어요. 다른 일감이 없을 때도 무언가 만들어내고 있다는 감각을 느낄 수도 있었죠."

그녀는 '브래스 링 데일리 Brass Ring Daily'를 시작했다. 초기 구독자는 30명이었다. 그리고 그들은 카라가 집에서 파티를 열 때 초대자 명단에 있던 사람들이기도 했다. 몇 년간 그녀는 평일 내내 뉴스레터를 발행해 왔다. 구독자 수는 4000명 이상으로 늘어났지만 아직까지도 직접적으로 들어오는 수입은 없다. 그런데도 그녀는 왜 이렇게 꾸준히 하고 있을까?

그녀가 처음 뉴스레터를 시작할 때만 해도 알지 못했던 숨겨진 이점이 있었다. 함께 일하는 편집자 몇몇이 이 뉴스레터를 구독한 후 더 많은 일을 받을 수 있었다고 전했다. 카라는 직접 쓴 기사를 공유하거나 재미있다고 생각하는 다른 기사를 공유하면서 편집자가 스스로 잘 쓰는 주제에 대한 감을 잡도록 도왔다.

"메일함에 매일 제 이름을 보는 것이니, 직접적으로 인식하지는 못하더라도 분명히 존재하는 이점이죠. 상대방은 내가 항상 이곳에 있다는 것을 알고 있고, 내가 작업하고 있는 다른 일들을 확인할 수 있으며, 내가 일을 받을 수 있는 상태라는 사실을 알죠."

한번은 일면식이 없던 한 책 편집자가 그녀에게 이메일을 보내왔다.

"동기부여 저널에서 일을 하고 있는데, '브래스 링 데일리'에 쓰신 내용들이 자꾸 떠오르네요. 카라 님께서 책을 쓸 의향이 있으신지 확인해 보고 싶었어요."

카라는 덕분에 그녀의 첫 책 《직접 하라 Do It for Yourself》의 계약을 성사시킬 수 있었다.

"뉴스레터 덕택에 그녀는 제가 하는 일을 이미 잘 알고 있었죠. 그래서 일하기가 수월했어요."

물론 기술적인 면을 익히는 것은 필수불가결한 첫 단계이지만, 사람들이 당신이라는 사람과 당신만이 해낼 수 있는 일을 언젠가 알아채기를 바란다면 두 번째 파도를 시작해야만 한다. 그것은 바로 '만들기'다.

우리는 다른 사람의 관점과 아이디어를 흡수했고, 이를 평가할 만큼 충분히 배웠다. 어떤 아이디어는 공명할 것이고, 다른 아이디어는 완전히 틀린 것처럼 보일 것이다. 이제는 이 아이디어들을 혼합하고 걸러내어 나만의 고유한 관점을 직접 표현할 차례다.

'만들기'는 비슷한 생각을 가지고 각자의 분야에 공헌하는 수많은 사람들을 당신의 비즈니스로 끌어모으는 방법이기도 하다.

콘텐츠를 만들어 생각을 공유하는 것은 작은 단계여도 괜찮다. 카라가 30명의 구독자로 출발한 것처럼 말이다. 규모와 관계없이 창작은 큰 힘을 갖는다. 타인에게 정보를 제공하는 방식이기 때문이다. 책 편집자가 카라에게 먼저 제안해 온 것처럼 사람들이 당신을 발견할 수 있는 방편이 되어준다.

글쓰기는 아이디어를 나눌 수 있는 좋은 방법이지만, 다른 방법들도 있다. 연설을 할 수도 있고, 웨비나를 개최하거나 팟캐스트를 운영할 수도 있고, 온라인 영상 튜토리얼을 만들 수도 있다. 핵심은 비즈니스를 함께하고 싶은 사람들이 당신을 발견하고 찾아오도록 만드는 것이다.

조금만 용기를 내면 된다. 카라처럼 발간 기사 목록에 이메일 뉴스레터 링크를 포함시키거나 콘퍼런스에서 연사로 서겠다고 지원하거나 회사 인트라넷에 직접 쓴 기사를 포스팅하는 일처럼 말이다. 콘텐츠를 만들어 아이디어를 공유하는 것은 파도타기에서 중요한 요소다.

다음에 살펴볼 더 큰 무대에서 인맥의 수준을 높이는 '연결하기'도 마찬가지로 중요하다.

카라처럼 하나의 일을 꾸준히 하면 시간이 지남에 따라 점점 영역을 확장할 수 있다. 초기 단계에서는 탄력을 유지하는 것이 어려울 수 있다. 첫 달은 신나고 신기하게 느껴질 것이고 이 열의를 원동력으로 두 달, 세 달, 네 달 이어서 해나갈 수 있다.

그러나 6개월쯤 되었는데도 여전히 30명에게만 이야기하고 있다면? 설령 100명 정도가 됐어도 이런 생각이 들 수 있다.

'과연 이만한 노력을 들일 가치가 있는 일인가?'

이런 현상은 특히 전문 지식을 많이 갖고 있지 않은 영역에서 일하고 있거나 자신의 능력에 대한 의구심을 갖고 있는 경우에 더욱 강하게 나타난다. 바로 이런 순간에 청중을 확대하고 일을 지속할 수 있는 지지와 격려를 받아 잘 넘어가기 위해서는 세 번째 파도가 필요하다. 그것은 바로 '연결'이다.

알베르트 디베르나르도는 40년 넘게 엔지니어로 일해왔으며, 뉴욕의 대기업에서 전무의 자리에 있었다. 그는 65세에 은퇴를 결심했다. 그다음엔 어떤 일을 해야 할지 정하지 않았지만 해변가의 별장에서 시간을 보내고 싶지는 않았다.

그러던 중에 페이스북에서 친구가 공인 코치가 되었다는 소식을 접한다. 이것은 세상에 존재하는지도 몰랐던 직업이었다. 관심이 생겼다.

"기차를 타고 뉴어크로 갔어요. 친구에게 점심을 사주면서 코칭이 대체 뭐냐고 물었어요. 즉각적으로 관심이 생겼죠. 친구는 맞은편에 앉아 코칭에 대해 자세히 설명해 주었고 저는 '아하' 모먼트를 맞이했죠. 통찰의 순간 말이에요."

수년간 알베르트는 젊은 리더들에게 능력을 개발하는 길을 알려주는 일을 무척 좋아했다. 이제 그 일을 전업으로 할 기회가 찾아왔다. 그는 들뜬 상태로 '배우기' 파도에 올라타 '공인된 전문가' 프로그램을 듣기 시작했다. 건강 및 영양학 코칭에서 감성 지능에 이르기까지 다양한 내용을 포함한 트레이닝과 자격증 프로그램도 함께했다. 그는 우스갯소리로 이렇게 말했다.

"이 단계를 거쳐 코칭 자격증과 학위를 따서 브로드웨이로 가는 문턱을 더 낮췄죠."

실제 사업을 시작하지 않기 위한 핑계로 끊임없이 수업을 듣던 내 친구와 달리 알베르트는 배움에서 멈추지 않았다. 코칭에 필요한 직관을 보충하는 트레이닝을 했다.

특히 커뮤니티를 통해 알게 된 인맥이 큰 도움이 되었다. 뉴어크의 친구가 아니었다면 코칭이라는 길 자체를 알지 못했을 것이다. 게다가 코칭이라는 직업을 탐색하면서 맺어진 새로운 관계들 덕분에 멈추지 않을 수 있었다.

직장을 떠난 후 우울증에 빠지거나 삶의 의미를 잃은 사람들도 있다. 알베르트 역시 이런 길을 갈 수도 있었으리라. 하지만 그는 새로운 친구와 동료들을 만들었다.

"엔지니어에서 은퇴한 사람들을 수없이 목격했죠. 일하면서 만났던 관계들이 자연스럽게 정리되더군요. 결국 상황 때문에 알던 관계였으니까요. 저는 새로운 관계를 통해 동력을 얻었습니다. 마치 특효약 같았어요."

알베르트는 아직 정식 코치가 되어 돈을 벌지는 못하지만, 그의 주변에는 배울 점이 있는 사람들로 가득하다.

"무작정 사람들이 있는 커뮤니티에 찾아가세요. 아직은 같은 뜻을 품은 사람들이 정확히 누구인지 알지 못할 수도 있지만, 커뮤니티 안에서 나의 상황과 여건에 맞는 사람을 찾을 수 있을 겁니다. 모든 걸 알 때까지 기다리면 결코 원하는 곳에 도달하지 못할 거예요."

커뮤니티는 무수히 많다. 알베르트가 참여한 배움을 중심으로 한 커뮤니티도 있고, 모임이나 전문협회, 업계 콘퍼런스도 있다. 이미 커뮤니티가 형성된 곳에서 기반을 닦고 싶다면 그 세계를 알기 위한 노력이 핵심이다.

만일 당신이 내향적이거나 외로운 늑대라면, 네트워킹이 '진짜 일'에 써야 할 집중력을 빼앗는 쓸모없는 일처럼 느껴질 수도 있다. 인맥을 쌓지 않더라도 해나갈 수 있다는 생각도 들 것이다. 그러나 작은 네트워크에 한정된 활동은 장애물로 작용한다.

우선 새로운 아이디어에 노출될 확률이 줄어든다. 알베르트가 친구의 페이스북을 보기 전까지 코치라는 직업을 몰랐던 것처럼 말이다.

새로운 아이디어가 적절한 추진력을 가지지 못할 수 있다. 주변에 그 아이디어를 확장시켜 줄 사람이 없기 때문이다. 가격 정책이나 업계에서 통용되는 민감한 주제에 있어서도 깜깜한 어둠 속에 있을 것이다. 낯선 사람들은 이런 얘기를 해주지 않는다. 친구나 가까운 동료들만이 알려줄 수 있다. 자격이 있더라도 기회를 얻지 못할 수 있다. 당신을 추천할 사람이 필요하지만, 아무도 당신을 모르기 때문이다.

알베르트처럼 새로운 커뮤니티를 통해 타인과 연결되고, 여기에 시간과 노력을 들이는 것은 성공을 위한 강력한 발판이 된다. 알베르트는 은퇴 후 코칭 사업을 론칭한 지 1년도 되지 않아 억대 수입을 올렸다. 삶의 모든 것이 그렇듯이 좋은 일은 얼마든지 계속 일어날 수 있다.

어떤 동료는 놀라울 정도로 네트워킹을 잘한다. 모든 사람을 다 아는 것 같고 끊임없이 새로운 인맥을 만든다. 이것은 좋은 스킬이자 멋진 자산이다. 하지만 안타까운 점은, 새로운 인맥을 쌓느라 너무 많은 시간을 쓰는 나머지 다른 영역들을 소홀히 함으로써 매출은 정체되어 있다.

커리어 파도타기를 할 때는 잘하거나 좋아하는 프로세스에만 집중해서는 안 된다. 계속해서 움직이고 성장해야 한다.

수확하기

이제 마지막 파도까지 왔다. 바로 '수확'이다. 여기까지 오는 일은 쉽지 않았을 것이다. 아무것도 모르는 상태에서 시작했을 테니 말이다.

먼저 배우는 데 몰입해야 한다. 커리어 중반에 와 있거나 고위급이 된 전문가들은 배우는 걸 부끄러워한다. 잘하는 데 익숙하기 때문이다. 서투름과 부끄러움을 견디고 우리는 열심히 배웠다.

콘텐츠를 만들어 생각을 공유하기도 했다. 솔직하게 말하면 처음부터 좋은 콘텐츠가 나오진 않았을 것이다. 돌이켜 보면 아쉬운 부분도 많을 것이다. 그렇지만 시작해야 다음 단계로 나아갈 수 있고, 우리는 그렇게 했다.

시간을 들여 동료, 고객, 업계 리더들과 사귀어야 했다. 그들과 상호 존중과 신뢰를 기반으로 관계를 구축해 냈다. 이들을 통해 사업의 기회를 잡았고, 상대에게 기회를 가져다주기도 했다. 점점 많은 사람에게 자신의 이름을 알리며 커리어도 공고히 했다.

이 파도들을 모두 넘었으니 이제 네 번째 파도를 위한 시간이다. 그것은 바로 '수확하기'다.

여기서부터는 굉장히 재미있어진다. 내 분야에서는 마스터의 경지에 도달했다. 내 성과에 자부심이 있고, 다른 사람들을 도와서 좋은 변화를 가져올 수 있다는 사실 또한 알고 있다. 다른 사람들 역시 이에 동의한다. 이를 통해 경제적 보상과 평판 관련 보상이 따라온다. 이때 한 가지 조심해야 한다.

마셜 골드스미스가 깨달은
성공의 유통기한

$$\longrightarrow$$

1970년대 말, 마셜 골드스미스는 젊은 대학교수였다. 어느 날 조직행동 컨설턴트 폴 허시가 이중으로 일을 의뢰받은 사실을 깨닫고서 마셜에게 제안했다.

"제가 하는 일을 똑같이 해줄 수 있소?"

"모르겠네요."

"하루에 1000달러를 드리지요."

당시 마셜의 연봉은 1만 5000달러였으므로 그 정도 금액이면 한번 해보자고 마음먹었다. 그리고 머지않아 억대 연봉을 벌었다. 그렇지만 허시는 걱정되기 시작했다. 마셜은 일을 잘해냈고, 그의 고객들은 만족했다. 하지만 마셜의 멘토인 허시는 다른 것을 보고 있었다.

"당신은 지금 지나치게 성공했소. 돈을 너무 많이 벌고 있어요. 이대로는 당신이 되고자 했던 사람이 될 수 없을 거요. 물론 나쁜 일은 아니오. 고객들은 만족하니까. 일을 잘해내고 있고, 앞으로도 그럴 거요."

그렇지만 당신이 본래 될 수 있었던 사람이 되지는 못할 거요. 글도 안 쓰고, 생각도 안 하고, 미래에 대한 투자도 전혀 하지 않고 있으니까 말이오. 머리 잘린 닭처럼 종종거리며 돌아다니지만 밑지는 장사를 하고 있소."

지난 8년 동안 허시의 조언이 한 번도 틀린 적이 없다는 걸 마셜은 잘 알고 있었다. 자신에게 발전이 없는 것 또한 사실이었다. 마셜은 자신의 일을 잘해낸 데 대한 보상을 수확할 자격이 있었다. 그러니 돈을 많이 벌어 담보대출과 학자금도 갚고 건강보험료도 내고 저축도 하려고 했다. 모두 중요한 것들이고 그럴 만한 가치가 있는 목표들이다.

그렇지만 허시는 중대한 문제점을 짚어주며 경고했다. 마셜은 '만들기' 단계에 충분한 시간을 들이지 않고 있었다. 허시는 마셜이 고유한 지식재산을 만들어서 시장에서 차별화된 존재가 되어야 한다고 생각했다.

"상황이 잘 흘러갈 때 도전을 한다는 건 무척 어려운 일이죠. 이미 풍족한 삶을 살고 있으니까요. 대출이 끼어 있다고 하더라도 집이 있고 몸도 편안하죠. 주의 깊게 인식하지 않는 한 시간은 빨리 지나가 버립니다. 그러고 나면 끝이에요. 삶을 되돌아보면서 후회를 하지는 말아야죠."

결국 그는 주의를 돌려 생산에 집중해 더 많은 사람과 생각을 나눌 수 있었다. 그러나 모든 일에 성공하지는 못했다. 일부 책들만이 다른 책들에 비해 더 좋은 반응을 얻었다. 베스트셀러《트리거》처럼 몇몇 책은 관련 분야의 고전이 되었고, 그에게 사상 최고의 임원 코치라는 명예를 주었다.[2]

'수확하기'가 최종 단계가 아님을 깨닫는 일은 매우 중요하다. 60대 후반이 되었을 때 마셜은 이 사실을 직감했다.

"우리는 삶에서 과거의 일을 가지고 행복해질 수 없어요. 사람들은 이렇게 말하겠죠. '내가 CEO였어' '미식축구 스타였어' 그렇게 되면 직업이 사라졌을 때 내 정체성도 사라지는 겁니다. 정체성이 없는 사람이 되는 거죠."

수확하기에는 유통기한이 존재한다. 새로운 것을 만들고 다시 시작해야 한다.

그는 이러한 생각에 골몰하다가 '원하는 인생 설계하기'라는 워크숍에 참석했다. 2017년에 〈패스트 컴퍼니〉에서 가장 창조적인 인물 100인으로 선정된 유명 산업 디자이너 아이세 버셀이 주최한 행사였다. 그녀는 참석자들에게 자신의 영웅을 적어보라고 했다.

마셜은 허시, 미국 걸스카우트 연맹 총재인 프랜시스 헤셀바인, 경영 사상가 피터 드러커를 적었다.

"그들 중 누구도 저에게 돈을 내라고 하지 않았어요. 저에게 항상 잘해줬죠. 저는 대단한 사람이 아니었고 그들은 거물들이었는데 친절하게 대해주었어요."

아이세가 그에게 해준 조언은 날카롭고 명료했다.

"그분들 같은 사람이 되세요."

워크숍이 끝나기 전에 그는 계획을 세웠다. 15명의 전도 유망한 임원 코치들의 멘토가 되어주고 자신이 아는 모든 것을 알려주리라. 반응은 뜨거웠다. 무려 1만 7000명 이상이 그의 프로그램에 신청한 것이다.

현재 마셜은 계획을 확장하여 '마셜 골드스미스 100인의 코치 MG100'라는 커뮤니티를 만들었다(2017년 여름에 나도 합류했다). 마셜의 목표는 이 프로그램을 통해 세상으로부터 받은 것을 돌려주는 문화를 만들고 싶었다. MG100의 유일한 규칙은 나이가 들었을 때 각자의 재능을 세상과 나누는 프로그램을 만드는 것이다.

"허시를 비롯한 다른 멘토들이 저를 도왔던 것처럼 저 또한 다른 사람을 도울 의무가 있습니다."

마셜은 이 일로 중요한 것을 얻었다. 그는 주변 동료와 고객들로부터 과거의 영광에 빠져서 새로운 걸 배우지 않으면 우울증에 걸린다는 사실을 알았다. MG100는 여러 면에서 좋은 해결책이 돼주었다.

"과거에는 CEO였다가 갑자기 컨트리클럽에서 다른 노인들과 잘하지도 못하는 골프나 치며 살 수는 없습니다. 치킨 샐러드 샌드위치를 먹고 쓸개 수술에 대한 이야기나 하면서 말이죠. 저에게는 MG100이 삶의 의미입니다."

마셜 골드스미스는 자신의 분야에서 가장 성공한 사람이 되었다. 백만장자이자 베스트셀러 작가이며, 씽커스50^{Thinkers50}에서 명예의 전당에도 올랐다. 수많은 CEO와 유명인사들의 친구이기도 하고 말이다. 이미 70대 초반이기 때문에 편하게 살아간다고 해서 그를 탓할 사람은 없을 것이다. 그렇지만 마셜은 그러기를 거부한다.

성경 구절이자 밥 딜런이 인용해서 유명해진 말처럼, 수확을 위한 시기가 있다. 다만 영원히 지속되지는 않는다. 가장 크게 성공한 사람들은 자신의 성공을 누리면서도 이러한 사실을 잘 알고 있다. 그래서 '앞으로 더 나아가자. 새로운 것을 배우자' 마음을 다잡고 스스로 다시 일어선다.

"현재는 50명의 사람들과 함께하는 프로젝트를 진행 중이에요. 이분들과 주말마다 이야기를 나누죠. 완전히 새로운 코칭 커리큘럼을 개발하고 있어요. 전 포드 CEO인 앨런 멀럴리가 저에게 가르쳐 준 내용을 기반으로 말이죠. 그리고 만일 MG100이 없었더라면 이런 일들은 이루어지지 못했을 거예요. 이를 통해 제 커리어가 새로운 모습으로 나아질 수 있었고, 저 또한 스스로를 재발견할 수 있었어요."

실력이 얼마나 뛰어나건 똑같은 일을 반복해서는 결코 승리할 수 없다. 농구에서 3점 슛을 기가 막히게 던지더라도 때로는 방어도 하고 프리스로도 넣어야 한다. 우리는 모두 가능성을 가지고 있지만, 많은 경우 너무 이르게 기대한 만큼의 결과가 나오지 않으면 아쉬워하고 포기해 버리곤 한다.

롱 게임을 한다는 것은 현재의 위치를 정확히 알고 어느 시점에 어떤 스킬을 활용해야 하는지도 아는 것이다. 커리어 파도타기를 배운 여러분은 그때그때 상황에 꼭 맞는 도구를 활용할 수 있으며 그 덕택에 멈추거나 정체되지 않고 나아갈 수 있다. 그리고 이를 통해 원하는 결과를 얻을 수 있다.

올바른 것에 집중할 수 있으니, 이제 레버리징에 대해 알아보자. 더 큰 결과를 이끌어내기 위해 효과가 있는 일에 더 많은 자원을 투입하는 방법을 알아보자.

- 더 많은 일을 해내기 위해 고개 들기/숙이기 모드를 번갈아 활용하자. 전자일 때는 능동적으로 새로운 인맥과 기회를 탐색하고 후자일 때는 집중과 실행에 전념한다.

- 모든 일을 다 할 수는 없다. 적어도 한꺼번에 다 할 수는 없다. 커리어 파도타기를 통해 아래의 단계를 차근차근 밟아야 한다.

① 배우기
: 원하는 분야에 관해 공부하고 지식을 쌓는다.

② 만들기
: 배운 것을 콘텐츠로 만들어 공유함으로써 세상에 돌려준다.

③ 연결하기
: 활동 분야에서 인맥의 수준을 높인다. 서로에게서 배우고, 커뮤니티에도 공헌할 수 있다.

④ 수확하기
: 분야에서 최고가 되었다면 이제는 열심히 일한 보상을 즐길 차례다.

- 배우기를 멈추지 말라. 다시 사이클을 시작해야 하고, 이를 통해 정체되는 일을 막을 수 있다.

RULE 6

시간과 관계 레버리지로 퀀텀 점프를 한다

우리는 누구나 다음과 같은 일을 경험한 적이 있다. 지친 몸으로 일과를 마치고 지난 8시간, 10시간, 혹은 12시간을 돌아본다. 틀림없이 바쁜 하루였고, 미팅을 여기저기 쫓아다녔으며, 틈틈이 이런저런 이메일에 답장했다. 그런데도 이런 생각이 든다.

'오늘 대체 내가 한 일이 뭐지?'

우리는 전쟁을 치르듯 하루를 보낸다. 간신히 할 일을 해내긴 하지만, 그것도 만사가 잘 돌아가고 차도 막히지 않고 걸려온 전화도 놓치지 않았으며 프린터도 고장나지 않았을 때의 이야기다. 간신히 수면 위로 얼굴을 내놓은 듯 살아가는 것은 장기 목표를 달성하는 삶과는 거리가 있다.

나는 전략적으로 살고 싶었다. 이를 위해선 먼저 데이터가 필요했다. 내 시간이 정확히 어디에 쓰이는지 알아야 했다.

2018년 2월, 한 달 동안 30분 단위로 일상을 기록했다. 그나마 가장 짧은 달을 택한 것이었다. 시간을 추적하는 일은 규칙이 필요했고, 지루하면서도 신경 쓸 일은 많았다.

생산성 전문가인 로라 밴더캠의 시간 추적 스프레드시트를 활용했다. 데스크톱 컴퓨터에 파일을 열어두고 컴퓨터 앞에 갈 때마다 바로 볼 수 있게 해두고 빈칸을 채웠다.

오후 2:00~2:30 고객과의 통화

오후 2:30~3:00 이메일

오후 3:00~4:30 기사 작성

한 달 동안 기록한 결과 발견한 사실은 가히 충격적이었다. 그해 2월에 나는 강력한 깨달음을 얻었다.

하루 24시간의 한계를 뛰어넘는
멀티태스킹 전략

→

중요한 일을 위해 전략적으로 시간을 쓰려면 지금까지와는 전혀 다른 질문을 해야 했다.

첫 번째 질문, 낭비되는 시간을 어떻게 활용할까? 누구에게나 일주일에 168시간이 주어진다. 나 또한 인터넷 화면을 스크롤하면서 시간을 낭비한 적도 있었다. 반면 멀티태스킹을 통해 한 번에 여러 가지 일을 처리하면서 일주일에 추가로 48시간을 만들어내기도 했다.

사람들이 자주 비판하곤 하는 잘못된 멀티태스킹은 병행해서는 안 되는 두 가지 일을 한 번에 처리하는 것이다. 예를 들어 콘퍼런스 콜에 참석해 이메일을 쓰는 식으로 말이다. 대화에 주의를 기울여야 하는 상황에서 논리적인 문장을 작성하기는 어렵다.

반면 상호보완적인 두 가지 일을 한 번에 처리할 수 있는 좋은 멀티태스킹도 있다. 예를 들면 헬스장에서 운동하면서 오디오북 듣기, 저녁 식사를 준비하는 동안 엄마에게 전화하기, 비즈니스 고객과 연극 공연 관람하기 등이었다.

시간 추적 기록을 했을 때 이렇게 적절하게 두 가지 일을 효율적으로 처리한 경우 두 번으로 나누어 적었고, 따로 30분씩 기록했다. '엄마와 통화' '요리'처럼 말이다. 이런 시간만 합쳐보니 한 주를 기준으로 기대한 것보다 29% 더 많은 시간을 활용할 수 있었다.

추가로 평상시에 하는 활동들을 최적화하는 동시에 무용하게 보내기 쉬운 한가로운 시간을 찾았다. 이 시간에 무엇을 하면 좋을지 알아보기로 했다.

예전에 러시아 상트페테르부르크에 갔을 때였다. 여행 첫날 도시를 돌아다니면서 탐험을 하는 동시에 시차로 무너진 바이오리듬을 회복하고자 러시아의 얼마 안 되는 햇볕을 쬐고 있었다. 나는 배고프고 졸리고 집중력도 흐려진 상태였다. 다시 말해 어느 모로 보나 섬세함을 요구하는 작업에 적합한 상태가 아니었다. 이메일에 답장을 보내는 일조차 힘들게 느껴졌다.

그 상태에서 카페에 앉아 차를 마시다가 갑작스레 영감이 떠올랐다. 카페 주인에게 펜과 종이를 부탁했다. 비행기에서 읽은 피터 드러커 에세이집의 내용과 머릿속에서 막연히 맴돌던 아이디어들이 통합되기 시작했다. 마셜 골드스미스의 멘토인 피터 드러커는 위대한 경영 이론가이자 전략적 사고의 대가였다. 책을 읽고 떠오른 영감에 따라 아래 질문들을 적어 내려갔다.

- 무엇을 하면서 시간을 보내야 하는가?
- 80%의 결과를 내는 20%의 활동에는 무엇이 있을까?
- 그만해도 되는 일에는 무엇이 있는가?
- 나를 제약하는 것들을 나에게 유리하게 활용할 수 있을까?
- 미래에 대한 나의 가설은 무엇이며, 이 가설들은 나의 행동을 어떻게 규정하는가?

다음에는 이 질문에 대한 답변을 몇 장이나 썼다. 이 메모들은 이듬해에 유용한 전략적 방향이 되어주었다. 한번 해보길 바란다. 너무 피곤한 나머지 마비된 것 같이 느껴지던 두뇌는 한편에서 드러커의 책 내용을 소화하며 내 삶과 사업에 어떻게 적용하면 좋을지를 생각하고 있었다.

네덜란드의 연구가 압 데익스테르하위스는 우리가 다른 일을 하느라 잊고 있는 동안 일어나는 무의식적인 생각들이, 의식적으로 "상이한 요소들의 중요성을 비교하여 따지는 것"[1]에 비해 더 나은 결론을 도출할 수 있다는 사실을 발견했다.

"무의식적으로 일어나는 처리 과정을 통해 동시에 여러 가지 일을 처리할 수 있으며, 많은 양의 정보를 하나로 통합할 수 있다."

이것이 내가 상트페테르부르크를 산책하는 동안 겪은 일이기도 했다. 시차로 고생할 때가 이듬해를 위한 전략적 계획을 짜기에 이상적인 상태라는 걸 내가 알았을 리 없다. 그저 직감에 따라 그냥 흘려보낼 수 있었던 시간을 활용했을 뿐이다. 이런 틈새 시간의 활용은 적은 것을 통해서 더 많은 것을 이끌어 내도록 도와준다.

전략적으로 시간을 쓰기 위한 두 번째 질문, 어떻게 하면 일을 한 번 하고 열 번 한 것과 같은 효과를 낼 수 있을까? 예를 들면 블로그 포스트를 하나 만들고 이것을 다른 소셜 미디어에 공유하는 것이다. 페이스북에 블로그로 연결되는 링크를 걸어두고, 트위터에는 발췌한 인용구를 공유하고, 인스타그램에는 관련 이미지를 업로드하고, 핵심적인 내용만 축약한 짧은 글은 링크드인에 발행한다. 노력을 조금만 더 들이면 하나의 글을 쓰는 노력의 단 10%로 최대한 많은 소셜 미디어에 배포해 훨씬 많은 사람들에게 내 글을 노출할 수 있다.

이와 같은 방법은 포스팅의 효과를 극대화하는 것보다 더 중요한 일에 활용할 수 있으나, 우리는 이를 다방면으로 적용하지 못하고 있다.

니하르 차야의 이야기를 들어보자. 그는 '공인된 전문가' 커뮤니티 일원이자 포춘500 기업들을 대상으로 하는 임원 코치이기도 하다. 2019년 11월, 니하르는 비즈니스 관련 저자와 중역들이 모이는 런던으로 갔다. 〈파이낸셜 타임즈〉가 '경영계의 오스카상'이라고 이름 붙였던 씽커스50 행사였다. 이 행사에 참석하려면 댈러스에서 런던까지의 비행기 표 등 출장 비용이 꽤 많이 들었다. 어린 딸과 함께 보낼 시간도 줄여야 했다. 그런 만큼 이 시간을 좀 더 의미 있게 활용하고 싶었다.

대부분은 최대한 많은 사람에게 자신을 소개하거나, 특정 참석자들과 깊은 대화를 나누는 것을 생각할 것이다. 그러나 니하르는 최대한의 가치를 끌어내기 위해 넓은 시야를 갖고 접근했다. 행사가 끝나고 그는 〈포브스〉에 씽커스50에 참여한 경험을 기사로 썼고, 이로써 책정된 기고 횟수를 채웠다. 그는 기사에서 행사를 통해 만난 하버드 경영대학원의 에이미 에드먼드슨과 와튼스쿨의 스튜어트 프리드먼 등 유명인사와의 일화를 언급했다. 이 기사를 소셜 미디어에 공유해 새로운 인맥을 공고히 하고 상대가 자신을 확실히 기억하도록 했다.

이 글을 쓴 이후 그는 또 다른 이점을 발견했다. 씽커스50 공동 설립자 중 한 사람과의 인터뷰가 성사되어 새로운 관계를 구축할 좋은 구실이 되어준 것이다. 행사를 통해 배운 것을 기록으로 남김으로써 커리어 개발에 활용할 수도 있었다. 씽커스50이 고위급 리더들의 행사임을 감안했을 때 그의 커리어와 사회적 신뢰도를 높여주었음은 두말할 필요도 없었다.

대부분의 사람들은 한 가지 일을 한 뒤에 멈춰 선다. 아주 힘들고 시간과 비용이 많이 드는 일은 더더욱 그렇다. 한 번의 활동을 지렛대로 이용해 하나 이상의 가치를 끌어낸다면 시간도 노력도 절약되고 생산성은 높아져 경쟁력에서 우위를 점할 수 있다.

우리는 시간과 일정 앞에서 무기력함을 느끼는 경우가 많다. 그 럴수록 장기적인 관점에서 생각하고 행동하는 능력이 마비된다. 하지만 우리는 통제력을 가지고 있다. 시간 제약을 뛰어넘어 새로운 방식으로 일할 수 있다. 하나의 돌을 던져 두 마리 이상의 새를 잡을 수 있다. 이를 위해서는 우리에게 무엇이 가장 중요한지를 이해하고, 효율이 높은 방식으로 자원을 배분해야 한다.

일과 관계, 두 마리 토끼 잡기

→

관계는 매우 중요하다. 안타까운 건 일과 관계를 양자택일의 난제로 생각하는 경우가 많다는 것이다. 회사의 임원이 가족을 위한 시간을 내지 못하면서 자신이 하는 일은 모두 가족을 위한 것이라고 공언한다는 식의 이야기도 이런 사고의 연장선이다. 그런데 일과 가족이 제로섬 게임이 아니라 전략적 선택으로 공존할 수 있다면 어떨까?

필립 반 노스트란드는 뉴욕에서 활동하는 사진가로 결혼식이나 기타 행사를 촬영할 때마다 몇천 달러를 번다. 하지만 수년간 일당 500달러로 '샌프란시스코 랜덤 자바스크립트 테크 콘퍼런스' 커버 사진 작업을 해왔다. 그의 고향이 샌타바버라이기에 연례 콘퍼런스 일을 받으면 장거리 비행기 표를 얻을 수 있기 때문이다.

"한나절만 일하면 나머지 일주일간은 가족과 보낼 수 있어서 공짜 여행처럼 느껴지거든요."

나도 같은 경험을 한 적이 있다. 노스캐롤라이나에서 열리는 콘퍼런스일 경우 낮은 연사료를 받고도 수락한다. 다른 곳이었다면 거절했겠지만 노스캐롤라이나라면 80대인 엄마를 만날 수 있기 때문이다. 그 외에도 엄마를 즐거운 모험에 모시고 갈 기회가 된다면 의뢰를 받아들인다. 1월에는 카자흐스탄에서 열린 강연 행사에 모시고 갔다. 학생들이 엄마를 정말 좋아해 영하의 날씨에도 관광 안내를 해주었다. 베트남, 싱가포르, 프랑스의 강연 투어에도 함께했다.

이처럼 삶에서 가장 중요한 것을 확실히 알고 있을 때는 그에 맞춰 계획을 세우는 일이 훨씬 쉬워진다.

이상적인 라이프 스타일에
일과 보상을 맞춘다

$$\longrightarrow$$

선택의 기준을 정하는 또 한 가지 방법은 자신의 이상적인 라이프 스타일을 파악하는 것이다. 어디에서, 어떻게 살고 싶은가? 그 비전을 성취하기 위해서는 어떻게 해야 할까?

이것이 바로 성공한 임원인 앤마리 닐이 던졌던 질문이기도 하다. 기업들이 몰려 있는 뉴욕, 샌프란시스코, 댈러스, 시카고 등으로 이사하는 게 목표였다면 문제는 훨씬 단순했을 것이다. 그녀는 25년 이상 콜로라도의 작은 도시에 살았다. 덴버에서 차로 90분이 걸리는 곳이었다. 그녀는 이곳에서 사는 걸 포기할 생각이 없었다. 실제로 앤마리는 이 도시를 떠나고 싶지 않다는 이유로 취리히에 위치한 회사의 최고 인재 책임자[CTO] 자리를 거절했다.

"저는 콜로라도의 '열심히 일하고 열심히 놀자'라는 가치관과

라이프 스타일이 마음에 들었어요. 더 솔직히 말하면 이곳의 산이 저에게 영혼의 양식이 되어주죠."

놀랍게도 그녀는 시스코를 비롯한 기업에서 일하며 커리어를 쌓았다. 시스코에서는 5년간 CTO로 일했고, 현재는 대형 사모펀드 회사에서 인재들을 이끌고 있다.

"혁신 비즈니스 분야에서 일하고 있기 때문에 길게 산책을 하거나 2마일 정도 수영하면서 좋은 아이디어를 떠올릴 수 있죠. 책상 앞에만 앉아 있어서는 진짜 중요한 일을 해낼 수 없어요. 그 역할에 가장 잘 맞는 사람을 고용할 것인가, 아니면 회사 근처에서만 가장 뛰어난 사람을 고용할 것인가를 택해야 하죠."

이렇게 대범한 태도를 취하려면 용기가 필요하다. 앤마리의 경우 워낙 평판과 경력이 탄탄하기 때문에 가능했던 일이긴 하다. 그렇지만 경력이 적더라도 라이프 스타일에 맞는 선택을 내릴 수 있는 방법은 의외로 많다.

사진가 필립은 때때로 파격적인 지불 조건을 수락한다. 그가 원하는 '스펙터클한 프리랜서의 삶'을 영위하는 데 도움이 되기 때문이다. 고급 양모제품을 전문으로 판매하는 고객과는 물물교환을 한 적도 있다.

"500달러 이상의 스카프를 받고 촬영했죠. 몽골에서 수입한 800달러짜리 캐시미어 스카프를 받은 적도 있어요. 내 돈으로는 스카프에 이 정도 금액까지 쓰지 않겠지만 정말 마음에 들어요.

소파 덮개로 쓰기도 하고, 방에도 한 더미 있어요. 겨울이면 자주 착용하죠. 여동생에게도 한 개 선물했고요."

브루클린에서 트렌디한 멕시코 식당을 운영하는 지인이 웹사이트에 올릴 사진을 찍어달라고 했을 땐 800달러를 촬영비로 받고, 400달러어치의 식당 이용권을 받았다. 그는 보통 1200달러를 작업비로 받기 때문이다.

"흔쾌히 승락했죠. 그만큼 음식을 먹게 해준다고 해서 상대에게도 손해는 아니었어요."

무료로 사진을 찍어주는 경우도 있다. 동네에 있는 고양이 카페 '코네코'에서 작업한 멋진 길고양이 사진들이 그렇다.

"어느 날 아침에 카페가 문을 열기 전에 방문해서 고양이들과 가장 친한 직원과 함께 다양한 포즈로 고양이들을 촬영했죠. 두 시간이 걸렸고, 수백 달러어치의 카페 이용권도 받았어요. 1년 동안 방문하면서 음식도 공짜로 먹고 고양이 친구들과 함께 시간을 보냈죠."

유연하게 대처하고 창의력을 발휘한 결과 필립은 새로운 라이프 스타일을 만들었다. 여느 때라면 누리지 못했을 패션과 외식을 충분히 누릴 수 있었다. 원하는 삶을 위해 집중하면 이런 생활도 가능하다.

똑똑하게 일과 휴식의 시너지를 내는 법

→

일과 삶을 통합해 두 영역 모두를 개선시킬 수 있는 방법은 무엇일까? 크리스티나 구티어가 답을 찾았던 질문이다. 그녀는 독일인 박사과정 학생으로, 캐나다에 사는 친구에게 가서 휴가를 보낼 계획이었다.

몇 년 전 남편과 함께한 첫 번째 뉴욕 여행이 즐거워서 일주일간 더 머무르기로 했을 때 직업적으로 활용할 방법이 없을까 고민했다. 논문 지도교수에게 뉴욕에 아는 사람이 없는지 물었고, 뉴욕시티칼리지의 교수를 소개받았다. 그는 크리스티나가 초대 연사로 강의할 수 있도록 주선해 주었고, 그녀의 연구에 깊은 인상을 받은 나머지 다음 책에서 인용하고 싶다고 했다.

크리스티나는 이렇게 휴가 기간에 업무를 병행했으며, 반대로 할 수 있는 방법도 찾고 있었다. 친구가 된 호주인 교수가 사우스 오스트레일리아대학교에 객원 연구자로 올 것을 강력히 추천했지만 타이밍이 맞지 않았다. 이후 딸이 태어난 지 9개월이 되었을 때 크리스티나는 호주로 가기로 했고, 2개월간 육아 휴직을 신청한 남편과 함께 비행기에 올랐다. 그녀는 날씨 좋은 호주에서 새로운 동료들과 협업할 수 있었다.

여행과 경력 개발을 위한 시간을 통합한 전문가는 크리스티나뿐만이 아니다. 필립 또한 비슷한 경험이 있다.

"제가 사진가가 된 후부터 꿈꿔온 것은 촬영을 위해 비행기를 타는 것이었어요. 금액 부담 없이 공짜로 여행을 할 수 있을 테니까요. 실제로 그런 일이 일어났죠."

필립은 역사 의상 디자인 전문가를 만났다.

"저를 만나기 전, 그녀는 베네치아 카니발에 입을 드레스를 디자인하고 친구들과 아이폰으로 서로를 직접 찍었습니다. 당연히 전문 사진가가 쫓아다니면서 찍어줄 때와는 퀄리티가 달랐죠."

그녀는 필립을 초대했고, 이후로 필립은 그녀의 사진가로 베네치아 두 번, 파리와 베르사유에 한 번, 라벤더 시즌의 프랑스 남부로도 한 번 여행을 다녀왔다. 누구나 이런 일에 깊은 인상을 받지는 않을 것이다.

"베네치아에서 보낸 나머지 시간에 대한 비용도 청구해야 한다는 사진가도 있겠지만, 저는 그럴 생각이 없었어요. 그 친구는 부자가 아니니 십시일반으로 돈을 모았죠. 제가 더 요구하면 누구에게도 득이 될 게 없었어요. 그럴 예산도 없었을 거고요. 공짜 여행을 한다는 그 자체로도 저에게는 값진 경험이니까요."

공짜 여행을 넘어선 이점도 있다. 필립에게는 여행 기간 동안 찍은 멋지고 분위기 좋은 사진들의 저작권이 남았다.

"인쇄물로 판매 가능할 정도의 사진들도 몇 컷 찍었어요. 이런 사진들이 저에게 기회를 줄 거라고 믿습니다. 이 사진들을 보고 누군가가 잡지 촬영에 저를 고용할 수도 있죠. 잡지 사진가가 되는 건 제 다음 목표 중 하나거든요."

수임료가 높은 기업체 관련 일들도 즐겁게 진행한다. 이런 일들은 월세와 경비를 내는 데 큰 도움이 된다. 그렇지만 연단에 선 임원들의 사진은 그의 고유한 예술적 비전을 표현해 주지는 못한다.

"저의 철학은 가치가 꼭 돈으로 제공될 필요가 없다는 거예요. 저는 장기적인 가치에 집중합니다. 일반적으로는 돈이나 명성 중 한 가지만 가질 수 있죠. 둘 다 갖는 경우는 많지 않습니다."

우리는 너무나 많은 경우 쉽게 벌 수 있는 돈이나 타인들의 성공에 대한 기대 때문에 가고 싶은 길을 포기한다. 쉬운 일만 해서는 잡지 커버를 촬영하거나 타임스 스퀘어 광고판에 사진을 걸 수 있는 발군의 사진가가 되지 못한다. 기다릴 줄 알고 관계를 구축할 줄 알아야 하며 전략적으로 선택할 줄도 알아야 한다.

다른 사람들은 말도 안 되는 일이라고 여길 만한 선택이더라도 나중에는 중요한 디딤돌이 되어주기도 한다. 이런 선택을 통해 장기적으로 훨씬 더 큰 성공을 거둘 수 있다.

내가 가진 교환 가치를 활용하라

→

앞에서 돈이 아닌 가치를 우선시한 선택 뒤에 숨겨진 이유들을 살펴보았다. 이를 통해 관계나 라이프 스타일, 직업적 목표에 도움이 되도록 선택을 활용하는 방법을 알아보았다. 그럼 이제 이러한 선택을 하는 실질적인 방법을 이야기해 보자.

많은 사람이 가장 먼저 떠올리는 교환 가치는 돈일 것이다. 원하는 인생을 사는 데 돈을 사용할 수 있다. 돈을 지불하고 집 청소를 맡긴 후 가족과 더 많은 시간을 보낼 수도 있다. 필립이 자신의 촬영비를 돈 대신 다른 것으로 받은 것처럼 돈을 적게 받는 대신 인맥이나 경험을 쌓을 수도 있다.

사람들이 놓치는 부분은 돈만이 유일한 통화가 아니라는 것이다. 수년 전에 나는 성공한 예술가와 사귄 적이 있다. 그녀의 그림은 판매가가 높았음에도 갤러리에서 수수료로 50%를 떼어가는 바람에 삶이 풍족하지 못했다. 그녀가 진정으로 얻을 수 있었던 통화 형태는 다름 아닌 명성이었다. 그녀는 유명한 갤러리에서 작품 판매를 대행해 줄 만큼 매력적인 예술가가 되었고, 많은 수집가들이 만나고 싶어 하는 화가로 회자되었다.

그녀 덕택에 나는 뉴욕의 인기 있는 식당에서 저녁 식사를 하거나 자선 모금 행사에 함께할 수 있었다. 콜로라도주의 스키 휴양지인 아스펜에 있는 별장에 초대받기도 했다. 당시 파티에서 만날 수 있었던 사람들은 대개 엄청나게 성공한 사업가들이었다. 주변에는 늘 이들을 선망하는 사람들이 몰려들었다.

만일 돈이 유일하게 중요한 측정 요소였다면, 당시 내 여자친구는 이들 사이에서 아무런 관심도 끌지 못했을 것이다. 그렇자만 예술에 관심 있는 사람들에게는 유명 아티스트와 함께 시간을 보내는 즐거움이 최고의 통화 형태가 될 수도 있다. 우리도 아무나 참석하기 어려운 행사에서 시간을 보내며 다른 예술가나 수집가들과 시간을 보내는 게 좋았으므로 서로 윈윈이었다.

화가, 메이저리그 운동선수, 록스타가 아니어도 자신만의 통화 형태를 개발할 수 있다. 책을 집필하고 '공인된 전문가' 프로그램을 만들면서 깨달은 게 있다. 현재 일하고 있는 회사나 분야에서 인정받는 전문가가 되는 데에는 세 가지 요소가 존재한다는 사실이다.

그중 첫 번째는 '콘텐츠 만들기'다. 다른 사람들이 당신의 생각을 알지 못한다면, 당신이 세상에 알려질 여지도 없다. 따라서 콘텐츠를 만들어야 한다. 기사를 쓰고 연사가 되고 팟캐스트를 시작하고 영상을 만들고 점심시간에 잠깐 강의를 여는 등 어떤 방법이든 관계없다. 혹은 선호하는 특정 채널을 사용할 수도 있다.

두 번째는 '사회적 증거'다. 사람들은 바쁘기 때문에 당신이 하는 말에 귀를 기울이도록 하려면 이유가 있어야 한다. 이때 사회적 증거, 즉 증빙된 신뢰성이 즉각적인 도움이 된다. 특히 사람들이 이미 알고 있고 신뢰하는 브랜드나 유명 인사와의 연결 고리가 있다면 더욱 강력한 효과를 갖는다.

사람들이 많이 들어본 매체에 글을 싣거나 당신의 말이 인용되는 경우, 유명 브랜드의 회사에 컨설팅을 했거나 그곳에서 일한 경우, 혹은 지역 전문가협회나 동문회 회장일 경우, 타인에게 당신의 말에 귀 기울일 가치가 있음을 증명하는 좋은 사회적 증거가 되어준다.

세 번째는 '네트워크'다. 콘텐츠를 만들고 신뢰할 수 있는 사람이 되는 것도 중요한 일이지만 만일 누구도 당신에 대해 알지 못한다면 아무런 소용이 없다. 그렇기 때문에 당신의 목소리를 확장해 주고, 현재 하고 있는 일을 알리는 데 도움을 줄 수 있는 네트워크가 필요하다. 더 나아가 이들은 무엇이 좋은 아이디어인지 선별하는 데에도 도움을 줄 것이다.

경력이 많은 직업인들은 앞의 세 가지 기둥 중에서 한두 개쯤은 이미 만들어두었을 것이다. 하지만 자신의 아이디어를 전달하면서 전문가로서의 평판을 본격적으로 구축하려는 단계에 이르고 나면, 이들은 벽에 부딪혔다는 느낌에 당혹감을 느낀다. 세 가지 중에 마지막 기둥이 필요하기 때문이다. 선호하는 기둥 한 개에 모든 에너지를 오롯이 투자하는 전략은 도움이 되지 않는다. 한 달에 글을 100편 쓰고 있지만, 블로그에만 올리고 누구도 당신을 모른다면 책 계약이나 컨설팅 계약에는 도움이 되지 않는다.

당신이 해야 할 일은 강점 분야, 즉 이미 가지고 있는 통화 형태를 전략적으로 활용해서 부족한 통화 형태를 채우는 것이다. 아래와 같은 방식을 생각해 볼 수 있다.

- 콘텐츠 만드는 일은 잘하지만 사회적 증거가 부족하다면, 작품 포트폴리오를 활용해 잘 알려진 매체에 기고할 수 있도록 한다.
- 콘텐츠 만드는 일은 잘하지만 네트워크가 없다면, 인터뷰를 요청해서 관계를 구축한다.
- 사회적 증거는 탄탄하지만 콘텐츠 만드는 게 어렵다면, 다른 사람들과 협업해 당신에 관한 글을 써달라고 요청하거나 당신의 말을 인용하도록 한다.
- 사회적 증거는 탄탄하지만 네트워크가 없다면, 이사회 일원으로 있는 단체에 네트워킹을 원하는 사람을 초대해 연사로 서달라고 부탁한다.
- 네트워크는 탄탄하지만 아직 콘텐츠를 만들어본 적이 없다면, 팟캐스트를 시작해 다른 친구들을 인터뷰하기 시작한다.
- 네트워크는 탄탄하지만 사회적 증거가 부족하다면 친구들에게 이들이 일하는 학교나 단체에 연사로 초청해 달라고 요청한다.

이런 이야기에 의외로 많은 사람이 혼란에 빠진다. 그 이유는 한 가지 통화 형태에 사고가 고정되어 있기 때문이다. 위의 내용 중 가지고 있지 않은 통화 형태가 있다면 이들은 불운을 탓한다.

"X를 해야 하는데 돈이 충분치 않아."

"아이비리그 출신이 아니라서 Y는 못 할 거야."

어떤 일을 해내는데 딱 한 가지 방법만 있는 경우는 거의 없다.

이미 가지고 있거나 얻을 수 있는 자산을 활용할 방법을 창의적으로 생각해 보자. 그런 자산들을 활용해 원하는 형태로 교환할 수 있다. 이러한 전략적 교환을 통해 장기적으로 더 나은 스마트한 선택들을 내리면 된다.

단순히 현재 시점에서 유용한 것, 단기적으로 최적화하는 것은 거의 언제나 우리를 원하는 목적지에 데려다주지 못한다. 장기적인 성공을 위해 꼭 필요한 것을 이미 전부 가지고 있는 경우 또한 드물다. 바로 그렇기 때문에 전략적인 교환이 필요한 것이다. 이미 가지고 있는 자산을 활용해 원하는 것을 얻고자 하면 불가능해 보였던 목표를 성취할 수 있다.

목표에 도달하는 것은 느린 과정이다. 끝까지 도달할 수 있도록 인내와 지지가 필요하다. 주변에 믿을 수 있는 조언가가 없으면 어떻게 할까? 현명한 조언가들을 더 많이 만나고 싶다면? 다음에는 바로 이 내용을 알아보자.

• 효과적인 레버리징을 위한 질문들이다.

① 무엇을 하면서 시간을 보내야 하는가?

② 80%의 결과를 내는 20%의 활동은 무엇인가?

③ 그만해도 되는 일에는 무엇이 있는가?

④ 나를 제약하는 것들을 나에게 유리하게 활용하는 방법은 무엇일까?

⑤ 미래에 대한 나의 가설은 무엇이며, 이 가설들은 나의 행동을 어떻게 규정하는가?

⑥ 어떻게 하면 일을 한 번 하고도 열 번 한 것과 같은 효과를 낼 수 있을까?

⑦ 어디서, 어떻게 살고 싶은가? 그러한 비전에 따라 살면 어떤 일이 벌어지는가?

⑧ 일과 삶을 통합해 두 영역 모두를 개선시킬 수 있는 방법은 무엇일까?

⑨ 현재 나는 어떤 형식의 통화(인맥, 잘 알려진 매체에 기고하기, 팟캐스트 호스트 되기, 관련 단체 회원 되기)를 가지고 있으며, 어떻게 다른 형식의 통화를 얻을 수 있을까?

RULE 7

최적의 장소에서
최고의 사람과 만난다

몇 년 전 뉴욕으로 이사 온 후 놀라운 깨달음을 얻었다. 나에게 친구가 없었다! 업무상 아는 사람들은 많았고, 원하면 네트워크 미팅을 할 수도 있었다. 목요일에 점심식사 할까? 월요일 오후에 커피 마실래? 일하는 시간 중간에 이런 만남을 갖는 건 어렵지 않았다. 그렇지만 내가 짐을 푸는 어수선한 시간을 지나 일상의 리듬으로 돌아오자 매일 저녁 스케줄이 완전히 비어 있었다.

무언가 조치를 취해야 했다. 사람들에게 뉴욕으로 이사 온다고 말은 해뒀지만, 그들은 여전히 내가 보스턴에 살고 있다고 생각했다. 파티나 저녁 식사가 있을 때 나를 먼저 떠올리지 않았다. 그나마 내가 알고 있던 사람들은 가볍게 아는 사이로, 금요일이나 토요일 저녁에 나를 초대할 만한 친구들은 아니었다.

스카이라인에 반짝이는 빛과 발아래 소란스럽게 요동치는 도시를 바라보면서 나는 궁금해졌다.

'흥미로운 사람들과 연결되어 내가 간절히 원하는 인맥을 형성하는 방법은 무엇일까?'

확실한 건 나는 스스로를 피해자로 만들고 싶지 않았다. 아무도 나에게 연락을 안 한다거나, 세상이 불공평하다거나, 뉴욕에서 친구를 사귀는 일은 너무 어렵다면서 불평하고 싶지 않았다. 무언가 대책을 세워야 했다. 내가 할 수 있는 일 말이다.

나는 어린 시절 엄마로부터 들었던 조언을 떠올렸다.

"초대를 받고 싶으면 먼저 초대를 하면 돼."

이 말은 내가 생일 파티에 초대받지 못했을 때나 반 친구들이 나를 쏙 빼고 재미난 일을 계획했을 때 엄마가 들려주던 말이었다. 그리고 엄마의 조언은 여전히 유효했다.

네트워킹은 거창한 것이 아니다

→

똑똑하고 많은 성취를 이뤄낸 전문가들은 중요한 고객들에게 피칭하거나 리스크가 높은 과제를 납품하는 데는 문제가 없으면서도 네트워킹에 있어서는 도움 받을 길이 없다고 느낀다. 쉽게 포기하고 스스로 핑계를 댄다.

'그 사람이 나를 왜 만나고 싶어 하겠어?'

'그녀는 너무 바빠.'

'부담 주고 싶지 않아.'

'너무 간절해 보이고 싶지 않아.'

사실이긴 하다. 모두가 당신과 커피를 마시고 싶어 하진 않는다. 제프 베이조스는 너무 바쁠 것이고, 워런 버핏이라면 우리의 미팅 요청을 거절할 것이다. 그렇다고 당신을 만나고 싶어 하는 사람이 한 명도 없는 건 아니다. 뉴욕에서 외로운 여름을 보내면서 깨달은 사실은, 다른 사람들도 누군가와 연결되기를 깊이 바라고 있다는 것이었다. 오지 않는 초대를 기다리고 있기보다 먼저 손을 내밀면 크게 고마워한다.

마음에 드는 멕시코 음식점을 발견했다. 근사한 음악이 흐르고 10명은 족히 앉을 수 있는 원형 테이블이 있는 곳이었다. 나는 사람들을 초대하기 시작했다. 아는 사람들부터 시작해서 초대의 범위를 확장해 갔다. 때로는 공동 주최자를 섭외해 각자가 초대한 지인을 서로에게 소개했다.

형식은 간단했다. 첫 30분은 비공식적인 시간으로 사람들이 도착하면 음식을 주문한다. 그런 다음 테이블에 앉은 순서로 돌아가면서 자기소개를 했다. 저녁 식사가 도착하면 음식이 서빙되는 동안 잠시 쉬는 시간을 가졌다. 식사 중에는 테이블을 돌아가면서 스스로 돌아볼 수 있는 질문에 답하게끔 했다.

"올해 가장 자랑스러운 일은 무엇인가요?"

"가을에는 어떤 일이 가장 기대되나요?"

"지난 몇 년간 배운 것 중에서 가장 놀라운 교훈은 무엇이었나요?"

지금까지 나는 60회가 넘는 저녁 모임을 열어 수백 명과 함께 했고, 시간이 흐르면서 처음에는 아는 사람이 거의 없던 뉴욕에서 연결자로서의 평판을 얻었다. 코로나19 기간에는 온라인 모임으로 바꿔 친구 알리사 콘(임원 코치 겸 프리스타일 래퍼)과 함께 줌으로 모임을 호스팅하기 시작했다. 그렇게 함으로써 전반적인 틀은 유지하되 전 세계에서 사람들을 초대할 수 있는 기회는 오히려 늘어났다.

당신이 초대하는 모든 사람이 친한 친구가 되지는 않을 것이다. 사실대로 말하자면, 게스트 중 많은 사람이 모임 후에 연락해 온다거나 감사 인사를 하지는 않았다. 일부는 막판에 참석을 취소했고, 다 같이 잠수를 타기도 했다. 하지만 일부는 귀한 사업적 인맥이 되었다. 나는 〈뉴스위크〉와 협업을 시작해 주간 인터뷰 시리즈의 호스트가 되었다. 저녁 모임에서 에디터를 만난 덕분이었다.

다른 참석자들과는 친한 친구가 되었다. 이들은 내가 금요일이나 토요일 저녁에 편하게 초대할 수 있는 사람들이다. 저녁 모임을 했던 주요 목표 중 한 가지에 맞게, 모임에서는 나만 혜택을 보지 않았다.

"에번이랑 얘기할 때마다 네가 생각나. 에번은 내가 스타트업 초기 자금을 모으는 데 중요한 역할을 해주었고, 지금은 자문으로 있어. 네가 저녁 식사에 나를 초대해 주지 않았다면 그를 알지 못했을 거야."

인맥 관리를 불편해하는 이유

⟶

네트워킹이 주는 이점은 분명하다. 흥미로운 사람들을 만나 새로운 사실을 배울 수 있고, 트렌드를 발견할 수 있으며, 심지어 새로운 직장이나 클라이언트, 혹은 이사회 자리를 만나 커리어를 완전히 바꿀 수도 있다.

그럼에도 많은 사람이 네트워킹에 저항감을 갖거나 마련된 자리조차 다음 기회로 미루곤 한다. 관계를 유지하는 데 많은 노력이 필요하다고 여기기 때문이다.

누군가에게 커피를 마시자고 제안하는 정도는 할 수 있지만, 진짜 관계로 발전시켜야 한다면? 그건 투자다. 학창 시절 이후로는 의식적으로 해오지 않은 시간과 감정의 투자 말이다. 사회에 나오면 바쁜 일에 치이는 것뿐만 아니라 돌봐야 할 가족도 생긴다. 상황은 더 복잡해진다.

누군가와 진정한 친구가 되려면 많은 시간을 투자해야 한다는 생각은 맞다. 캔자스대학교 교수인 제프리 홀의 연구에 따르면 아는 사람이 가벼운 친구로 전환되는 데에는 약 50시간의 만남이 필요하다. 친구가 되려면 거기에 90시간이 더 필요하다. 그리고 200시간 이상을 더 함께 보내야 비로소 친한 친구가 된다.[1] 요즘 이렇게 많은 시간을 낼 수 있는 사람이 어디 있겠는가?

가볍게 아는 정도의 지인만 만들어두어도 삶이 바뀔 수 있다. 이 원칙에 대해서는 사회학자인 마크 그래노베터의 1973년 논문인 〈약한 연결의 힘The Strength of Weak Ties〉[2]에서 다루고 있다.

2015년에 한 여성을 만났다. 그녀는 저녁 모임의 공동 주최자가 초대한 참석자였다. 나는 이후 몇 차례 더 그녀를 저녁 식사에 초대했고, 그녀는 자신이 운영하는 팟캐스트에 나를 초대했다. 나와의 인터뷰 내용을 그녀의 책에 싣기도 했다. 즐거운 인연이자 가벼운 사이였다. 그녀는 나를 사업적으로 추천해 주기도 했는데, 이 기회는 지난 5년간 110만 달러 이상의 수입을 가져다주었다. 기회는 정말 어디서 올지 모르는 것이다.

네트워킹을 꺼려 하는 데는 다른 이유도 있다. 이것은 시간보다도 훨씬 더 중요한 요소다. 바로 네트워킹에 대한 부정적인 인식이다. 심지어 네트워킹을 하는 자신이 타락한 것처럼 느껴진다고 하는 사람도 있다. 실제로 많은 사람이 이를 이유로 관계를 맺는 노력을 멈추곤 한다.

하버드 경영대학원의 프란체스카 지노와 연구팀에 따르면 네트워킹과 관련해서 많은 직장인이 부끄러움과 가식을 느낀다고 한다.[3] 네트워킹하는 상황을 불편해할 뿐만 아니라 네트워킹에 대해 생각하는 것만으로도 불쾌한 기분을 느낀다는 것이다.

지노와 연구팀은 참가자에게 비누, 치약과 같은 세안용품부터 포스트잇 메모장 같은 일상품에 이르기까지 다양한 제품에 호감도 점수를 매기도록 했다. 그리고 전문가 네트워킹에 대한 이야기를 먼저 읽고 호감도 점수를 매긴 참가자는 세안용품을 훨씬 더 선호했다.

모든 사람이 네트워킹에 대해 부정적으로 느끼진 않는다. 지노와 연구팀에 따르면 모임에 참여하지 못할 정도로 네트워킹을 피하는 사람들에게는 두 가지 중요한 특성이 있었다.

첫 번째는 특정한 이익을 기대하는 업무적인 네트워킹에 대한 반감이다. '벤처 투자자를 만나서 회사에 투자를 받아야지' 같은 목적이 있을 경우, 단순히 친구를 사귀기 위해 네트워킹을 할 때보다 훨씬 부정적으로 느꼈다.

두 번째는 사회 초년생이 중간 관리자보다 네트워킹에 대해 상반된 감정을 느끼는 경우가 많았다. 그들은 이렇게 생각했다.

하나는 중간 관리자는 네트워킹, 즉 인맥이나 정치를 잘하거나 적어도 싫어하지는 않았기 때문에 승진했다는 생각이다. 또 다른 생각도 흥미롭다. 중간 관리자가 네트워킹에 스트레스를 받지 않는 이유는 지위와 인맥이 형성되어 있어서, 새로운 사람과 관계를 맺을 때 서로 도움을 받으리란 걸 알고 있기 때문이다. 상대가 나에게 잠재 고객을 소개해 줄 수도 있고, 나 또한 상대에게 그렇게 할 수 있다고 믿는 것이다.

지노의 통찰은 중요한 의미를 갖는다. 사람들이 스트레스를 느끼는 대상은 단순히 네트워킹이 아니다. 그것은 바로 '누군가를 이용한다'는 생각이다.

네트워킹의 세 가지 유형

→

네트워킹에는 세 가지 유형이 있다. 단기적인 것, 장기적인 것, 영속적인 것이다.

업계에 나쁜 평판을 가져다주는 것은 단기적이고 업무적인 네트워킹이므로, 우리 능력이 허락하는 한 이런 관계는 피하는 것이 좋다. 빠르게 무언가를 얻어내려고 하는 것은 나쁜 네트워킹의 특성이다. 진정한 네트워킹은 그렇지 않은데, 사람들은 나쁜 네트워킹을 일반화해 인맥 관리를 회피하는 핑계로 쓴다.

반면 장기적 혹은 영속적인 관점에서 네트워킹을 한다면 무언가를 얻으려 하기보다 친구를 사귀고 관계를 맺는 게 중심이 된다. 이것이 바로 우리가 지향하는 네트워킹이다.

지노의 연구에서 언급됐던 것처럼 우리는 시간을 들여 어떻게 하면 다른 사람에게 도움이 될지를 곰곰이 생각해야 한다. 그러면 더 이상 상대에게서 이득만을 취하는 관계가 형성되지 않는다. 상대방이 이미 모든 걸 가진 것 같고, 내가 해줄 수 있는 게 없다고 느껴질 수도 있다. 하지만 나만이 줄 수 있는 숨겨진 가치를 발견할 전략과 방법들은 분명히 존재한다. 그 방법들을 알아보자.

1년 동안 부탁하지 말 것

→

내가 코칭하는 고객 중 한 명에게 같은 전문가 그룹에 속해 있던 다른 사람이 줌 미팅을 요청했다. 그녀는 흔쾌히 응했으나 기습적인 공격을 받고 말았다.

"좋은 사람이었어요. 그렇지만 서로 소개가 끝나지도 않았는데, 이야기를 시작한 지 10분도 안 돼 큰 부탁을 해서 놀랐죠. 저라면 잘 모르는 사람에게 그런 부탁을 하지는 않을 테니까요. 아무리 서로 같은 그룹에 속해 있다고 하더라도 말이죠. 저는 나쁜 사람이 되고 싶지 않아서 보통은 도와주겠다고 말하는데 이용당했다는 느낌이 들었어요."

누구나 이런 경험이 있을 것이다. 아무런 해가 없는 것처럼 보였던 만남이 기습적인 공격으로 돌변한 경험 말이다. 내 고객만 이런 경험을 한 것은 아닐 것이다.

다음 주에는 또 다른 친구가 내게 조언을 구했다. 이번에는 기간이 좀 더 길었다. 그는 한 동료와 지난 몇 달간 서로를 알아가는 중이었고, 지금까지 네 번의 영상 통화를 했다고 한다. 그러고 나서 이 동료는 무언가 중요한 부탁을 해왔다. 상당한 정치적 이득과 연관된 일이었다.

"그래서 나는 궁금해졌지. 그는 내내 이 부탁을 계획하고 있었던 걸까? 나를 알고 싶어 하는 것처럼 하면서 부탁을 하려고 때를 기다리고 있었던 걸까?"

나 역시 아예 모르거나 얼굴 정도만 아는 사람들에게서 매거진에디터나 유명한 동료를 소개해 달라는 요구를 수없이 받아왔다. 단기적인 관점에서 보면 이런 공격적인 방법이 통하는 경우도 있다. 그 순간에는 사람들이 알겠다고 말하기도 한다.

그렇지만 장기적인 관점에서 보면 이 방법은 최악의 수라고 할수 있다. 사람들은 이용당했다는 생각이 들면 다시는 도움을 주지않기 때문이다.

단기적인 네트워킹을 완전히 피할 수는 없다. 필요한 경우도 있기 마련이다. 예를 들어 회사에서 해고되어 절실하게 일자리를 찾는 중일 수도 있다. 이런 간절함은 결코 매력적이지 않다. 만일 이런 상황이라면 새로운 관계를 구축하려고 시도하지 않는 편이 더낫다.

어떤 사람들은 '물어봐도 손해 안 난다'는 말을 완전히 오해하곤 한다. 물론 급여 인상처럼 이유 있는 경우라면 먼저 요청하는 태도 또한 필요하다. 호텔 업그레이드 같은 요청도 예의 바르게만 한다면, 운 좋게 받아들여질 수도 있다. 그렇지만 어느 경우에든 누구에게나 요청할 수 있는 특권이 주어지는 것은 아니다.

정말 절실하다면 가까운 친구에게는 부탁해볼 수 있다. 그들은 당신의 성격, 능력을 알고 있는 사람들이기 때문이다. 당신을 위해 자신의 사회적 자산을 확장할 의향이 충분히 있을 것이다. 회사에 채용 건이 있는 타인을 당신에게 연결해 줄 수도 있을 것이다. 이러한 요청은 당신과 상대를 모두 알고 있는 친구가 해주는 것이기 때문에 일반적인 경우와는 다르다. 상대방도 이미 친구를 신뢰하고 있을 것이기 때문이다.

그와는 반대로 절실한 태도로 모르는 사람에게 연락한다면 좋은 결과를 얻지 못할 확률이 높다. 프란체스카 지노의 연구에 따르면 부탁을 하면서도 스스로 기분이 나쁠 것이다.

내가 개인적으로 활용하는 전략이면서 타인들에게도 추천하는 방법은 최소 1년 동안은 아무런 부탁도 하지 않는 게 좋다는 것이다. 나는 이 사실을 어렵게 깨달았다.

한번은 신간이 좋은 반응을 얻어 세상에 막 잘 알려지기 시작하던 때, 한 기자를 알게 되었다. 다른 친구들과 함께 즐겁게 저녁 식사를 한 후 그녀와 나는 몇 번에 걸쳐 이메일을 주고받았다.

그러던 중에 오래전부터 내가 초대받고 싶었던 유명 콘퍼런스에 그녀가 연사로 선 것을 보았다. 나는 최대한 조심스럽게 그녀에게 메일을 보냈다.

"최근에 연사로 서신 거 축하드려요! 영상 정말 잘 봤어요. 제 목표 중에 하나가 그곳에서 연사로 서는 거라서요. 그래서 말인데, 제가 어떻게 하면 그 콘퍼런스에 연사로 설 수 있을지 조언을 부탁드려도 될까요?"

메일 내용 자체는 그렇게 나쁘지 않았다. 내 친구가 받은 부탁 공세와 달리 나는 그녀에게 직접적으로 소개나 지명을 부탁하지 않았기 때문이다. 그보다는 광범위한 정보를 찾고 있었다는 편이 맞겠다.

그럼에도 지금 돌이켜 보면, 충분히 갑작스럽고 부담스러운 질문이었으리라는 생각이 든다. 그녀는 이미 꽤 알려져 있었기 때문에 아마도 사람들에게서 소개 요청을 수없이 받고 있었으리라. 나는 그녀의 동료가 될 충분한 자격이 있다고 느꼈지만, 그녀가 잘 알지도 못하는 사람들의 간청을 받으면서 이런 얘기를 얼마나 많이 들었을지 짐작하고도 남는다.

그녀의 머릿속 예상 시나리오는 이랬을 것이다. 나에게 도움이 될 만한 일반적인 정보를 제공하고 나면 다음과 같은 어줍잖은 답변을 받겠지 하고 말이다.

"정말 감사합니다. 많은 도움이 됐어요! 혹시 저를 담당자에게 소개시켜 주실 수 있나요? 말씀하신 내용에 따르면 제가 연사 후

보자로 딱일 것 같은데요."

결국 나는 답변을 받지 못했다. 직간접적으로 거절하는 일을 피하고 정치적 자산을 보호하기 위해, 그녀는 우리의 대화가 거기까지 도달하지 않도록 현명한 처사를 한 셈이었다. 앞으로 벌어질 일들을 고려한 결정이었을 것이다.

이 일로 나는 뼈아픈 깨달음을 얻었다. 나는 그녀에게 편집자를 소개받거나 연사 초청을 받기 위해 접근한 사람처럼 비춰졌으리라. 같은 이유로 그녀와 친구가 되려고 했을 많은 사람과 똑같이 말이다.

그 후 상대방이 비슷한 생각조차 하시 않도록 행동을 조심하겠다고 다짐했다. 그렇게 누구에게도 부탁하지 않는 1년간의 시간이 시작되었다.

물론 상대를 만나고 더 잘 알아야 진짜 우정을 쌓을 수 있으니 행사에 초대한다거나 "그곳에서 사용 중인 음성 텍스트 변환 서비스 이름이 뭐예요?" 같은 사소한 질문은 할 수 있다.

1년 동안 금지되는 것은 상대의 정치적 자산을 요구하는 부탁에 해당한다. 성공한 사람들은 이런 요청을 끊임없이 받고 있기 때문에 방어하는 데 많은 노력을 들인다. 나까지 그런 부담을 주는 사람이 되고 싶지는 않았다. 그래서 1년 동안 아무런 부탁을 하지 않음으로써, 상대방에게 의도적으로 접근한 게 아니라는 신뢰를 줄 수 있다.

이런 행동을 습관화하니 무의식적으로도 더 이상 의도성을 갖지 않고 편하게 사람을 대할 수 있었다. 한 발 물러나 진정한 우정을 쌓는 데 집중한 것이다.

지속적으로 연결되는 환경을 만들자

→

"당신은 저에게 어떤 도움을 줄 수 있죠?"

이런 말을 하는 대신 장기 네트워킹에 집중하자. 마음속에 특별한 요구 사항 없이 이 사람이나 저 그룹을 알아두면 좋겠다는 순수한 마음만 남긴다. 이는 10여 년 전 〈하버드 비즈니스 리뷰〉에 기고를 시작했을 때 내가 품고 있던 생각이기도 하다.

〈하버드 비즈니스 리뷰〉에 기고하는 사람들은 자신의 분야에서 최고의 위치에 오른 교수, 컨설턴트, 기업 리더들이었다. 당시 나는 특별한 목적 없이 좋은 사람들 곁에 있으면 좋은 기회도 생기지 않을까 하는 막연한 생각으로 네트워킹을 시작했다.

먼저 기고자들이 일하는 곳의 주소를 알아보고 당시 내가 살고 있던 보스턴에 있는 사람들을 추렸다. 그런 다음 이들에게 커피 한잔하자고 요청했다. 그들이 정한 장소로 방문하겠다는 말도 덧붙이면서 말이다.

그리고 만나고자 하는 상대 또는 본격적으로 참여하고 싶은 그룹과의 공통점을 활용해 친해지는 계기를 마련했다. 사람들은 원하는 것이 있어서 접근하는 사람을 경계하지만, 동료로서 다가가면 관심을 보이고 생각을 교환하고 싶어 한다.

"저도 〈하버드 비즈니스 리뷰〉에 기고하고 있습니다."

"저 또한 XYZ 그룹의 멤버입니다."

이렇게 대화의 포문을 여는 것을 '이점 활용 전략'이라고 한다.

더불어서 나는 가치를 더할 수 있는 일이 있다면 나서서 했다. 예를 들어 내가 만난 기고가들의 신간이 나올 경우에는 인터뷰를 제안해서 다른 매체에 실릴 수 있도록 했다. 먼저 나서서 책을 홍보해 주겠다고 하면 동료로서 나의 가치도 올라가므로 네트워크에 빠르게 진입할 수 있다. 그렇게 해서 훨씬 더 쉽게 다음 번 기고가와 연결될 수 있었다. 그리고 이러한 인맥 덕택에 공저자로 책을 쓸 수 있는 기회뿐만 아니라 프랑스 최고의 경영대학원에서 몇 년 동안 가르칠 기회도 얻을 수 있었다.

그렇지만 만일 연결되고자 하는 친구나 동료 그룹이 없는 경우라면 어떻게 해야 할까? 자신의 분야에는 그런 그룹이 아직 존재하지 않는다면? 직접 만들면 된다.

탄비 고탐은 2011년 미국에서 싱가포르로 이사했다. 그즈음 탄비는 트위터를 시작했고, 이를 통해 사람들을 사귀어보자고 생각했다.

"처음엔 네트워크가 하나도 없었죠. 아는 사람도, 직장도, 친구도 없었어요. 크라우드 소싱을 하고, 아시아 출신 여성 50명의 트위터 아이디 목록을 만들어서 팔로했죠. 이들에게는 모두 많은 팔로어가 있었어요.”

그렇지만 온라인상에서 이루어지는 대화는 너무나 북미 중심적이었다. 그래서 그녀는 소매를 걷어붙이고 자신이 직접 커뮤니티를 만들기로 했다.

“트위터에서 오가는 대화들이 모두 아시아 바깥에서 이루어지고 있다는 사실을 알았어요. 그래서 제가 직접 인사 전문가들을 위한 그룹을 만들었죠. 이 그룹은 최초로 아시아 기반이면서 전 세계적인 참여와 관심을 얻은 트위터 챗이 되었어요.”

그녀는 자신이 만든 온라인상의 커뮤니티가 어떤 결과를 불러올지 잘 알지 못했다. 그렇지만 적어도 그곳의 사람들이 자신과 연결되고자 하는 사람들이라는 사실만큼은 명확히 알고 있었다.

“저희 그룹에는 CHRO, CEO, 작가, 사상가 등의 직업을 가진 분들이 함께했어요. 세계 곳곳에서 일하고 계신 분들이었죠.”

현재는 싱가포르 경영대학 교수로 일하고 있는 탄비는 이 그룹을 운영하는 동안 권위 있는 연설 행사에 초대받기도 하고, 신문이나 잡지에 소개되기도 했으며, 인력관리협회로부터 소셜 미디어 인플루언서로 6년 연속 선정되는 영광을 누리기도 했다.

이렇게 내가 직접 그룹을 만드는 방법도 있지만, 우리가 이루고자 하는 장기 목표에 따라서 알고 싶은 사람이나 그룹을 찾는 방법도 있다.

예를 들어 몇 년 안에 LA로 이사를 가고 싶다면, 의식적으로 캘리포니아에 살고 있는 사람들과 친분을 쌓는다. 캘리포니아에 살면 어떨지 미리 알 수 있고, 친구들을 사귀어두었기 때문에 이사 간 후에도 이 네트워크를 활용할 수 있다. 만일 외래 교수로 일하는 게 목표라면, 학계 사람들과 미리 인맥을 쌓고 조언을 들어두는 것이 큰 도움이 될 것이다.

이때 핵심은 다름 아닌 양질의 인맥을 쌓는다는 것이다. 제니 페르난데스가 했던 일이기도 하다. 사회생활 초기에 포장 회사에서 일할 당시 그녀는 상사와 단단한 관계를 구축해 두었고, 이 상사는 후에 중국 지사의 최고 마케팅 책임자CMO로 승진했다.

"지리적 거리에다 시차가 12~13시간이다 보니 연락을 유지하는 게 쉬운 일은 아니었죠."

심지어 당시는 소셜 미디어도 없던 시절이었기 때문에 제니는 이렇게 설명한다.

"그렇지만 항상 먼저 연락해서 안부를 전하고 커리어적으로도 어떻게 성장하고 있는지 이야기했죠. 사업부 근황도 전하고요."

세월이 흐르면서 자연스럽게 연락이 끊길 수도 있었을 것이다. 그렇지만 제니는 끝까지 연락을 이어 나갔고, 결국 이에 대한 보답을 받았다.

"4년 뒤에 그분이 아시아 태평양 지역 CMO로 발령받으면서 저에게 중국에 와서 같이 일해보지 않겠느냐고 제안했어요."

그녀는 제니에게 13개국의 주요 제품 라인에 대한 비즈니스 전략 및 마케팅 부문을 이끄는 역할을 맡겼다.

많은 전문가가 '눈에서 멀어지면 마음도 멀어진다'는 생각으로 네트워킹에 접근한다. 롱 게임을 할 때는 우리의 여정에서 마주치는 멋진 사람들을 늘 눈여겨보고 연락을 지속해야 한다. 어떤 전문가들은 눈앞에 놓인 기회를 보고는 너무 일찍 덤벼들기도 한다. 그러나 이것은 서로를 소개하는 첫 전화 통화에서 10분 만에 부탁을 하는 것과 똑같다.

만일 당신이 끈기를 발휘해 상대의 이익을 먼저 생각한다면 오히려 더 좋은 결과를 얻을 수 있을 뿐 아니라, 두 사람 모두에게 득이 될 것이다.

마케팅 컨설턴트인 크리스 마시는 오랜 기간 그녀의 자동차 판매업자였던 사람과의 관계에서 바로 이런 원칙이 실현되는 경험을 한 적이 있다.

"어느 날 서로 근황도 전할 겸 점심 식사를 함께하고 있었죠. 그런데 그가 말하기를, 일하는 자동차 대리점에서 차세대 고객들과 연결되고 싶어 한다는 것이었어요. 저는 그를 설득해 관련 계약을 따낼 수도 있었죠."

그렇지만 그녀는 그렇게 하지 않았다. 그 대신 당시 센트럴미시간대학교에서 광고 수업을 강의하고 있던 그녀는, 학생들에게 대리점을 위한 광고 캠페인을 만들어볼 것을 제안했다.

"윈윈이었죠. 학생들은 좋은 경험을 할 수 있었고, 대리점에서는 훌륭한 광고 캠페인을 실행할 수 있었으니까요."

강력한 고객 관계는 원하는 것을 그저 떠밀거나 준비가 안 된 상대에게 피칭 멘트를 던진다고 해서 이루어지는 것이 아니다. 진득하게 신뢰를 구축해서 마침내 상대가 먼저 함께 일해보지 않겠느냐고 제안할 때까지 기다려야 한다. 학생들과의 프로젝트를 함께하면서 크리스가 현장에서 일하는 모습을 직접 본 자동차 판매업자는 이 기회를 통해 그녀를 훨씬 더 잘 알게 되었다.

"교실에서 제가 보여준 리더십에 감명을 받았다고 하더군요. 그러면서 대리점 매니저들을 대상으로 교육해 줄 수 있는지 궁금해했어요. 지금까지 대리점에서 몇 차례 자기계발 워크숍을 진행했고, 추가로 여러 고객들에게 추천받아 연결되었습니다."

자동차 판매업자가 크리스의 학생들로부터 공짜 도움만 받고 사라져버렸을 수도 있다. 그녀 입장에서는 배려심을 발휘해 놓고도 잠재적인 계약을 놓쳤을 수도 있다. 상대가 무료로 도움받는 일에만 혈안이 돼 있는 사람이었다면 함께 일하더라도 썩 좋은 경험이 아니었을 것이다.

펜실베이니아대학교 와튼스쿨 교수인 애덤 그랜트가 자신의 저서 《기브 앤 테이크》에서 이야기한 것처럼, 우리는 이용만 당하는 관계를 원하지 않는다. 보답하려고 하지 않는 사람들에게는 무언가를 계속 줄 필요가 없다.

반대로 배려를 기반으로 관계를 맺기 시작하면 상대방도 이를 눈치채고 돕고 싶어 한다. 크리스가 말하는 것처럼 신뢰에 기반을 둔 비즈니스이자 서로를 돕고자 하는 진정한 마음이 발생하는 것이다.

장기 네트워킹은 바로 다음 주나 이듬해에 직장을 구하기 위한 것이 아니다. 그보다는 평상시에 존경하고 함께 시간을 보내고 싶은 사람들과의 관계를 구축해 두는 일이다. 물론 앞으로 정확히 어떤 모습으로 일이 진행될지 우리는 알 수 없다. 그렇지만 당신에게 필요한 사람들과 꼭 맞는 장소에 있으면, 기회 또한 자연스럽게 생겨난다.

좋은 사람과 좋은 관계를
맺는 것에 집중하기

→

아마도 네트워킹 중에서 가장 큰 만족감을 주는 것은 내가 '영속적 네트워킹'이라 부르는 것이리라. 이러한 네트워킹은 순수하고, 목적성이 없으며, 관계를 구축해 준다. 아무런 목표나 기대치가 없고 대신 상대가 누구인지에 대한 기본적인 관심만 있을 경우, 경험 자체를 즐길 수 있고 자연스럽게 관계가 돈독해지는 것을 지켜볼 수 있다.

꽤나 논리적인 일이지만 우리는 스스로의 현재 상태 혹은 미래 계획에 대한 상상을 기반으로 하여 네트워크를 최적화한다. 당연하게도 우리는 미래를 정확히 예측할 수 없다.

우리는 수년의 시간을 들여 업무 분야에서 관계를 구축해 나간다. 그러다가 어느 순간 분야를 바꾸고 싶다고 결정한다. 다른 경우, 커뮤니티 내에서 깊은 관계를 만들어두었지만 거절하기에는 조건이 너무 좋은 이직 오퍼를 받고 멀리 이사를 갈 수도 있다.

바로 이럴 때 답이 돼줄 수 있는 것이 영속적 네트워킹을 활용하는 것이다. 이럴 경우에는 만나는 사람과 직업적 연관성이 전혀 없을 수도 있다.

예를 들어 당신은 기자인데 상대는 우주 비행사일 수도 있고, 당신은 회계사인데 상대는 정치인일 수도 있다. 그렇지만 이 경우에는 시간 개념이 충분히 길기 때문에 커리어와 인생길이 변화될 수도 있고, 서로에게 굉장히 가까운 일을 하게 될 수도 있다. 보다 심오하게는 즉석에서 질문을 주고받고, 오래된 열정을 깨우고, 창의적인 해결책에 영감을 주는 등 서로에게 예상하지 못했던 방식으로 영향을 주고받을 수 있다. 이들이 있기에 당신의 삶이 달라지고, 더 나아진다.

캐시클릭 KashKlik 이라는 인플루언서 마케팅 스타트업의 창업자인 하임 마카비의 경우도 그랬다. 리우데자네이루에서 태어난 하임은 거의 30년 전에 이스라엘로 이주했다. 그는 사회에 보답하고 싶다는 마음으로 이민자를 돕는 단체에서 봉사를 시작했다. 그곳에서 리카르도라는 직원과 친해졌다. 이들은 함께 수많은 모임, 강연, 기념행사 들을 주최하는 일을 도왔다.

훗날 리카르도가 테크니온이스라엘 공과대학교에서 스타트업 액셀러레이터 일을 맡았을 때 하임은 그의 초대를 받았다.

"리카르도가 액셀러레이터에서 주최한 이벤트에 저를 초대했어요. 잠재 투자자들 앞에서 제 스타트업을 피칭할 수 있게 해주었죠. 나중에 리카르도는 테크니온을 방문하러 온 브라질 기업가 대표단을 응대하는 일을 맡기도 했죠. 그는 제가 몇 번이나 이 외국인 대표단 앞에서 발표할 수 있도록 추천해 주었고, 이스라엘 스타트업 생태계에 대한 개인적 경험을 다른 사람과 나눌 수 있게 주선해 주었어요."

그 결과는 어마어마했다.

"그때 만났던 대표단 중 기업가 한 분이 자사의 이사회에 합류하지 않겠느냐고 제안을 주셨어요. 현재 저는 그 브라질 스타트업에 지분을 가지고 있는 상임이사가 되었습니다."

이민자들을 위한 비영리 기관에서 봉사를 시작할 때만 해도 하임은 자신이 이 일을 계기로 다른 회사 이사회의 일원이 되리라는 사실을 전혀 예상하지 못했을 것이다. 우선 리카르도와 친구가 되리라는 사실을 몰랐을 것이고, 리카르도가 직업적으로 그를 도 우리라는 사실은 더더욱 몰랐을 것이다. 그저 흥미로운 사람들을 만나고 다른 사람을 돕고 새로운 사실들을 배우고자 할 때, 네트워킹은 진정한 효과를 발휘한다.

인간관계에서는 아무런 의도가 없을 때야말로 어떤 일이든 일어날 수 있다.

관계가 주는 뜻밖의 성공을 받아들이기

→

로라 개스너 오팅은 삶에서 갑작스레 많은 일이 이루어졌을 때 크게 성공했다는 사실을 깨달았다. 〈굿모닝 아메리카〉 타임스 스퀘어 스튜디오로부터 그녀의 이름이 비췄을 때, 그리고 관객들이 흥분하며 환호를 보냈을 때 말이다.

매년 100만 권 이상의 책이 시장에 쏟아져 나오는 출판계에서 신예 작가가 눈에 띄는 것은 거의 불가능에 가까운 일이다. 로라의 첫 책《리미트리스》는 뉴욕의 대형 출판사에서 출간되지 않았고, 로라 또한 유명 인사나 리얼리티 쇼에 출연한 스타가 아니었다. 그녀는 보스턴 외곽 출신의 엄마이자 기업가로 책이 나온 지는 한 달밖에 되지 않은 상태였다. 그런데 일생일대의 초청을 받은 것이다.

어떻게 그녀에게 이런 일이 일어난 것일까? 이 일은 바로 영속적 네트워킹에서 시작되었다. 사람들은 마법의 묘약이 나타나 강연 초청이나 계약, 혹은 방송 출연 기회를 가져다주기를 바라는 경우가 너무나 많다. 그렇지만 마법의 묘약은 단 한 가지 일에 국한되지 않는다. 모든 일이 복합적으로 이루어지기 때문이다.

로라의 경우 모든 것은 자료집에서 시작되었다. 15년 동안 그녀는 헤드헌팅 회사를 운영했는데, 직원들에게 회사를 매각한 후 TEDx 행사에 연사로 섰다. 그곳에서 그녀는 전문적인 말하기와 관련해 여러 질문을 받았고, 처음으로 그 일에 대해 생각해 보기 시작했다. 그렇지만 어디서부터 시작해야 할까? 돈은 얼마를 청구해야 하지? 이런 정보들을 얻기 위해 그녀는 페이스북 전문 연사 그룹에 합류했다.

"제가 처음에 이 그룹에 들어갔을 때는 거기 있는 사람들에게 겁을 먹었죠. 이들은 연설당 3만~5만 달러를 버는 엄청난 사람들이었어요. '여기는 전혀 내가 낄 곳이 아니군. 이 사람들도 그 사실을 재빨리 알아채겠지' 하고 생각했죠."

그렇지만 뒤로 숨어 조용히 있는 대신 그녀는 다른 전략을 세웠다.

'이들에게서 배우고, 그럴 때마다 무언가 플러스 알파가 되는 것을 나도 제공할 거야.'

그녀의 첫 번째 질문은 '연설 계약을 어떻게 구성하는가'였다. 그 그룹의 멤버들은 데이터베이스를 만들기 위해 다른 사람들이

볼 수 있도록 자신의 계약서를 꾸준히 업로드하고 있었다. 다만 이 자료들은 정리가 되어 있지 않아 보기가 굉장히 불편했다. 자세히 살펴보려면 엄청난 시간이 필요했다. 그래서 로라는 이 난점을 해결하기로 했다.

"자료들을 살펴보고 나서 이런 생각이 들었죠. 대부분의 사람들이 여행을 갈 때 이런 식으로 하지. 촬영을 해야 할 때도 마찬가지고 말이야. 지식재산을 관리할 때도 똑같네. 그런 생각을 하면서 그룹에 공유했어요."

그녀는 가장 잘 만들어진 자료들만 따로 모았다. 질서 없이 중구난방으로 올려져 있던 데이터를 간결하고 쉽게 정리해 모든 사람에게 유용한 자료집으로 변모시켰다. 도움이 되고자 했던 의지가 잘 전달된 덕분에 그녀는 그룹의 중심으로 들어갈 수 있었다.

"전에는 한 번도 만난 적이 없는 사람들과 온라인상으로 우정을 쌓았어요. 현실에서라면 전화를 거는 일조차 무서워했을 텐데 말이에요. 그 비결은 계속해서 무언가를 돌려주었기 때문이었죠. 제가 책 출간에 대해 무언가를 알아내거나, 팟캐스트에 대해 배우면 관련 정보들을 계속해서 공유했어요. 누구나 저처럼 할 수 있어요."

그들 중엔 미치 조엘도 있었다. 그는 캐나다의 유명한 작가이자 디지털 마케팅 전문가였다. 어느 날 그는 그룹에 콘퍼런스 때문에 보스턴에 갈 예정인데 함께 점심 식사를 하고 싶은 사람이 없느냐고 물었다. 로라가 손을 들었고, 거기서부터 대면 우정이 싹텄다. 당시의 만남은 시작에 불과했다. 미치와 로라는 그 이후로도 연락을 이어갔고, 몇 달 뒤에 그는 로라에게 평상시와 다른 문자를 보냈다.

"회사에서 내일 열릴 행사를 후원하는데 조 바이든(당시 부통령)이 기조 연사로 설 예정이에요. 정치 쪽에 경험이 있다고 알고 있는데, 내일 일정은 어떤가요?"

사실대로 말하자면 이것은 사려 깊은 초대였지만 현실적으로는 어려운 부탁이었다. 로라는 보스턴에 살고 있었고 미치의 행사는 몬트리올에서 열렸기 때문이다. 비행기 표를 사야 했고, 내일 일정을 모두 변경해야 했다. 고민 없이 '어렵습니다. 못 가겠는데요. 그만큼 돈을 쓰기도 어렵고요. 불필요한 일처럼 보이네요'라고 답할 수도 있었다.

그렇지만 그녀는 그렇게 하지 않았다. 대신 미팅 일정을 조율하고 행사에 참석해 미치와 시간을 보냈으며, 바이든과의 만남에도 참석했다.

영속적 네트워킹을 시작하면 당신은 그로 인해 어떤 결과를 맞이하게 될지 결코 알 수 없다. 다만 로라의 말처럼 "좋은 사람들과 좋은 일을 하면, 언제나 좋은 결과가 나온다."는 것은 확실하다. 그녀에게 좋은 결과는 미치가 콘퍼런스 주최자인 스콧에게 로라의 책이 두 달 뒤에 나오니 연사로 초대하는 게 어떤지 귀띔해

준 것이었다.

스콧이 개최한 리더십 콘퍼런스는 수천 명이 참석하는 행사였다. 인권운동가 말랄라 유사프자이 같은 연사가 참석하는 대형 강연도 몇 개나 예정되어 있었다. 당시 로라는 무료로 연설해야 하는 자신이 어느 위치에 있는지 잘 알고 있었다. 스콧은 그녀의 책을 대량 주문했고, 그녀는 캐나다에서 연설 투어에 합류했다.

좋은 일은 계속 이어졌다. 연사 중에 〈굿모닝 아메리카〉의 호스트이자 로라의 영웅인 로빈 로버츠가 있었다. 로라는 그녀를 만나고 싶었지만 어떻게 해야 할지 몰랐다. 그래서 투어 중 친해진 행사 사회자에게 이런 실망감을 표현했다.

"그 사회자가 쌓여 있는 책 더미에서 내 책을 집어 들더니 저에게 건네주더군요. '여기에 사인해 보세요, 아주 멋지게요. 제가 로빈에게 꼭 전해드릴게요' 하면서 말이죠."

로라는 기회를 놓치지 않고 로빈이 그녀에게 어떤 영감을 주었는지에 관한 감동적인 메시지를 적었다. 행사 사회자는 로빈이 떠날 때 그녀의 차까지 쫓아가서 로라의 책을 전해주었다. 로빈은 집에 가는 비행기 안에서 이 책을 읽었고, 팔로어가 100만 명이 넘는 자신의 트위터 계정에 글을 남겼다. 동시에 프로듀서에게는 로라를 캐스팅하라고 제안했다.

"계약 관련 정보를 정리한 일이 미치와 친구가 되도록 해주고, 그 다음에는 스콧을 만나게 해주고, 결국에는 연사로 서서 로빈

로버츠가 있는 곳까지 가고, 행사 사회자의 도움으로 정말 그녀를 만나게 될 줄 제가 어떻게 알았겠어요? 절대 상상도 못 한 일이에요. 그렇지만 다른 사람들에게 도움이 되는 아이디어를 가지고 세상 밖으로 나간다면, 그것이 배가 되어 계속해서 당신에게 돌아올 거예요."

영속적 네트워킹을 통해 도움을 주겠다는 생각과 흥미로운 사람들과의 우정을 쌓겠다는 생각 외에는 아무런 의도 없이 다른 사람들과 연결될 때, 바로 거기서부터 새로운 기회가 생긴다.

이것은 내가 그래미 시상식 무대에 설 수 있었던 방법이기도 하다.

프로듀싱한 재즈 앨범이 그래미상을 받다

→

2017년 2월, 나는 턱시도를 입고 관객석 맨 앞까지 전력 질주하느라 가쁜 숨을 몰아쉬고 있었다. 무대에 오르기까지 짧은 시간 동안 그래미상 최고 빅밴드 재즈 앙상블 앨범 수상을 도와야 했다. 쇼는 계속돼야 했으니까. 나는 무대 조명 속에서 넓고 어두운 관객석을 향해 눈을 깜박이며 미소 짓고 서 있다가, 행사 진행자들에 의해 서둘러 내려와서는 무대 뒤에서 사진 촬영을 했다.

대체 내가 어떻게 거기까지 갔을까? 나는 재즈 음악가가 아니었고, 심지어는 재즈 전문가도 아니었는데 말이다. 나는 마일스 데이비스, 디지 길레스피, 텔로니어스 멍크도 구분하지 못하는 아마추어다. 그런 내가 재즈 앨범의 어시스턴트 프로듀서가 될 수 있었던 이유는 내가 가진 다른 능력 때문이었다. 그것은 다름 아닌 네트워킹 능력이었다.

자초지종을 이해하는 데 도움이 되도록 이 일이 있기까지의 과정을 조금 자세히 설명해 보겠다.

- 뉴욕으로 이사 왔을 때 나는 기존 전략대로 그 지역에 살고 있는 〈하버드 비즈니스 리뷰〉 저자들을 찾았고, 벤처 투자자인 대니얼 굴라티와 커피를 마셨다. 며칠 뒤 대니얼은 사회연구 뉴스쿨에서 주최하는 행사 패널로 참여할 예정이었다. 추가 패널이 필요하자 대니얼은 나에게 참석을 제안했다.

- 그날 관객석에는 마이클 로더릭이 앉아 있었다. 그는 컨설턴트이자 브로드웨이 프로듀서로 일했던 사람이었다. 행사가 끝나고 그는 나에게 연락처를 물었다. 그 후 나는 그와 저녁 네트워킹 모임을 함께 주최한다.

- 마이클은 저녁 모임에 셀레나 수를 초대한다. 그녀는 내가《나를 경영하라》에서 소개한 기업가이기도 하다.

- 심리학자이면서 임원 코치인 벤 마이클리스가 주최하는 조찬 모임에서 초대 명단을 만드는 데 셀레나가 관여했다. 고맙게도 그녀는

나를 초대했다.

- 벤 마이클리스의 조찬 모임에서 나는 카비르 세갈을 만났다. 카비르는 르네상스인 같은 사람으로, 〈뉴욕 타임즈〉 베스트셀러 저자이자 재무 분야 경력과 해군 정보 장교 복무 이력도 가지고 있었다. 그의 책은 디팩 초프라와 공저로 출간한 시집부터 인권운동 연구, 돈의 역사에 대한 연대기적 연구에 이르기까지 방대한 주제를 다루고 있다. 즉 자신의 흥미를 최대한 활용할 줄 아는 사람이었다.

또한 카비르는 전문적인 수준의 재즈 음악가로, 수많은 음반을 프로듀싱한 경험을 가지고 있었다. 그리고 그에 따르면 다음에 기획하고 있는 프로젝트는 오페라 대본을 쓰는 것이라고 했다. 그 말을 듣자마자 나는 그에게 소개해 줄 만한 사람들이 여럿 떠올랐다. 당시는 내가 아직 BMI 워크숍에 참석하기 전이었기에 내가 특별히 음악계 인사이더였던 것은 아니다. 다만 나는 영속적 네트워킹을 통해 다양한 사람들을 많이 알고 있었고, 그중에는 오페라 가수와 오페라 작곡가를 포함한 음악가들도 꽤 있었다. 카비르를 돕고 싶었던 나는 파티를 열어 이들을 서로 소개시켜 주기로 한다. 그렇게 해서 7월의 어느 날 저녁, 나는 10여 명의 음악가들을 초대해 루프탑 파티를 열었다.

그날 행사에서 카비르는 함께 일할 만한 사람을 만났고, 이들은 함께 오페라 프로젝트에 착수한다. 그러고 나서 몇 달 뒤에 또 다른 프로젝트를 진행 중이던 카비르는 내 호의에 보답하고자 이런 메시지를 보내왔다.

"도리, 당신 이름을 올 여름에 발매 예정인 테드 내시의 앨범 〈프레지던셜 스위트 Presidential Suite〉에 어시스턴트 프로듀서로 싣고 싶은데 괜찮을까요?"

그는 이 앨범이 그래미상을 수상할 확률이 높다고 점쳤고, 결국 그 말은 현실이 되었다. 몇 달이 지나고 후보자들이 발표될 때 테드 내시 빅밴드의 이름이 두 부문에 올랐다. 그리고 이들은 두 부문에서 모두 수상했다.

나는 그래미 시상식에 서리라는 생각은 꿈에도 해본 석이 없었다. 레드 카펫을 밟거나 무대 위에서 직접 수상을 돕는 건 고사하고라도 말이다. 그렇지만 어쨌든 제한을 두지 않는 네트워킹과 상호적인 배려의 제스처 덕분에 멋진 경험을 할 수 있었다.

사람들은 네트워킹 과정에 있어서 성급하게 행동하는 경우가 너무도 많다. 커피 한잔 마시고 나서, 혹은 미팅을 두 번쯤 하고 나서 새로운 직장을 못 구했다거나 억대 고객을 만나지 못했다고 불평한다. 그렇지만 내가 대니얼에서 마이클로, 또다시 셀레나에서 벤으로 이어지는 인맥을 통해 카비르와 연결될 수 있었던 것은 일반적인 원칙에 따라 일어난 일이지 예외적인 현상이 아니었다.

관계 구축이 가져다주는 이점은 우리가 상상하는 것 이상으로 강력하다. 우리가 특히 그렇게 느끼는 원인은 관계와 충돌이 가져올 기하급수적인 연쇄 효과는 실제로 일어나기 전에는 미리 예측하기가 어렵기 때문이다. 특정한 인맥을 통해 어떤 일이 벌어질지 우리는 예상할 수 없으며, 어떤 관계가 결실을 안겨주고 어떤 관계가 실효가 없을지도 미리 알지 못한다. 그렇기 때문에 인풋(커피 미팅)과 아웃풋(채용 제안)을 일대일 대응시키고자 한다면 괜한 좌절감만 느낄 것이다.

우리가 롱 게임을 하고 있다는 것을 잊지 말자. 전혀 서두를 필요가 없다. 모든 일이 그저 멋진 사람들을 알아가는 자연스러운 과정이기 때문이다.

교환 가치를 창의적으로 생각하기

프란체스카 지노와 그녀의 동료들은 사람들이 상대에게 줄 수 있는 것이 명확지 않거나 아무것도 줄 수 없다고 느낄 때 네트워킹의 즐거움이 크게 줄어든다고 한다. 그렇지만 잘 찾아본다면 누구에게나 제공할 수 있는 가치가 있다. 창의적으로 생각하기만 하다면 충분히 찾아낼 수 있다.

상대가 필요로 하는 것을 가지고 있는 상황이 가장 좋다. 상대가 직원을 찾고 있을 때 경력이 딱 맞는 친구를 우리가 알고 있는 경우처럼 말이다. 혹은 지식재산권에 대한 변호사를 추천받고 싶어 하는 상대에게 좋은 변호사를 소개해 줄 수도 있다.

이렇게 서로의 조건이 딱 맞아떨어지는 경우는 사실 거의 없다. 이때는 다른 방식의 통화를 활용할 줄도 알아야 한다. 가장 간단한 예는 우정과 공통된 경험이다.

하임 마카비는 이스라엘에서 리카르도와 일할 당시, 리카르도가 그를 도와줄 수 있는 위치에 서리란 걸 몰랐다. 도움을 받기 위해 관계를 구축한 것도 아니었다. 자선 프로젝트에서 함께 일하는 동안 탄탄한 연대 관계를 구축했을 뿐이다. 제니 페르난데스 또한 함께 일했던 상사의 신뢰를 얻었고, 그 후 지구 반대편에 살면서도 수년간 상사에게 연락해 안부를 물었다. 동료들은 서로 기꺼이 연결되고자 하고 경험에 대한 정보를 공유하기도 한다.

당신이 현재 학교 동창회나 특정 매체의 기고가 모임, 전문가 단체 등 특정 그룹에 속해 있다면 그 사실을 십분 활용해 사람들에게 연락하고 인맥을 구축해 나갈 수 있다.

가능하다면 품을 들여서 기여하는 방법도 생각해 보기 바란다. 《새로운 나 창조하기》에서 소개한 헤더 로덴버그의 경우처럼 말이다.

젊은 대학원생이었던 헤더는 전문가 그룹에서 비서로 봉사했던 경험 덕분에 업계의 영향력 큰 리더들과 관계를 구축할 수 있었다. 대단히 어려운 일은 아니었다. 기록을 작성하고 콘퍼런스 콜을 조직하는 업무였다. 이로 인해 핵심 리더들과 신뢰를 기반으로 한 깊은 관계를 구축할 수 있었고, 훗날 이들은 서로 나서서 헤더를 고용하려고 했다.

경력이 오래된 리더들의 경우 동굴 안에 갇히는 경우가 많다. 자신과 다른 관점을 듣고자 하지만 실제로는 그러지 못하는 것이다. 당신이 이들과 접할 일이 많고, 현재 일하고 있는 지역이나 계발해 온 능력을 바탕으로 남과는 다른 고유한 관점을 가지고 있다면, 당신의 관점에 귀를 기울이고자 할 확률이 높다.

가치를 제공할 수 있는 또 다른 방법은 의미와 가치가 있는 인맥을 쌓도록 도와주는 것이다. 내가 뉴욕에서 주최했던 저녁 식사 모임은 참석자들과 만나서 근황을 나누는 자리이기도 했지만 동시에 참석자들끼리 연결되는 장이기도 했다. 스타트업 자문가가 필요했던 내 친구나 많은 오페라 전문가들과 연결될 수 있었던 카비르를 포함해서 그 모임이 아니었더라면 만나지 못했을 많은 사람이 서로 연결되었다.

'연결자'가 되는 것은 무척 매력적인 일이다. 내가 많은 사람을 알고 있다는 것을 전제로 하는 동시에, 그들 사이에 다양한 일들이 이루어지게끔 도와주는 당사자이자 인기 있는 사람이라는 사실을 암시하기 때문이다.

이런 이유와 더불어 말콤 글래드웰 효과[4] 덕택에 많은 사람이 연결자가 되는 데 자부심을 갖는다. 하지만 그런 사람들 중에는 연결자가 되는 일의 함의를 완전히 이해하지 못하고 있는 경우들도 존재한다.

사람들을 연결할 때는 반드시 상호 합의를 거쳐야 한다. 서로 만나고 싶은지를 두 명의 당사자 모두에게 사전에 확인해야 한다. 나는 아래와 같은 이메일을 수도 없이 받는다.

본 이메일을 통해서 귀하를 ○○에게 소개하고 싶군요. 이런 일을 하시는 분입니다. 귀하의 팬이자 글도 열심히 읽고 계신 분이에요. 얼마나 바쁘신지 잘 알고 있기 때문에 두 분을 이렇게나마 서로에게 알려드리고, 두 분께서 갖고 계신 초능력을 연결시켜 드리고 싶습니다.

주선자가 좋아하고 존경하는 두 사람을 연결시켜 준다는 점에서 사려 깊은 처사이자 기분 좋은 일이다. 그렇지만 결함 또한 명백하게 존재한다. 만일 주선자가 내가 얼마나 바쁜지 정말 알고 있었다면, 사전에 그의 친구를 만날 시간이 있는지 나에게 미리 물어봤어야 한다. 또 '우리의 초능력' 때문에 서로를 연결시켜 준다고는 했지만, 정확하게 어떤 사유로 상대를 만나보기를 원하는지도 설명해 주지 않았다.

아마 이유가 없을 것이다. 내 쪽에서도 X 업계에서 Y라는 배경을 가진 사람들을 더 알고 싶다는 의사를 표명한 적이 없다. 나는 그와 네트워킹에 대해서 이야기를 나눈 적이 없으며, 새로운 인맥을 만들고 싶다는 언급조차 한 적이 없었다. 그의 의도는 아니었겠지만, 이유가 분명치 않은 소개를 통해 나는 오히려 숙제를 받아든 것 같은 기분을 느껴야 했다. 주선자의 친구와 대화를 나누고 서로의 공통점이 무엇인지 확인해 보고 관계를 구축하는 것이 서로에게 어떤 도움이 될지 알아보는 30분짜리 과제 말이다.

이것은 사람들이 흔히 저지르는 실수다. 모든 사람이 새로운 사람들을 소개받고 싶어 하며, 인맥 쌓기에 대해서 동일한 기준을 가지고 있으리라고 넘겨짚는다. 우리는 상대가 직접적으로 말해 주었거나 상대가 친구여서 어떤 것을 원하는지 확실히 알고 있는 경우가 아니라면 사전에 물어보고 확인해야 한다.

나만의 가치를 제공할 마지막 방법은 배려심을 기반으로 남다른 행동을 함으로써 눈에 띄는 것이다. 사람들은 대개 커피 한잔이나 잠깐의 영상 통화를 요청한다. 이런 요청은 눈에 띄지 않기 때문에 당신을 차별화하지 못한다. 상대가 특별히 원하거나 필요로 하는 게 무엇인지를 생각해 보자.

덴마크에서 연사 일정이 있기 몇 주 전에 한 여성으로부터 갑작스러운 이메일을 받은 적이 있다. 그녀의 이름은 지그런 발더스도티르였다.

"코펜하겐에는 좋은 옷들이 많아요. 인테리어 디자인이나 장식품들도 뛰어나죠. 저는 패션 디자이너이고, 마케팅과 국제 경영 석사학위도 가지고 있답니다. 스타일리스트로 일한 경력은 14년이 넘고요."

그리고 그녀는 나에게 무료로 코펜하겐 쇼핑 투어를 시켜주겠다고 제안했다. 그러면서 이렇게 덧붙였다.

"팬이라 홈페이지에 올린 영상을 다 봤어요. 어떤 스타일의 옷을 많이 입으시는지도 잘 알죠. 원하시는 옷을 빨리 찾아드릴 수 있을 거예요."

미국이었다면 "댈러스에서 제일 멋진 쇼핑몰로 모실게요!"같은 제안이 매력적으로 들리지 않았을 것이다. 그렇지만 코펜하겐을 잘 알고 있는 현지인과의 투어와 선물 쇼핑의 기회(특히 연말 시즌이 다가오고 있었기 때문에 더더욱)는 특별하게 다가왔다. 우리는 한나절을 함께 보냈고, 지금까지도 연락하며 지내고 있다. 당신의 능력이 상대의 필요와 겹치는 지점을 찾으면 좀 더 의미 있는 관계를 구축할 수 있다.

우리는 타인과의 관계가 일적인 성공이나 삶의 만족도에 중요한 영향을 미친다는 사실을 알고 있다. 반면 상대를 이용하는 사람으로 비춰지지 않을까 하는 두려움에 진실한 관계를 구축하는 것을 망설인다.

반면 네트워킹을 제대로 하는 사람은 오늘이나 내일 당장 어떤 결과가 나타나리라고 기대하지 않는다. 앞으로 어떤 삶을 살아가고 싶은지, 주변을 어떤 사람들로 채우고 싶은지를 먼저 고민한다. 네트워킹도 롱 게임의 하나로 생각하는 것이다.

롱 게임을 하다 보면 힘들고 절망스럽게 느껴지는 순간들이 찾아오기 마련이다. 그런 순간들도 계속해서 앞으로 나아가기 위해서 우리는 어떻게 해야 할까?

다음엔 바로 그 내용을 알아본다.

- 네트워킹에는 세 가지 유형이 존재한다.
  ① 단기 네트워킹
  : 직장이나 고객 등 결과를 빨리 얻고 싶은 관계에 속한다. 사람들을 이용하고 있다는 오해를 받기 쉬우므로 주의하자. 이미 친한 관계를 구축해 둔 상대에게만 활용하자.
  ② 장기 네트워킹
  : 동경하고 함께 있으면 좋은 흥미로운 사람들과 관계를 구축하는 것이다. 이런 사람들은 미래에 당신에게 도움을 줄 수도 있겠지만, 어떤 방식이 될지는 아무도 알 수 없다.
  ③ 영속적 네트워킹
  : 이 방법을 통해 당신은 다양한 분야의 멋진 사람들과 관계를 쌓아갈 수 있다. 이러한 관계는 얼핏 아무런 도움도 안 되는 것처럼 보인다. 상대방에 대한 순수한 관심을 기반으로 인맥을 쌓기 때문이다. 그렇지만 시간이 흘러 서로의 길이 맞닿아 놀라운 결과를 가져다줄지도 모르는 일이다.

- 1년 동안은 아무런 부탁도 하지 않는다. 서로 부담을 덜 수 있고, 필요에 의해 관계를 구축한다는 인상을 주지도 않는다.

- 그룹에 속해 있을 때는 최선을 다하자. 깊이 참여할 단체를 몇 군데 골라서 동료 회원들에게 연락을 취하고, 관계를 구축하라. 이들은 당신의 동료이므로 사업상 만나는 사람들에 비해 훨씬 우호적으로 대해 줄 것이다.

- 모든 관계는 상호적이어야 한다. 누군가의 영향력이나 사회적 지위가 당신을 훨씬 능가한다면, 당신이 상대에게 줄 수 있는 게 없다고 느껴질지 모른다. 그렇지만 창의적으로 생각하기 바란다. 받기만 한다면 정말로 이용하는 꼴이 되므로 관계에서 당신이 제공할 수 있는 것이 무엇인지 찾아낼 때까지 멈추지 말고 습관적으로 궁리하고 또 궁리하라. 상대가 특정 영역에서 영향력이 크다면, 당신이 도움을 줄 수 있는 분야는 아마도 이들이 관심을 갖고 있는 다른 영역이 될 확률이 높다. 당신이 살고 있는 도시에 대한 정보라든지 운동 전략 같은 것 말이다. 만일 당신이 오랫동안 팟캐스트를 운영해 왔다면 팟캐스트를 어떻게 시작하는지 조언할 수도 있을 것이다.

PHASE 3

지치지 않고
지속하기

롱 게임을 하다 보면 때로 외롭고 화나고 불만족스럽게 느껴질 수 있다. 그만한 가치가 있는 일을 하고 있다는 것은 알고 있지만, 순간순간 한심한 일로 시간을 낭비하는 것처럼 느껴지기도 한다.

1단계에서는 전략적인 우선순위를 정하기 위해서 먼저 캘린더와 마음속에 여백을 만들어야 하는 이유를 설명했다. 2단계에서는 인생에서 중요한 목표를 정하고, 그것을 달성할 방법을 찾는 과정을 소개했다. 쉽지 않은 일이다. 과거의 혼란에서 벗어나 더 밝은 미래를 향하는 일이기 때문이다. 이런 일들이 우리를 나아가게 하며 앞을 내다보도록 해준다는 사실을 잊지 않길 바란다.

마지막 3단계에서는 롱 게임을 하는 사람들의 발목을 잡는, 조금은 어려운 주제를 다룬다. 결과가 나올 때까지 끈기 있게 행동을 이어가는 일이다. 확실한 것은 끝까지 해낸다면 훗날 주어지는 보상은 당신의 인생을 바꿔놓을 거란 사실이다.

RULE 8

끝까지 해내기 위한 회복력을 기른다

"빨리 성공할 수 있다는 좋지 않은 메시지를 너무 쉽게 접할 수 있는 현실이 안타까워요. 하룻밤의 성공이 이루어지기 위해서는 10년이라는 시간이 필요합니다. 그게 진실이지만 사람들은 듣지 않습니다. 지름길이 있을 거라고 믿고 싶으니까요. 지름길을 달리고 있는 것처럼 보이는 사람이 나타나면 자신도 그렇게 하고 싶다고 생각하죠."

이 말을 한 론 카루치 또한 사람들이 하룻밤 사이에 성공을 이뤘다고 할 법한 사람이다. 작은 컨설팅 회사의 수장인 그는 몇 년 동안 정기적으로 〈하버드 비즈니스 리뷰〉와 〈포브스〉에 기사를 발표해 왔다. TEDx에서는 두 차례나 연사로 발표했으며, 그중 하나는 조회 수가 10만 회 이상 나왔다. 구글에서 '저자와의 대화' 연사로 서기도 했다.

성공의 지표를 타인에게서 찾지 말 것

→

2015년 나와 코칭 고객으로 만났을 때만 해도 론은 혼란스러워하고 있었다. 자신의 전문 분야에서 뛰어난 실력을 가지고 있었고, 고객들은 그를 극찬했다. 글쓰기 실력이 탄탄한 작가였으며 생각을 나누는 것도 좋아했으나, 가까운 사람들 외에는 그의 말을 들어주지 않는다는 게 문제였다. 그는 언제까지나 알려지지 않은 사람으로 남을 것 같았다.

나는 즉시 문제를 발견했다. 론의 글은 멋지고 통찰력이 있었지만, 그의 회사 블로그와 뉴스레터에서만 볼 수 있었다. 그의 네트워크 밖에 있는 사람은 그를 발견할 수 없었다.

우리는 그가 다양한 소셜 미디어에 노출되도록 시스템을 구축하기 시작했고, 동시에 론은 잘 알려진 언론에 글을 실을 수 있는 방법을 찾기 시작했다. 그는 이 과정에서야 비로소 자부심을 느낄 수 있었다.

"우리가 처음 시작했을 때를 떠올려 보면, 〈포브스〉 첫 칼럼, 〈하버드 비즈니스 리뷰〉 첫 칼럼, 첫 번째 트윗, 링크드인 첫 팔로어, 첫 팟캐스트, 이런 모든 것들로 무척 행복했죠."

그의 생각을 귀 기울여 듣는 사람들이 생겨나면서 전문가로 인정받았으며 활동 범위를 확장할 수 있었다. 〈하버드 비즈니스 리뷰〉에 발표한 기사들은 폭발적인 반응을 얻어 그해 가장 인기 있는 기사 10개 중 하나로 선정되었다.

그의 말을 빌리자면 허니문 기간은 빨리 지나가 버린다. 심리학자들은 이것을 '쾌락 적응'이라고 부른다. 이것은 특정 상황으로부터 우리가 느끼는 행복과 흥분이 사라지고, 다시 원래 수준으로 되돌아가는 현상을 말한다. 저명한 매체에 주기적으로 글을 싣는 일은 1~2년 전의 론에게 엄청난 성공이었지만, 이제 그는 다른 문제들과 싸워야 했다.

"〈포브스〉에서 기사 조회 수가 400회라면 당신의 글은 형편없는 겁니다. 조회 수가 1만 회가 나왔더라도 3만 회는 아닌 거죠. 〈하버드 비즈니스 리뷰〉에서는 기사가 거절당하기도 하고요. 그러면 내가 못 쓰는구나, 하고 생각하죠."

물론 편집자들이 그에게 이런 말을 하지 않는다. 친구와 가족, 고객 모두 조회 수를 알아채거나 신경 쓰지도 않는다. 그의 코치였던 나는 일부 글들이 다른 글들보다 나은 것은 지극히 통상적인 일이라고 그를 안심시켜 주었다. 이것은 당연하게 맞닥뜨리는 과정이지만 내면의 목소리를 잘 다루기는 어렵다.

"사람들은 자신이 중요하다는 느낌이나 인정받는다는 느낌을 위해 다른 사람에게 의존하는 경향이 있습니다. 스스로 자격을 박탈하는 거죠. 기사 조회 수나 공유 횟수처럼 허영심을 충족시켜주는 수치들을 보면서요. 콘퍼런스에 가면 누가 혹은 얼마나 많은 사람이 말을 거는지를 신경 쓰죠. 이런 잘못된 기준들을 내려놓아야 해요. 중독성이 강해서 힘들긴 하지만요."

론은 큰 성공을 거두고 있는 것처럼 보인다. 2019년 가을 무렵에는 〈하버드 비즈니스 리뷰〉와 〈포브스〉에 100개가 훨씬 넘는 기사를 발표했다. 하지만 그는 아직 부족하다고 생각했다. 그가 해내지 않은 일들에 더 신경 썼기 때문이다. 그중 하나는 아직 초대형 베스트셀러를 내지 못했다는 것이었다.

그에게는 계획이 있었다. 비즈니스 윤리에 대한 심도 있는 책 《솔직히 말하자면 To Be Honest》의 기획안을 썼다. 기업과 개인들이 잘못된 길을 가는 이유를 밝히고, 이런 일을 예방하기 위해 어떻게 해야 하는지 담아낼 생각이었다. 이 책이 커리어의 정점이 될 거라고 확신했지만, 수많은 거절 메일을 받아야 했다.

"끔찍했어요. 준비가 안 되어 있었거든요. 서너 달은 어두운 터널 같은 시간을 보냈어요. 감정적으로 자기비하, 무기력 같은 증세를 겪었죠. 타인과 나를 비교하면서 피해의식에 빠져들었어요. 화나고 박탈감이 들고, 모든 게 엉망진창이었죠."

계획대로 되지 않을 때

→

성공이 하룻밤 사이에 이루어지지 않는다는 걸 모두 안다. 잘하고 있는 것처럼 보이는 사람이나 빨리 가는 것처럼 보이는 사람을 마주치면 내가 뭘 잘못하고 있는 건 아닌지 곱씹는다. 이성적으로는 중간에 헤매거나 실패할 수 있고, 출발부터 잘못됐을 수도 있다는 것을 알고 있다. 출판사 12곳에서 J.K. 롤링의 《해리 포터》를 거절했던 것처럼 말이다.[1] 그러나 실제로 우리에게 그런 일이 닥치리라는 것은 받아들이지 못한다는 게 문제다.

물론 나도 예외는 아니었다. 대학 시절 나는 뛰어난 학생이었다. 그리고 교수라는 직업을 동경했다. 종일 책을 읽고 생각하고 자신의 생각을 이야기하는 걸로 돈을 받다니 실로 멋진 직업이 아닌가! 그에 매료된 나는 학계에서 커리어를 키워나가기로 결심했다. 하버드대학교 신학부 신학전공 석사과정을 수료하고, 박사과정에 입학하기 전까지만 해도 성공할 수 있으리라 여겼다.

결과는 달랐다. 박사 과정에 지원한 모든 학생이 거절당했다. 우편함에 들어있는 얇은 불합격 봉투를 봤을 때 나는 제정신이 아니었다. 나에게는 플랜 B가 없었다. 그런 게 필요하리라고는 생각해 본 적도 없었기 때문이다.

현재 나는 듀크대학교 퓨콰 경영대학원과 콜롬비아 경영대학원에서 학생들을 가르치고 있다. 그리고 지구상 거의 모든 대륙에 존재하는 최고의 경영대학원에서 강의했다. 실제로 나는 쓰고 말하고 생각하고 학생들과 교류하는 일을 좋아하고 잘했다. 어렸을 때 생각한 진로가 틀리지 않았던 것이다.

기업 입사나 박사과정 입학처럼 심사관이 있는 경우 확신을 주지 못하면 의미가 없다. 단기적으로 거절당하기도 하고, 실력을 인정받지 못하기도 한다. 블로그나 팟캐스트처럼 심사관이 없는 상황에서도 하룻밤 사이에 성공하는 일은 거의 없다. 청중을 구축하는 시간이 필요하다.

어떨 때는 일이 '아직' 안 되고 있는 건지, '아예' 안 되는 건지 판가름하기가 어렵다. 우리는 권위 있는 사람들이 '자격 있음'의 기준을 제시해 주는 일에 너무나 익숙하다. 그렇지만 문제는 그들이 틀릴 수도 있다는 것이다.

론 역시 자신의 책 기획안이 연속으로 퇴짜를 맞자 이렇게 생각했다.

"최종 통보라는 생각, 끝이라는 느낌이 들었죠. 온 세상이 저에게 이 책을 쓰지 말라고 이야기하는 것 같았어요. 정말로요."

그러나 탁월함은 결국 빛을 발한다. 아무도 듣지 않는 것처럼 보이는 순간이나 심사관이 당신에게 필요한 자격이 없다고 생각하는 순간에도 계속해 나가는 끈기가 필요한 이유다.

거절로부터 회복하기

→

앤 슈거는 성공한 임원 코치로 유수의 기업뿐 아니라 하버드 경영대학원의 임원 교육 프로그램에서 일하고 있었다. 글 쓰는 것을 좋아했고, 취미로 온라인에서 시 작문 수업까지 들었다. 유명 매체에 글을 발표한 적도 있었다.

그러니 인기 간행물에 글을 실을 기회가 주어졌을 때 좋은 도전이 될 거라고 생각했다. 그녀는 6개월 동안 코칭 클라이언트들과 일하는 동시에 늦은 저녁과 주말 시간을 이용해 글을 써나갔다. 그녀를 비롯한 고객들이 마주하고 있는 문제들이면서 다른 전문가들도 겪고 있을 법한 문제, 즉 업무 위임, 번아웃, 창조력 등의 주제들에 관한 기사였다.

어느 날 편집자가 그녀의 글에 혁신적인 면이 없다고 했다. 앤이 35개의 기사를 무료로 제공한 뒤였다. 그녀는 당시를 이렇게 회상한다.

"저도 인정했죠. 그러고는 울었어요."

솔직히, 누군들 안 그러겠는가? 슬픔과 자기 의심에서 회복하기 위해 앤은 비슷한 실패를 겪었던 친구와 동료들에게 전화를 걸어 그들은 어떻게 회복했는지 물었다. 그중 한 명은 결코 회복하지 못했고 그 이후로 다시는 글을 쓰지 않는다고 했다.

앤은 두려움에 떨었다. 한 번의 거절이 누군가의 창조적인 활동을 영원히 막아버릴 수도 있다니, 더는 이런 실수를 저지르지 않겠다고 그녀는 다짐했다. 5개월쯤 후 그녀는 또 다른 명망 있는 비즈니스 잡지에 기고하기 시작했다. 다시 도전한 것이다.

전문가가 되는 여정, 자신의 생각을 많은 사람에게 들려주는 여정은 쉽지 않다. 특히 초심자는 온라인상의 악플을 걱정한다. 누군가 나를 공격하면 어쩌지? 내 생각을 싫어하면 어쩌지? 일어날 수 있는 일이지만, 그보다 훨씬 흔하게 일어나는 상황은 바로 완전하고 완벽한 무반응이다.

앤도 동의한다.

"정말 오랜 기간 '거기 누구 없어요?' 하는 제 외침 소리만 외롭게 메아리쳤죠."

때로는 한 명이라도 듣고 있는지 궁금해질 정도다. 열심히 노력을 쏟아부을 가치가 있는 일인지도 말이다. 연설을 하거나 기사를 내거나 프레젠테이션을 하는 일은 나에게 커다란 일이지만, 타인은 알아채지도 못한다. 낙담할 수도 있다.

그렇지만 앤의 말처럼 끈기를 발휘하다 보면 빗방울처럼 사람들의 인정이 쏟아지기 시작한다.

"누군가가 〈하버드 비즈니스 리뷰〉의 제 기사에 관심을 보였어요. 덕분에 한 팟캐스트에 초대받았죠."

링크드인에서 모르는 사람들로부터 일촌 신청을 받기 시작했고, 이메일 리스트에는 새로운 구독자가 늘어났으며, 서평을 써달라는 요청도 받았다.

이런 일들이 성공을 거두고 있다는 증거는 아니지만, 사람들이 내 이야기를 듣기 시작했으며 앞으로 더 많은 이야기를 듣고 싶을 거라는 단서는 될 수 있다.

앤은 최근에 글쓰기를 시작한 지 3주년을 맞이했다며 나에게 이메일로 소식을 보냈다.

"최근에 이런저런 일들이 일어나기 시작했어요. 요즘 들어서 제가 쓴 기사와 링크드인 포스트가 급속도로 퍼져나가요. 처음에는 2년 동안 평균 조회 수가 100회 정도였는데, 그 정도라도 신났거든요!"

지난 한 달간 그녀의 링크드인 게시물 조회 수는 5만 5000회를 기록했고, 〈포브스〉 기사도 1만 5000회의 조회 수를 돌파했다.

"다르게 쓰는 것도 아닌데 말이에요."

앤은 자신이 3년 동안 가속도를 올려왔다는 사실을 깨달았다. 그녀는 이제 균형 잡힌 시각으로 볼 수 있었다.

"오랜 시간 많은 노력이 들어가는 일이었어요. 앞으로도 갈 길이 멀고요."

지평선 너머에 성공의 단초가 반짝거리는 광경이 보이는가? 그것은 달콤하게 느껴진다.

나는 '공인된 전문가' 프로그램 참석자들에게 최소 2~3년간은 자신의 생각을 더 많은 사람에게 공유하라고 한다. 그래야 결과가 나온다.

이것은 기존의 관념을 훌쩍 뛰어넘는 일이다. 불확실한 결과를 위해 많은 시간을 투자할 수 있어야 하기 때문이다. 왜 다른 사람들이 시작도 하지 않거나 빠르게 포기하는지 알기는 쉽다. 그렇지만 오히려 이 때문에 당신은 경쟁적 우위를 점할 수 있다.

무턱대고 좋은 일이 마법처럼 갑자기 이루어지기를 기다리는 대신 전략적 끈기를 발휘하면서 직접 결과를 만들어보자. 하고 싶은 일이 무엇인지를 파악하고 오랫동안 행동으로 실천하면 다른 사람보다 앞서갈 수 있다.

사람에 따라 결과가 나오는 시기는 다르지만, 나와 고객들의 경험에 비추어보면 2~3년 정도 투자했을 때 '빗방울'이 떨어지기 시작한다. 우리가 올바른 길로 가고 있다는 사실을 증명하는 작은 승리들이 나타나기 시작하는 것이다.

5년 차쯤 되면 당신의 경쟁자들이 따라잡을 수 없을 정도로 거리가 벌어진다. 잠재적 고객들이 검색 엔진에 검색어를 입력하면 당신의 기사가 뜬다. 이들이 전문 분야에 대한 팟캐스트 방송을 들으면 당신이 출연한다. 연사를 찾고 있거나 고급 인력을 구하거나 전문가 컨설턴트를 고용하고 싶을 때도 당신이 적합한 인물로 추천받을 것이다.

기하급수적 성장은 어떻게 이뤄지는가

인간의 이성은 '1 + 1 = 2'와 같은 선형적인 성장은 문제없이 이해한다. 반면 기하급수적인 성장의 영향력을 이해하는 데는 훨씬 큰 어려움을 겪는다. 체스를 만든 현자의 요구를 들어주었다는 왕의 이야기처럼 말이다.

그 발명가는 왕에게 체스판 첫째 칸에 쌀알 한 개, 둘째 칸에 두 개, 셋째 칸에 네 개, 이렇게 칸마다 두 배씩 늘려 총 64개의 칸을 채워달라고 했다. 64번째 칸에 이르니 왕은 발명가에게 922경 개가 넘는 쌀알을 줘야 했다.[2]

피터 디아만디스와 스티븐 코틀러는 《볼드》에서 자율주행차, 3D 프린팅, AI 같은 혁신 기술을 '기하급수적 기술'이라고 정의했다. 사람들은 수십 년에 이르는 오랜 기간 기하급수적으로 발전하는 기술을 묵살해 왔다. 과장됐다거나 비효율적이라는 이유를 들어서 말이다.

기술이 무르익으면 갑자기 대중들의 의식에 자리를 잡고 사람들을 놀라게 한다. '대체 어디서 이런 게 나타난 거지? 어쩌다 이런 일이 일어났지?' 하면서 말이다. 그 기술들은 이미 오래전부터 존재했고 성장과 발전을 거듭해 온 것들이다. 계속 기하급수적인 성장을 이루고 있었음에도 초기에는 발전 수준이 낮아 눈에 띄지 않은 것이다.

디아만디스와 코틀러는 이것을 기하급수적 성장의 '기만적 시기'라고 부른다.

이러한 일이 발생하는 이유는 작은 숫자를 두 배로 만든다고 해도 작은 결과만이 도출되기 때문이다. 꾸준히 일하는 사람이 보여주는 선형적 성장과 같다고 오인받는다. 코닥이 최초로 출시한 디지털카메라가 0.01메가픽셀이었다가 0.02로, 0.02에서 0.04로, 0.04에서 0.08로 발전한 것처럼 말이다. 잘 모르는 사람들에게 이러한 숫자는 0이나 매한가지다. 그렇지만 곧 거대한 변화가 일어난다. 정수 범위에 들어서면, 즉 1, 2, 4, 8 순으로 증가하기 시작하면 20번만 해도 100만 배 넘게 성장하기 때문이다. 30번을 하면 10억 배의 발전이 이루어진다. 처음에는 별다른 차이가 보이지 않으나 갈수록 눈에 띄는 차이가 발생하는 것이다.[3]

기술의 세계에서 일어나는 이 현상은 비즈니스 세계에도 똑같이 적용된다. 음악 사업가이자 '전부 허락하거나 전부 거절'로 유명한 데릭 시버스는 팟캐스트 인터뷰에서 자신의 회사에 대해 다음과 같이 이야기했다.

"4년 동안 별다른 변화가 없었어요. 꿈이었던 아이디어를 실행하면서 몇 달 지나고 나면 으레 '잘 안 되고 있어요'라고 말하는 사람들을 자주 만납니다. 그럼 저는 이렇게 생각하죠. '이제 겨우 몇 달이잖아, 이거 참!' CD 베이비 회사를 시작한 지 3년 정도 되었을 때까지 저는 직원 한 명과 함께 집에서 일했어요."[4]

사업을 시작한 지 10년 차에 그는 2200만 달러를 받고 회사를 매각했다.[5]

기하급수적인 성장이 적용되는 것은 기술과 비즈니스뿐만이 아니라 인생에도 적용된다. 일본 무술의 일종인 아이키도合気道 마스터인 조지 레너드가 설명하는 것처럼 말이다.

"빠르게 일을 수습해야 하는 우리에게 생소하게 들릴 수 있지만, 삶에서 중요한 의미를 갖는 것을 배우고 스스로 영속적인 변화를 만들어내기 위해서는 대부분의 시간을 기꺼이 정체기에 머무를 수 있어야 합니다. 아무런 발전이 없어 보이는 순간에도 계속해서 연습해야 하죠."[6]

다시 말하면 인생에서 대부분의 시간은 특별한 변화가 보이지 않는 시기로 보내야 한다. 겉으로 변화가 드러나지 않는 시기를 지날 때 우리의 접근법이나 능력치를 오인하는 것은 타인만이 아니다. 우리 또한 수년간 지속해도 결과가 부족하면 자신의 자격이나 능력을 의심한다. 그러나 롱 게임을 한다는 것은 이러한 자기의심에도 불구하고 꾸준히 앞으로 걸어나가고 버틸 수 있는 끈기를 갖는 것이다.

이를 위해서는 정확히 어떻게 해야 할까?

상황이 절망적으로 보일 때

→

거절을 받거나 반응이 전혀 없는 순간에도 밀고 나간다는 것은 말이 쉽지 실제로는 어려운 일이다. 이때 자신에게 던지는 세 가지 핵심 질문들이 결과를 향해 계속해서 나아가도록 도와줄 것이다.

- 내가 이 일을 하는 이유는 무엇인가?
- 다른 사람들의 경우 결과가 어떠했는가?
- 내가 신뢰하는 조언가들은 뭐라고 이야기하는가?

아래에서 각각의 질문을 살펴보기로 하자.

내가 이 일을 하는 이유는 무엇인가?

우리는 잘못된 분석에 사로잡히기 쉽기 때문에 자신의 핵심가치가 무엇인지 잘 알고 있어야 한다. 론 카루치는 다음과 같은 것들을 적어두라고 한다.

- 내가 중요하게 여기는 건 무엇인가?
- 나에 대해 무엇을 알고 있는가?
- 나는 어떤 모습이 되고 싶은가?

이런 내용들을 명확히 알고 있으면 타인과 비교해서 자신을 평가하려는 잘못된 유혹을 피할 수 있다.

"내 가치관을 지켜야 합니다. 자만심에 빠지거나 행복이 위험에 빠질 때 마음을 다잡을 수 있도록 말이죠. 그러면 '내 글이 거절됐네' '이번에 연사로 초대되지 못했네' '고객이 다른 곳을 찾아갔네' '상사는 내 아이디어가 마음에 들지 않는구나' 하는 생각으로 흔들릴 때도 대비할 수 있습니다."

가치는 우리를 강하게 만든다. 이는 론이 자신의 책을 집필할 때까지 마음속에서 잊지 않고 있던 것이다. 론은 출판사와 계약했고 그와 잘 맞는 편집자와 일할 수 있었다.

그는 첫 번째 질문에 집중했다. 그가 책을 쓰고 싶었던 이유는 어떻게 하면 비즈니스 세계를 더 나은 곳으로 만들 수 있는지, 어떤 업무 윤리를 가져야 하는지 말하고 싶었기 때문이었다.

"저는 이 순간을 즐기는 법을 배우고 있습니다. 운이 좋아서 책을 낼 수 있었다는 사실과 더불어서 말이죠."

당신의 아이디어로 어떻게 사람들을 도울 수 있을지, 세상에서 어떤 사람이 되고 싶은지에 집중하면 상황을 훨씬 정확하게 바라볼 수 있다.

다른 사람들의 경우 결과가 어떠했는가?

당신은 성공하는 데 무엇이 필요한지 정말로 알고 있는가? 대부분은 잘 모르기 때문에 과하게 높은 기대치를 가질 수 있다. '공인된 전문가' 커뮤니티를 통해 수백 명의 사람들을 만나면서 한 가지 공통점을 발견했다.

이들은 전략을 너무 자주 확인했다(나도 그랬다). 생각만큼 결과가 빨리 나오지 않으면 초조해하며 집중을 하지 못하거나 집중할 대상을 바꾸고 싶어 했다. 팟캐스트를 시작해야 할까? 브이로그를 해야 하는 건지도 몰라. 내가 지금 빠뜨리고 있는 게 뭐지? 또 뭘 해야 좋을까?

그러나 자꾸 목표와의 거리를 재고 있으면 시간은 낭비되고 행동은 주춤한다. 전략적 손실이 발생하는 것이다. 충분한 시간을 들이지 않았기 때문에 어떠한 결과도 얻을 수 없는 상태에서 불안감만 증폭된다.

이럴 때 할 수 있는 게 두 가지 있다. 집중을 되찾고 목표를 지키는 방법이다. 다만 이렇게 스스로 단련하는 일은 간단하지만, 절대 쉽지 않다.

첫 번째는 당신이 달성하고자 하는 일을 전부 혹은 일부라도 이루어낸 롤모델을 정하는 것이다. 목표를 단순히 넋 놓고 바라보거나 선망하는 것이 아니라, 이들이 지나간 경로를 깊이 관찰하여 성공할 때까지 정확히 어떤 일을 했는지 이해한다. 그들이 성공한 방법을 당신에게도 똑같이 적용할 수 있는지 자문해 본다.

두 번째는 타임라인을 명확히 파악하여 현실적으로 결과를 낼 수 있을 때까지 어느 정도의 시간이 필요한지를 알아보는 것이다. 이때 두루뭉술하게 적기보다는 구체적인 숫자를 이용해 직관적으로 생각할 수 있도록 적는 게 좋다.

이것이 바로 데이비드 버커스가 활용한 접근법이다. 연설가이자 《창조성의 신화 The Myths of Creativity》《친구의 친구》 등의 책을 쓴 작가이기도 한 버커스는 유명 비즈니스 전략가인 다니엘 핑크를 인터뷰한 적이 있었다.

팟캐스트 인터뷰가 끝나고 사담을 나눌 때 데이비드는 자신이 원하는 만큼 커리어가 빨리 발전하지 않아 답답하다는 취지의 이야기를 했다. 다니엘 핑크는 오래 생각에 잠기다가 신중한 목소리로 이렇게 말했다.

"당신은 이 일을 한 지 3년이 됐고 저는 이제 20년이 됐다는 사실을 기억하셔야겠군요. 제가 한 말은 당신에게 효과가 없을 겁니다. 단지 세월이 더 필요할 뿐이니까요."

당시 자신에게 적용할 전술을 찾고 있던 데이비드에게 다니엘 핑크의 답변은 실망스럽게 느껴졌다.

"대화가 끝나고 나서도 줄곧 생각이 났습니다. 계속 되새기다 보니 그 말에 담긴 지혜를 결국 깨달았지요. 지금까지 성취해 낸 것에 감사하면서도 더 해내지 못한 아쉬움을 함께 느끼는 건 당연한 일이었습니다. 뛰어난 성취를 이룬 사람 중에 이런 긴장감을 경험하지 않은 사람을 본 적이 없어요."

데이비드는 자신만의 방식으로 상황을 바라보기 시작했다.

"저는 스스로를 '차세대 다니엘 핑크'라고 부르는 게 부끄럽지 않아요. 농담인 반면 누구에게나 익숙한 사람에 빗대서 제 글을 알리려는 의도도 있죠. 자신에게 아직 20년의 세월이 더 필요하다는 사실을 환기시키려는 의도도 있고요. 지금 나에겐 다니엘 핑크가 2020년에 만들어낸 결과물이 없지만, 그가 2001년에 해낸 정도는 하고 있다고 말이죠."

비교 자체는 해로운 일이 아니다. 다른 사람이 해낸 일을 보면서 우리는 영감을 얻기도 하고 새로운 아이디어를 떠올리기도 하기 때문이다.

그렇지만 비교는 현실적이어야 한다. 누군가의 프로필을 대충 훑어보고 이들에게는 모든 일이 빨리, 혹은 쉽게 이루어졌으리라고 가정해서는 안 된다. 데이비드처럼 존경하는 사람이 우리보다 몇 년에서 수십 년 더 빨리 시작했다는 사실을 깨달으면 자신에게 관대해진다. 전략적 끈기와 많은 노력이 결국 결실을 가져다줄 것임을 진정으로 믿을 수 있다.

"성급함이 일하기 위한 동기가 된다면 나쁘지 않습니다. 그러나 성급함으로 인해 스스로 실패를 단정짓는 것은 아주 나쁘죠."

내가 신뢰하는 조언가들은 뭐라고 이야기하는가?

일이 원하는 대로 진척되지 않을 때면 부정적으로 생각하기 쉽다. 차질이 생길 때마다 영원히 일이 잘되지 않거나 돌이킬 수 없을 것 같다고 여길 수도 있다. 이런 감정에서 빠져나오는 것은 어려운 일이거니와 때에 따라서는 불가능할 수도 있다.

주변에 신뢰하는 조언가들을 두면 이럴 때 조언을 얻을 수 있다. 이상적인 조언가는 당신이 하고 싶어 하는 일과 같은 분야에서 일하는 사람, 혹은 당신을 이끌어줄 수 있는 통찰력을 충분히 갖춘 사람이 가장 좋다.

누구나 삶에서 무조건적으로 응원해 줄 사람들이 필요하다. 어떤 일을 해도 멋지다고 생각해 주는 친척이나 친구들처럼 말이다. 다른 한편으로는 직업적인 판단을 신뢰할 수 있는 사람들도 필요하다. 이 사람들이야말로 우리에게 "이 아이디어는 밀어볼 만한 가치가 있네." "이제 그만하고 다른 일을 해보는 게 나을지도 모르겠네." 하는 의견을 들려줄 수 있는 사람들이다.

새로운 아이디어를 내고 그것을 공유하는 작업에서 우리는 많은 걱정을 한다. 어떤 아이디어는 호응을 얻겠지만 다른 아이디어들은 무시되거나 비판을 받을 것이기 때문이다.

세스 고딘은 새로운 시도들에 대해 "잘 안 되겠는데요."라고 말하는 경우가 많다. 이런 말을 들으면 감정적으로나 직업적 능력에 대한 자신감에 있어서 매우 위험하다. 친절하면서도 현명하게 의견을 들려주는 사람들이 반드시 필요한 이유다.

"커뮤니티에 속해 있어야 합니다. 당신이 어떤 사람인지 잊어버렸을 때 그것을 알려줄 수 있는 사람들 말이죠."

론 카루치의 조언이다. 믿을 수 있는 조언가들은 우리가 올바른 목표를 추구하고 있는지, 목표를 달성하기 위한 전략이 적절한지, 타임라인은 현실적인지 판가름하는 데 도움을 준다. 어떠한 상황에 처한 그 순간에는 혼자서 판단하기가 어렵기 때문이다.

우리에게 필요한 것은 적절한 시기에 피버팅하고 스스로를 재개발할 수 있는 능력이다. 그렇지만 이렇게 경로를 바꾼다는 것은, 실패한다는 게 정확히 뭘 의미하는지 미리 충분히 고심해 봐야 한다는 뜻이기도 하다.

- 자신의 분야에서 인정받을 만한 결과가 나올 때까지는 2~3년
  이 걸린다. 그 시점이 되면 낙숫물처럼 작고 간헐적으로 결과
  물들이 나타나기 시작한다.

- 진정으로 공인된 전문가가 되기 위해서는 최소 5년간의 지속
  적인 노력이 필요하다.

- 전망이 어두워 보일 때는 아래 질문을 던짐으로써 자신의 목
  적과 전략에 다시 연결될 수 있도록 하라.
  ① 내가 이 일을 하는 이유는 무엇인가?
  ② 다른 사람들의 경우 결과가 어떠했는가?
  ③ 내가 신뢰하는 조언가들은 뭐라고 이야기하는가?

RULE 9

실패에서
기회를 찾는다

"새로운 일을 시도하세요!"라거나 "위험을 감수해야죠!"라고 말하는 건 쉽다. 하지만 우리는 언제나 성공하고 싶다. 어떤 것이든 실패는 모두 고통스럽다. 하지만 롱 게임에서 무엇보다 익숙해져야 할 건 실패다. 이제 실패에 관해 이야기할 때가 됐다. 나의 실패 리스트를 먼저 공개하겠다.

아래 목록은 2019년에 세운 대범한 목표들이다.

• 유명 작가와 공저 출간하기

• 내가 좋아하는 영화를 뮤지컬로 제작하기

• 세계에서 가장 유명한 언론 매체에서 칼럼 연재하기

- 세간의 이목을 끄는 특정 업계 콘퍼런스에 연사로 서기
- 씽커스50에 내 이름 올리기

이것은 막연한 꿈이 아니었다. 종이에 크게 써놓고 비전보드에 붙여서 언젠가 이룰 인생의 목표가 아니었다. 하나하나가 어렵지만 노력한다면 충분히 실현 가능한 일이라고 생각했다. 그래서 나는 도전을 시작했다.

실패 1
유명 저자와 공저 출간하기
→

합동 프로젝트에 대한 내 아이디어를 마음에 들어 하는 유명 저자를 만났다. 실무와 원고 쓰기는 모두 내가 담당해야 했다. 그 정도는 이미 예상했다. 작가는 좋은 반응을 보였고, 나는 일에 착수해서 몇 달 동안 출판 기획안을 작성했다. 그러고 나서 작가와 다시 만나 그의 코멘트와 편집을 반영하여 수정본을 만들었다. 다음으로 샘플 원고를 집필하기 시작했다.

"3월경에는 끝날 겁니다. 그때 마음에 드시면 출판사에 투고하시죠."

3월이 되고 샘플 원고의 집필이 끝났을 때부터 무언가 삐걱대

기 시작했다.

"굉장하네요!"

작가는 열성적으로 말했다. 그렇지만 중간에 그는 거절할 수 없는 제안을 받았다고 했다. 100만 달러를 선지급하는 출간 계약이었다. 규모가 훨씬 작았던 우리 프로젝트에서는 그 정도의 자금을 유치하기는 어려웠다. 그를 탓할 수는 없었다. 당연히 100만 달러를 받는 편이 나으니까!

이 작가 없이 프로젝트를 진행한다는 것은 별 의미가 없었다. 내 수백 시간은 그렇게 공중에서 사라졌다.

실패 2
우상이었던 감독의 영화를 뮤지컬로 만들기

———→

인터넷도 없던 시절에 노스캐롤라이나의 작은 마을에서 성장한 나는 바깥 세상을 접할 통로가 많지 않았다. 텔레비전을 보고 지역 영화관에서 상영되는 블록버스터 영화를 봤다. 전반적으로는 공통분모가 거의 없는 콘텐츠들이었다. 진짜를 가장한 만화영화 버전의 삶이었으니까 말이다.

그런 시절에 동네 비디오 가게에 가뭄에 콩 나듯이 간간이 입고되는 독립영화를 볼 때면 엄청나게 흥분했다. 소소하지만 가슴

아픈 이야기의 영화 하나는 수년간 몇 번이나 돌려 보기도 했다. 성인이 되어가는 친구들의 이야기로 제작비는 단 21만 달러였다.

BMI 뮤지컬 워크숍에서 2년차 프로젝트는 소설이나 영화처럼 다른 형식의 작품을 뮤지컬로 각색하는 것이었다. 이건 나에게 좋은 기회였다.

70세가 된 감독에게 연락을 취하는 일은 어려웠다. 웹사이트조차 없었으니 말이다. 끈질긴 구글링 끝에 그의 이메일 주소로 보이는 것을 찾아 메시지를 보낸 후 기다렸다. 2주가 지난 후 메일함에 답장이 떴다.

"월요일부터 미국 동부에 있을 예정이라 시간 날 때 전화나 스카이프로 상의해 보죠."

내 작곡 파트너와 함께 그를 만나 기적적인 합의를 이루었다! 그는 저작권만 넘기는 것이 아니라 프로젝트에 함께하기를 원했다. 내 우상이었던 감독님과 직접 함께 일할 기회까지 얻은 것이다. 이 일을 기념하기 위한 셀카도 남겼다.

감독님이 남미와 프랑스에서 다른 촬영을 진행 중이었기에 프로젝트 진행 중에는 그와 연락을 취하기가 어려웠다. 그래서 작곡가와 둘이서 뮤지컬 줄거리를 만들었다. 여기에는 노래 배치, 후크 등이 포함되어 있었다. 마침내 감독님과 통화할 수 있었을 때 그는 메인주의 시골에서 휴가를 보내고 있었다. 그곳은 전화도 잘 터지지 않는 곳이었다. 그는 우리가 하는 말을 잘 듣지 못했고, 우리는 몇 번이고 같은 말을 반복하다가 결국에는 포기했다.

지지직거리는 통화음 사이에서 제대로 소통하긴 어려웠다. 그 중에서도 크고 명확한 소리로 들려온 정보는, 우리가 두 캐릭터를 한 명으로 합치면 어떻겠느냐는 제안에 그가 크게 실망했다는 것이다. 뮤지컬에서는 무대에 오를 등장인물의 수가 제한되어 있는데, 그의 작품에는 등장인물이 너무 많았다. 의심의 여지없이 이건 신성불가침의 영역이었음이 드러났다.

우리의 제안을 들은 후 그는 침묵으로 일관했다. 우리는 이메일을 보낼 때마다 몇 번씩이고 재차 확인했다. 프로그램 마감일을 맞추기 위해선 작곡 파트너와 둘이서라도 일을 진척시켜야 했다. 곡을 쓰기 시작했고 많은 시간을 들여 프로젝트를 진행했다. 그런데 한 달 뒤에 발등에 도끼가 떨어졌다.

"작품에 꼭 맞는 아름다운 테마곡이군요. 아주 멋져요."

그가 보낸 메시지는 이렇게 시작했지만 결국 뮤지컬은 진행하지 못할 것 같다고 했다.

"제 영화는 연극에 훨씬 잘 맞는 것 같네요. 여기까지 오게 해서 미안합니다."

그렇게 나의 영화계 우상과 함께 일할 기회는 사라졌다.

실패 3

유명 언론 매체에 칼럼 싣기

→

나는 신문을 좋아한다. 가장 행복했던 어린 시절 추억 중 하나는 엄마와의 하굣길이었다. 엄마는 나를 상점 거리의 샌드위치 가게에 데려다 놓고 볼일을 보곤 했다. 나는 그곳에서 소다와 미트볼 샌드위치를 주문한 후 엄마가 돌아올 때까지 혼자서 만족할만큼 신문을 읽곤 했다.

대학원을 졸업하고 처음 했던 일은 잡지 〈보스턴 피닉스〉의 리포터였다. 이 신문은 〈뉴요커〉 전속 기자인 수전 올리언, 전 〈타임〉 칼럼니스트이자 《프라이머리 컬러》 작가인 조 클라인, 전 클린턴 행정부 수석 고문 시드니 블루먼솔 같은 슈퍼스타가 커리어를 시작한 유명한 지역 주간지였다. 2001년에 해고당하긴 했지만 (앞으로 닥쳐올 업계의 대량 해고를 짐작한 순간이었다).[1] 언론계에 대한 동경만은 잃지 않았다.

2018년 10월 어느 명망 있는 신문사에서 기자로 일하고 있는 동료로부터 전화를 받았을 때 무척 기뻤다. 그가 몸담고 있는 매체에서 새로운 비즈니스 칼럼을 기획 중인데, 거기에 글을 실어보지 않겠느냐는 제안이었다.

강의하고 있던 듀크대학교가 위치한 노스캐롤라이나 더럼에서 저녁 식사 장소로 향하는 동안 나는 흥분한 목소리를 낮추기 위해 노력해야 했다. 어떤 샘플이 필요할까? 마감은 언제까지지? 그후로 며칠 동안 내 머릿속은 온통 어떻게 하면 얼굴을 모르는 경쟁자들을 압도적으로 물리칠 수 있을지에 관한 생각으로 가득했다. 나는 가장 스마트하고 재미있고 날카로운 칼럼을 쓰리라 다짐했다.

다음 주말에는 결혼식에 참석할 예정이었다. 여전히 나는 집필을 마무리하고 있었고, 옷을 다 입은 당시 여자친구에게 내가 쓴 글을 봐달라고 부탁하면서 노트북을 넘겼다. 괜찮은 글이 나와야만 했기 때문이다.

몇 주 뒤 내 친구는 안 좋은 소식을 전해왔다.

"좋은 글 제출해 줘서 고마워. 많이 노력한 게 보여서 그것도 고마워. 편집자들이 굉장히 마음에 들어 했는데, 당분간 방향을 좀 다르게 가져가기로 해서 말이야. 너에 대한 이런저런 의견들이 많아서, 언젠가 너와 일할 수 있었으면 해. 프로젝트가 어떻게 진행되는지 지켜봐야겠지만 말이야."

희망의 여지를 남기는 말이었다. 나를 떨어뜨린 게 미안해서 친절하게 말해준 걸까? 아니면 정말로 나중에는 나와 일하고 싶은 걸까?

약 6개월 뒤에 나는 내 친구의 편집자에게 확인할 겸 메시지를 남겼다. 그해 여름에 다시 확인해 달라고 했기 때문이다. 그는 다시 연락하겠다고 했지만 그러지 않았다. 몇 주에 걸쳐 다시 연락하고 또 했다. "메일함 첫 줄에 뜨도록 다시 보냅니다!" 나에게 찾아온 기회를 놓쳐버리고 싶지 않았다.

1년 후에 편집자는 나에게 다른 샘플 칼럼을 보내달라고 했다. 나는 그렇게 했다. 이들에게 보낸 원고만 거의 4000단어에 달했다. 이 정도면 내 글을 충분히 확인하고도 남는다. 그들이 내린 결론은 이번에도 마음에 들지 않는다는 것이었다.

"도리 님께, 저희는 다른 후보자와 함께 일하기로 했음을 알려드립니다. 샘플로 보내주신 글은 탄탄했지만, 저희는 칼럼의 톤이 거칠었으면 해서요."

이들이 내 재능을 쓸 다른 방법을 발견한다면 또 다른 기회가 있으려나?

"다시 한 번 참여해 주셔서 감사합니다. 계속 독자로 남아주시길 바랍니다."

명백한 거절이었다.

실패 4

업계 최고의 콘퍼런스에 연사로 서기

→

신문으로부터 마지막 거절을 당하기 6개월 전에 나는 업계 최고의 콘퍼런스에서 연사로 서기 위해 영상 자료를 제출했다. 기조 연설가로서 수년에 걸쳐 탄탄한 이력을 쌓아두었고, 내가 받는 연사료도 적지 않았다.

이번 콘퍼런스는 특별했다. 연사료는 지급되지 않았지만 많은 사람이 관심을 갖는 행사였다. 내 개인적인 목표이기도 했다.

웹사이트에는 언제까지 연사 선정이 발표될지 명확히 게시되어 있지 않았다. 나는 인내심을 가지고 기다렸다. 같이 지원했던 다른 동료가 거절 통보를 받자 희망이 보였다. 동료가 떨어졌기 때문이 아니라 내 지원서는 아직 검토 중이라는 신호로 받아들였기 때문이다. 나는 조만간 통과 소식을 들을 거라고 확신했다.

몇 달 후 주최측에서 연사 목록을 발표했다. 연사를 빌표하는 날을 지정하지 않은 채 한 번에 몇 사람씩만 발표하고 있었다. 심사위원 중 한 사람을 알고 있었다. 그는 공식적인 내용을 알려줄 수 없지만, 비공식적으로는 심사위원들이 내 영상을 마음에 들어 한다고 알려주었다. 아직도 그들은 심사 중이었다.

콘퍼런스 날짜가 임박해 왔다. 비행기 표를 예매해야 할까? 내가 연사로 서지 않더라도 꼭 참석하고 싶었지만, 만일 연설 요청을 받는다면 이중 예약이 될 것이었다. 날짜가 임박해서 애타게 초대를 기다린다면 오히려 괜히 불운을 불러오는 건 아닐까? 하는 생각이 들었다. 나는 결국 비행기 표를 예매했다.

콘퍼런스 단 몇 주 전에 최종 라인업이 발표되었다. 거기에 내 이름은 없었다. 주최측에서는 끝까지 내 지원서에 대한 결과 통보조차 해주지 않았다. 얼마 후 나는 친구들과 저녁 식사를 하며 이렇게 물었다.

"혹시 너희들도 아무 일도 안 되는 것 같다고 느낄 때가 있어?"

성공 1

씽커스50에 내 이름 올리기

→

어느덧 그해 11월이 되었다. 내가 2019년에 세웠던 가장 큰 포부 다섯 가지 중 네 가지는 명백히 실패했다. 나는 일부러 대범한 목표를 정했다. 따라서 이 목표들이 모두 이루어질 거라 생각하지는 않았다. 그래도 적어도 일부는 이루어져야 하지 않겠는가? 이미 나는 희망을 잃어가고 있었다.

나는 씽커스50에 참석하기 위해 런던행 비행기 표를 구매한 상태였다. 이 행사는 전 세계 최고의 경영 사상가들이 참석하는 비공개 격년 행사로, 니하르 차야가 참석해 〈포브스〉에 관련 기사를 쓰기도 했다. 과거 씽커스50에서 나를 '지켜볼 만한 사상가'로 뽑은 적이 있었지만, 그것만으로 정식 리스트에 오르리라는 보장은 없었다. 리스트에 오른 사람들은 비즈니스 거물급으로, 400만 부가 판매되면서 중대한 영향력을 미쳤던 《블루오션 전략》의 공저자인 김위찬과 러네이 모본 등도 포함되어 있었다.

쌀쌀한 월요일 저녁, 나는 큰 동굴 같이 생긴 연회장에서 턱시도와 무도회용 드레스를 입은 사람들에게 둘러싸여 있었다. 저녁 행사가 시작되었고, 리스트에 실린 이름들이 스크린에 표시됐다.

거기에는 내 이름도 있었다! 해가 넘어가기 6주 전에 나는 세계 최고의 비즈니스 사상가 50인에 지명된 것이다.

여기까지 오는 데 11년이라는 세월과 세 권의 책이 필요했다. 그해 정했던 목표 네 개가 연속으로 실패하고, 계속 거절만 당했다. 그렇지만 결국 이렇게 꿈을 이뤄낸 것이다.

도전에 성공하면 보상이 따라오지만 반대로 실패도 감당해야 한다. 그럼에도 계속 도전해야 하는 이유는 성공을 판가름하는 요소가 객관적이지 않기 때문이다. 어느 정도 운이 작용한다. 즉, 성공은 충분히 많은 시도를 했을 때 비로소 찾아온다.

물론 지금 하는 일을 뛰어나게 잘해내면 성공할 수 있다. 다만 여기에는 주관적인 요소가 개입된다. 편집자는 내 글이 탄탄하다고 했지만, 그가 찾고 있던 스타일은 아니었다. 단기적으로 봤을 때 우리가 어떻게 했는지와 무관하게 오만 가지 이유로 거절당할 수 있다. 그러나 장기적인 통계는 우리의 편이다. 지금 하는 일을 잘해야 하는 건 기본이고, 많은 타수가 필요한 이유다.

그렇다면 우리가 통제할 수 없는 상황이나 자신의 실수로 인해 일이 성공하지 못할 거라는 낙담을 겪으면서도, 끝까지 밀고 나가는 방법은 무엇일까?

실리콘밸리가 실패를 다루는 방법

→

기업가이자 스탠퍼드대학교 교수인 스티브 블랭크는 실리콘밸리에서 어떤 일이 일어나고 있는지 알고 있었다. 벤처캐피털 자금이 넉넉한 열정적인 기업가들은 대규모 팀을 고용하고, 막대한 돈을 태우고 있었다.

이제 그들은 지하실이나 차고에서 만들어낸 멋진 계획이 시장에 출시된 후에 훌륭한 반응을 얻지 못한다는 걸 알고 있다. 결코 제품이 안 좋았던 게 아니다. 오히려 제품은 완벽했다! 애초에 그 제품을 원하는 사람이 없는 게 문제였다. 창업가들은 시간을 들여 완벽한 물건을 만드는 헛수고를 한 것이다. 과연 시간을 투자할 만한 대상이었는지도 제대로 따져보지 않은 채로 말이다.

결국 블랭크가 깨달은 해결책은 '최소 수준으로 완성된 제품'을 만들도록 하여 작게 실험하는 것이었다. 이런 제품은 고급스럽거나 세련되게 만들 필요가 없다. 방향성만 보여주면 된다.

소비자들이 관심을 보이면, 즉 다운로드하거나 사용하거나 거기에 돈까지 지불한다면 해당 제품에 시장성이 있다는 신호였다. 그때 시간을 들여 제품을 더 좋게 만들면 된다. 반면 가능성이 전혀 없다면? 그땐 새로운 일로 넘어가면 된다. 그럼 시간과 돈과 에너지를 낭비하지 않아도 된다.

'린 스타트업 프로세스'라는 블랭크의 아이디어는 2011년 에릭

리스의 책을 통해 세상에 알려졌다. 많은 투자를 하기 전에 먼저 테스트하라는 이 간단한 논리는 실리콘밸리에 혁명을 일으켰고, 이후 실리콘밸리의 프로세스는 이전에 비할 바 없이 효율화되었다. 이 개념은 우리 삶에도 적용할 수 있다.

똑똑한 전문가들조차 자신의 작품(기사, 웹사이트, 연설, 아이디어 등)을 세상에 내놓기를 망설인다. 이들은 대개 다음과 같은 이유를 댄다.

"아직 준비가 안 됐어요."

"몇 가지를 더 수정하는 중이에요."

"시간이 좀 더 필요해요."

시장에 내놓기에는 끔찍한 상태라거나 이해할 수 없을 정도로 조야한 상태라면 기다려도 괜찮다. 다만 그 시간이 너무 길어지면 이런 생각은 변명일 뿐이다.

실리콘밸리의 린 스타트업 방식에서 우리가 배울 교훈은, 초기 단계부터 모든 것을 실험으로 생각하는 것이다. 실패를 힘들어하는 이유는 그것이 최종적인 결과라고 생각하기 때문이다. 무언가를 달성하고자 했는데 결국 되지 않았다는 식으로 말이다. 그렇지만 처음부터 실험이라고 인지한 상태로 진행한다면 결과가 불확실하더라도 실패라고 생각하지 않는다. 원하는 결과를 얻기 위해서는 수차례의 반복이 필요하다는 사실을 인지하고, 그에 맞춰 기대치도 설정한다. 토머스 에디슨의 말처럼 전구를 발명할 수 있었던 것은 전구가 켜지지 않는 999개의 방식을 알아냈기 때문이다. 우리는 실패하지 않았다. 미래의 성공에 더 가깝게 다가가기 위한 데이터를 수집한 것뿐이다.

성공으로 가는 길은 하나가 아니다

데이나 델 발은 노스다코타의 작은 도시에서 자랐다. 그녀에게 연기는 하고 싶었던 전부였다.

"연극에 처음 출연했을 때가 여섯 살이었어요. 그 이후로 단 한 번도 뒤돌아보지 않았죠."

대학교에서도 주변의 찬사를 받으며 연극을 전공했다. 졸업식 다음 날 친구와 여름 공연을 위해 유타로 향했다. 그 후 함께 LA 로 옮겨 할리우드에서의 커리어를 시작할 계획이었다. 모든 일이 생각대로 흘러가는 듯했다. 일주일 후 임신했다는 사실을 알기 전 까지는 말이다.

"그렇게 충격적인 일은 이제껏 제 인생에서 일어난 적이 없었 죠. 싱글맘이 된 상황에서 LA로 갈 수는 없었어요. 내가 원하고 이뤄온 모든 것이 그렇게 끝나버렸어요."

때로는 가장 소중하게 여기던 꿈이 짧게 끝나버리곤 한다. 그럴 때 우리는 어떻게 해야 할까?

아들이 5학년이 되자 데이나는 1년간 교사 일을 쉬면서 안식년을 갖고 LA에 가서 근방에 있는 학교들을 방문했다. 그들은 자금이 부족해 과부하에 시달리고 있었다.

"한 번밖에 없는 아들의 학창시절을 내 꿈을 위해서 희생해 달라고 요구하는 게 불공평한 일처럼 느껴졌어요."

그녀는 좀 더 멀리까지 생각을 확장해 보았다.

'실제로 내 꿈을 이루었다고 해보자. 캐스팅되어 세트장에 새벽 4시까지 나가야 한다고 말이야. 그럼 아홉 살짜리 아들은 누가 돌봐주지? 여기엔 아는 사람도 없는데.'

해결책을 찾지 못한 그녀는 더 이상 미련을 갖지 않고 집으로 돌아왔다. 표면적으로 그녀의 꿈은 끝장난 것처럼 보였다. 하지만 그녀는 다시 생각했다. 확실히 이곳은 이스트할리우드가 아닌 노스다코타와 미네소타의 접경 지역일 뿐이다. 여기서는 나의 창조적 에너지를 활용할 수 있는 방법이 없을까?

그녀는 방법을 찾아냈다. 미니애폴리스의 지역 공연 행사를 알아보기 시작한 것이다. 그리고 오디션을 끝내주게 잘해냈다. 여섯 개의 지역 은행과 한 대형 병원 시스템을 위한 성우 일도 했다. 그녀의 상징적인 역할이 된 노스다코타주 관광 캠페인 '노스다코타의 얼굴'로도 활약했다.

"가끔 자전거를 타고 밸리시티의 다리를 건너요. 메도라의 배드랜드국립공원에서 등산도 하죠. 그리고 파고에서 쇼핑을 하고요. 7년 내내 사냥과 낚시 안내서 표지에 실리기도 했죠. 물론 사냥이나 낚시를 하지는 않아요. 한마디로 연기인 셈이죠."

데이나가 이렇게 연기자로서 두각을 나타내기 시작하자 예상치 못한 일이 일어난다. 한 단체를 직접 운영해 보지 않겠느냐는 제안을 받은 것이다. 아트 파트너십이라는 작은 비영리단체로 150개의 예술 관련 비영리단체와 사업체들을 대변하는 곳이었다. 그 후 10년간 그녀는 아트 파트너십의 전무로 일하면서 지역 내 모금 활동, 소통, 예술 지원 활동 등을 하며 예산 규모를 네 배로 키웠다.

데이나는 결국 LA로 가지 못했다. 대신 20대가 된 그녀의 아들이 그곳에 살고 있다(연기자는 아니고 엔지니어다).

데이나의 이야기를 통해 우리는 또 다른 중요한 원칙을 알 수 있다. 일이 계획대로 되지 않더라도 목표에 도달하는 길은 하나가 아니라는 것, 계속 앞으로 나아가면 된다는 것을 말이다. 그녀는 메릴 스트리프 같은 배우가 되지는 못했지만 실패한 것도 아니었다. 그녀는 자신만의 길을 찾아 연기자가 되었고, 지역의 예술 활동을 지원했다.

"뉴욕이나 LA로 이사 갔던 많은 친구들보다 경력으로는 훨씬 크게 성장했죠."

친구들은 수년간 거절을 견뎠지만 결국 원하는 일을 하지 못했다. 반면 데이나는 지역 예술계에서 다방면으로 활약하고 있다.

지금 할리우드에서 출연 요청을 해온다면 데이나는 당연히 가겠다고 할 것이다. 그렇지만 할리우드의 러브콜만 기다리고 있지는 않을 것이다. 이미 원하는 인생을 만들었기 때문이다.

그녀는 모교인 미네소타주립대학교 무어헤드캠퍼스에서 엔터테인먼트 비즈니스에 관해 가르치기 시작했다. 또한 영화 시나리오를 쓰고 있으며, 연설과 글쓰기를 통해 자신의 생각을 공유하는 방식들을 찾는 중이다.

"포스트 팬데믹 시대에 어디에서 일하느냐가 중요한가요? 옆집에 사는 사람과 일할 수도 있지만 한 사람은 뉴욕에, 다른 한 사람은 파고에 있어도 문제가 되지 않아요."

처음 계획한 대로 일이 흘러가지 않을 수도 있다. 선택받지 못하는 경우도 있다. 얼마나 똑똑하고 자격이 있는지에 관계없이 예상치 못한 일들은 일어난다.

애플에서 일하기를 간절히 원했지만 안 될 수도 있다. 그러나 한 번의 거절로 영원히 앞으로 나아가지 못한다면, 그것이야말로 진짜 실패가 된다. 대신 그 경험을 통해 다른 기회를 모색할 수도 있다. 다른 빅테크에 지원한다거나, 차세대 애플이 될 창의적이고 디자인을 중시하는 스타트업에서 일할 수도 있다. 아니면 애플이 일하는 방식을 연구해 기사나 책, 대학원 졸업 논문을 쓸 수도 있다.

모르는 사람이 나를 고용할지 말지를 결정하는 것처럼 통제 밖의 요소에 자신의 평가를 의존하면, 기대치에 미치지 못해 큰 충격을 받을 수 있다. 반면 원하는 결과를 얻기 위해 동시에 여러 갈래의 길을 만든다면, 임의의 문지기로부터 힘을 되찾을 수 있을 뿐 아니라 더 창의적으로 생각할 수 있다. 데이나가 알려주었듯 목표에 이르는 길은 여러 갈래라는 걸 잊지 말자.

실패하기 전에 전략을 수정하라

→

몇 년 전에 나는 '공인된 전문가' 커뮤니티 참가자들에게 '마스터마인드 그룹'이라는 아이디어를 하나 제안했다. 마스터마인드는 나폴레온 힐이 1920년대와 1930년대에 대중화시킨 개념이다. 정기적으로 모여 비즈니스상의 도전과 기회에 관해 이야기를 나누고 오랜 동료들로부터 조언을 듣는 소그룹을 뜻한다. 함께 서로의 성장과 성공을 돕는 모임을 만들어 운영할 수 있다는 것이 마음에 들었다.

과연 사람들이 돈을 내면서 이 프로그램에 들어오고 싶을까? 이 사실을 알아보기 위해서는 한 가지 방법밖에 없었다. 회원들에게 메시지를 보낸 후 기다리는 것이었다. 고무적이게도 네 사람이 관심 있다는 답장을 주었다. 이메일 한 통 보낸 것치고는 나쁘지 않은 결과였다.

마스터마인드의 어려운 점 중 하나는 서로 잘 맞는 사람들끼리 그룹을 만들어줘야 한다는 것이다. 정보를 혼자서 받아들이는 데 특화된 온라인 수업이나 토론은 적고 교수 중심으로 진행되는 일반 교실 수업과 달리, 마스터마인드에서는 참석자들의 상호관계가 핵심이다. 100만 달러짜리 회사를 운영하는 사람을 어제 막 사업을 시작한 사람 옆에 앉힐 수 없다. 이들의 고민, 의문점, 통찰이 굉장히 달라서 서로를 제대로 도울 수 없기 때문이다. 제대로 된 그룹을 짜야 하는 이유다.

마스터마인드 프로그램을 론칭할 때 마주할 첫 번째 질문은 닭이 먼저냐 달걀이 먼저냐의 수수께끼와도 같다. '그룹 내의 다른 구성원이 누구지?' 물론 당신은 모른다. 막 그룹을 만들었기 때문이다. 대부분은 자신에게 필요한 사람이 프로그램에 있는지 확인한 후에 참여하고 싶을 것이다. 결국 처음 관심을 보였던 네 사람은 얼마 안 돼 두 명으로 줄었다. 다른 참가자에 관한 정보가 충분하지 않았기 때문이었다.

마스터마인드에 대한 아이디어 자체를 접을 수도 있었다. 두 사람만으로는 프로그램을 운영할 수 없었다. 더 많은 사람이 참여하고 싶어 할 때까지 기다리는 대신 나에게 두 가지 질문을 던졌다.

어떻게 하면 이 아이디어를 살릴 수 있을까?

아이디어를 재구성해서 프로그램을 진행하는 방법은 없을까?

나는 여전히 관심을 보이고 있던 두 사람과 대화를 나눴고 이들의 사업에 대해 많은 질문을 던졌다. 사업을 어떻게 발전시키고 싶은지, 어떤 점을 배우고 싶은지를 들었다. 이후 그들에게 전통적인 개념의 마스터마인드 그룹 대신 새로운 방식을 제안했다. 그것은 바로 두 사람만을 위한 맞춤식 교육 프로그램이었다.

이들이 뉴욕을 방문하면 나까지 셋이 모여 심도 있게 비즈니스 전략을 세울 예정이었다. 두 사람 모두 직업으로서 연설가에 관심이 있었으므로 장거리 강연 여행도 함께 떠나기로 했다. 즉, 내가 연설할 때마다 동행해 준비 과정부터 연설을 하고 주최 측과 네트워킹하는 일련의 과정을 배우는 것이다. 나는 현장에서 실시간으로 이들이 궁금해하는 점을 자세하게 설명해 줄 수 있다. 이것은 굉장히 색다른 경험이 될 것이다. 두 사람은 기꺼이 프로그램에 등록했고, 내 입장에서도 기존 활동에서 새로운 프로그램을 진행할 수 있으니 좋았다.

이 프로그램은 참여자들에게 소중한 배움의 기회를 제공했다. 아무리 강력한 브랜드를 구축했다 하더라도 사람들에게 새로운 프로그램에 돈을 지불하게 만들기는 어렵다. 어떤 프로그램이 될지, 참여자들이 즐겁게 활동할 수 있을지 확신할 수 없기 때문이다. 그 결과 또한 보장받을 수 없다.

이렇게 수정된 마스터마인드 프로그램을 운영한 이듬해에 나는 아홉 명의 참석자들과 전통적인 방식에 가까운 그룹을 만들 수 있었다. 그 이후로 마스터마인드는 나에게 탄탄한 수입원 중의

하나가 되었으며, 나는 일반적인 일대일 코칭을 넘어서 멋진 동료들이 사업을 키우는 데에 더 많은 도움을 제공할 수 있었다. 이 모든 일은 내가 초반의 반응만 보고 성공하기 어렵다며 마스터마인드라는 아이디어 자체를 폐기했다면 불가능했을 것이다.

유명 작가가 공동 저술에 협조하기 어렵다고 결정했을 때 역시 비슷하다. 책 제안서를 완성하고 샘플 원고를 집필하는 데 투자했던 몇 개월을 날려야 했을 때는 큰 충격을 받았다. 하지만 곧 아이디어들을 되살리고 그때의 자료들과 리서치를 기반으로 기사를 몇 개 쓸 수 있었다. 내가 경험을 통해 깨달은 것처럼 우리는 스스로에게 이렇게 물어야 한다.

'이 아이디어를 살릴 수 있는 다른 방안은 없을까?'

데드라인을 정하면 시작할 수 있다

→

작가이자 컨설턴트인 샘 혼의 이야기다.

"수십 년 동안 저는 경제적인 안정을 위해 모든 시간을 할애해왔어요. 한마디로 그것만이 제 성공을 가늠하는 잣대였죠."

목적을 위해 달려오던 그녀는 어느 날 달라졌다. 몇 년 전 캘리포니아 라구나 비치에서 이틀 동안 힘든 컨설팅을 진행하고 난 뒤였다. 렌털 차량을 몰고 도착한 공항에 앉아 있는데, 아들의 전화가 걸려왔다. 그녀의 목소리에서 평상시와 다른 느낌을 감지한 아들 앤드루는 "무슨 일이에요?" 하고 물었고 그녀는 답했다.

"너무 지쳐서 비행기를 탈 힘도 없네."

앤드루는 잠시 뜸을 들이다가 이렇게 말했다.

"엄마한테 이해가 안 되는 점이 하나 있어요. 사장이잖아요. 자기 일을 하는 사람이고요. 원하는 일이라면 뭐든 할 수 있는 거잖아요. 그런데도 누리지 않으시는 것 같아요."

아들은 그녀에게 비행기에 타지 말라고 설득하고는 그녀가 떠나온 호텔에 연락해 그녀의 숙박을 며칠 연장했다. 그녀에게는 휴식이 필요했다.

"그날 밤 야간 비행으로 정신없는 여정을 보내는 대신 바닷가의 파도소리를 들었어요."

이 일을 계기로 그녀는 자신을 돌아보면서 수년간 미뤄왔던 꿈을 기억해 냈다. 샘은 물가에서 살고 싶었다. 호숫가나 해안가에 집을 짓고 평화롭게 머무는 삶이 아니었다. 1년 내내 물가로만 이곳저곳 옮겨 다니며, 자기를 발견하는 시간을 갖고 싶었다. 여기서 가장 중요한 점은 그녀가 이 일을 실행할 데드라인을 정했다는 것이다. 그 날짜는 10월 1일이었다.

"어떤 일이든, 예를 들어 책을 쓰고 싶다거나 사업을 시작하고 싶을 때, 혼자서 여행하고 싶을 때도 이 원칙은 항상 동일하게 적용돼요. 날짜를 정해두지 않으면 결코 해내지 못해요. 중간에 이런저런 일들이 끼어들면 '그냥 나중에 하지, 뭐' 하고 생각하기 쉽거든요. 이런 일은 계속 반복되죠."

샘은 이 모험을 통해 플로리다에서 돌고래와 함께 헤엄치고, 마우이에서는 고래들과 수영했으며, 월든 호수에서는 옷을 다 입은 채 다이빙도 했다. 그리고 이 경험을 《오늘부터 딱 1년, 이기적으로 살기로 했다》라는 책으로 썼다.

목표를 달성해 가는 과정은 아무리 소중하고 원하던 일이라도 결코 쉽지 않다. 샘은 물가에서 살기로 한 1년의 여정을 계획하는 동안 수많은 장벽에 부딪혔다. 친구들은 "샘, 너 어디 아픈 거 아니야?"라며 그녀를 말렸고, 그녀 스스로도 여행을 떠나면 사업이 어려움을 겪을까 두려워했다.

"그래도 결국 해냈어요. 달력에 10월 1일을 표시해 두고, 그날이 되면 무조건 집 밖으로 나서겠다고 다짐했기 때문이죠."

그녀가 얻은 가장 큰 교훈은 바로 이것이었다.

"목표를 달성하려면 선제적으로 환경을 통제하는 사전조치 precommitment 전략에 지표가 필요합니다."

내 목표에 다른 사람을 끌어들이자

→

날짜를 정해두는 사전조치 방법 외의 또 다른 방법은 다른 사람들에게 자신의 계획을 알리는 것이다. 킴 캔터지아니는 장애우를 위한 서비스 단체에서 최고위급 리더로 일하고 있었다. 동시에 아내이자 바쁜 엄마이기도 했다. 회사일과 집안일로 그녀는 언제나 바빴다. 킴의 건강은 무너지고 있었다. 수많은 체중 감량 프로그램에 참가했지만 실패하고 여전히 XL 사이즈를 입어야 했던 그녀는 변화하기로 굳게 마음먹었다. 더 이상 의지력만으로는 목표를 이룰 수 없음을 알았다. 그 방법은 이미 실패했기 때문이다.

킴은 커뮤니티의 도움을 받기로 했다. 책임감을 느끼기 위해서였다. 그녀는 다이어트 기부 캠페인을 만들어 자신이 1킬로씩 살을 뺄 때마다 친구, 가족, 이웃들에게 지역 내 피학대 여성들을 위한 쉼터에 기부하도록 했다. 이제 그녀는 다이어트에 실패하더라도 혼자 실망하고 끝낼 수 없었다.

"그 후로 사람들이 보는 곳에서 초코바를 먹거나 닥터페퍼를 마실 수 없었어요."

다이어트 기부 캠페인은 큰 성공을 거두었고, 그녀의 이야기는 잡지 〈피플〉에 실렸다. 현재 킴은 퍼스널 트레이너가 되어 체중 감량 및 피트니스 스튜디오를 운영하고 있다.

아무리 성공한 전문가라 할지라도 새로운 프로그램을 계획하거나 큰 목표를 세우면 때로 벽에 부딪힌다. 비이성적인 감정에 자리를 내주거나 실패로 인해 자신을 믿지 못하는 순간도 찾아온다. 더 큰 실망감에 빠지면 자신을 비난하고 성급하게 행동한다.

완전히 포기하거나, 순간 반짝하고 좋은 결과가 나올 것 같은 전략으로 바꾸고 싶다는 유혹에 시달리기도 한다.

너무 일찍 경로를 바꾸기보다 우리가 직면할 장애들을 극복할 방법을 미리 세워두는 것이 훨씬 중요하다. 예를 들어 날짜를 정해두면 물러서기가 훨씬 어려워진다. 또 친구와 동료의 지원을 요청하면 신뢰를 저버리지 않기 위해서라도 부지런해진다.

목표는 크면 실패할 확률이 높다. 반대로 매번 달성한다면 목표를 너무 낮게 잡았을 수 있다. 실패로 인해 완전히 멈추거나 의욕을 잃어버리지 않도록 관리하는 것이 중요하다. 대안을 찾아보는 것도 좋은 방법이다. 언제든 다른 길이 있기 마련이다. 예를 들어 내 경우에는 책 출간 기획안이 모조리 거절당한 2년을 보낸 후 기획안에 사용했던 아이디어들로 온라인 강의를 만들었다. 온라인 수업은 책 출간을 통한 수입보다 예상 매출액이 훨씬 높았다.

장애물을 완전히 피하기는 어렵다. 성공하고 싶다면 도중에 마주치게 될 장애물을 기어오르거나 뚫고 지나가거나 완전히 돌파할 방법을 찾아야 한다. 때로는 돌아가는 방법도 있다. 어떤 길을 택하든 그건 당신의 몫이다.

그렇지만 단 한 가지 선택해서는 안 되는 길은 바로 포기하는 것이다.

- 자신의 일을 탁월하게 잘해야 한다. 타수도 중요하다. 기회가 적으면 아무리 탁월한 사람이라도 실패하기 마련이다. 성공할 기회를 여러 번 가져야 한다. 실력만 있다면 언젠가는 반드시 성공할 것이다.

- 크게 투자하기 전에 머릿속의 생각과 아이디어를 소규모로 시험해 보라. 설령 일이 잘 되지 않더라도 실패가 아닌 실험이 되기 때문이다. 그 과정에서 가치 있는 것들을 배울 수 있다.

- 넓은 시야를 가지고 목표에 도달할 길을 여러 가지로 고려하자. 한 가지 길이 막히더라도 다른 가능성들이 존재한다.

- 잘되지 않는 계획은 수정해 보라. 그동안 쌓은 인맥, 투입한 시간, 만들어낸 결과물을 다르게 활용할 수 있는 방법은 없는가?

- 성공 확률을 높이기 위해서는 달력에 마감 기한을 적어두고 당신의 계획에 다른 사람을 끌어들여라. 진지하게 계획에 임하고 헌신적으로 노력하는 나를 마주할 것이다.

RULE 10

승리의 기쁨을
온전히 만끽한다

"훨씬 더 잘 쓸 수 있었는데."

"왜 그녀가 승진한 거지?"

"그 사람에게 돈을 주고 조언을 구한다는 게 이해가 안 돼."

우리는 다른 사람과 쉽게 비교한다. 20세기 초반 유명한 풍자가인 H. L. 멩켄은 "부유함이란 친척보다 1년에 최소 100달러 더 버는 것"이라고 정의했다. 요즘 사람들은 친척과만 비교하지 않는다. 직장 동료, 고등학교·대학교 동창, 리얼리티 쇼에 출연하는 스타, 거기에 인플루언서를 비롯해 소셜 미디어 피드에서 우리의 시선에 닿는 사람이라면 누구나 비교 대상이 될 수 있다. 즉, 우리는 모든 사람과 비교하며 살아간다.

한번은 케이틀린 리 리드가 진행하는 원우먼쇼를 관람한 적이 있다. 그녀는 출중한 공연가로 자신의 꿈을 하나의 스토리로 들려주었지만 결국 브로드웨이까지 가는 데는 실패했다.

그럼에도 그녀의 삶은 꽤 괜찮았다. 그녀는 멋진 목소리를 갖고 있었고 테크업계의 직업은 만족스러웠으며 아름다운 아내와 결혼도 했다. 몇 년 전 케이틀린에게 커밍아웃을 권한 친구 스테퍼니 덕분이기도 했다.

그리고 스테퍼니의 다른 이름은 레이디 가가다. 친척과 비교돼도 힘든 세상인데 앨범 6개가 빌보드 차트 탑에 오른 세계적으로 유명한 팝스타가 친구라면 어떨까.[1] 그녀와 비교하는 것은 매우매우 힘든 일이다. 처음엔 유머와 품위를 가지고 이겨냈지만 결코 쉬운 일은 아니었다.

다른 사람들은 앞으로 나아가는데 나만 정체됐다고 느껴질 때, 롱 게임은 고통스러운 도전이 될 수 있다. 모든 답변을 가지고 있지 않다는 사실, 최고가 아니라는 사실, 원하거나 상상했던 것보다 멀리 오지 못했다는 사실이 부끄럽게 느껴지기도 한다.

BMI 뮤지컬 워크숍에 참석했던 첫 주에 나는 주최 측에서 정해준 작곡가와 2인 1팀을 이뤄 곡 작업을 했다. 내 첫 작업이었다. 그때까지 내가 쓴 노래들은 나를 지지해 주던 코치의 격려와 함께 다듬어진 것이었다. 사실대로 말하면 내가 뭘 한 건지도 몰랐다. 그런 내가 이 프로그램에 와서 뮤지컬로 석사학위를 받은 두 명의 작곡가와 함께했다. 나만 빼고 모두 충분한 자격을 갖춘 것만 같았다. 이 사람은 노스웨스턴대학교에서 높은 평가를 받는 뮤지컬 프로그램을 졸업하고 연례 공연으로 풍자극을 썼네, 저 사람은 캐나다에서 거의 모든 뮤지컬 장학금을 받았네, 또 다른 사람은 대학교에서 음악 이론을 가르치는 교수네, 이런 사람들에 둘러싸여 있었다.

첫 작업을 위해 팀을 이룬 작곡가 또한 신참이 아니었다. 이미 LA에서 BMI와 비슷한 프로그램의 작사가 과정을 이수했다. 간단히 말하면 그녀는 이미 내가 해야 할 일을 나보다 더 잘할 수 있었다. 그녀에게 선보인 나의 첫 가사는 엉망이었다. 전자음이 반복되는 악절에서 어디에 어떻게 단어를 집어넣어야 하는지도 몰랐다. 결국 그녀가 나를 도와주었다. 스스로가 바보 같았고, 그녀 역시 나를 바보라고 생각하리라고 확신했다.

워크숍 첫 해에는 몇 주에 한 번씩 돌아가면서 다른 작곡가와 일했다. 다음으로 함께한 훌륭한 음악가는 모국어가 영어가 아니었기에, 감사하게도 내가 말이 되는 단어들을 제시하는 것만으로도 만족스러워하는 것 같았다. 그때쯤 나는 내 역할에서 기초적인 내용은 흡수한 상태였다. 여전히 부끄러웠고, 첫 번째 작곡가로부터 느꼈던 평가의 시선이 마음속에 상처로 남아 있었다. 2년간 이 프로그램에 적응하려고 노력했지만, 한 가지는 분명해졌다. 내 여정은 끝나지 않았다. 이제 겨우 시작이었으나 나는 이미 뒤처져 있었다.

이런 순간들이 찾아오면 포기하기 쉽다. 자신을 깎아내리거나 원망에 젖거나 자기중심적인 생각으로 흐를 수 있다.

'나에겐 재능이 없나 봐.'

'결코 잘하지 못할 거야. 그럴 거면 뭐 하러 노력해?'

'타고난 재능을 몰라보는군!'

'시스템이 잘못됐어!'

'저 사람들이 하는 멍청한 게임에는 동참하지 않겠어.'

장기적인 사고와 성공을 위한 행동에는 희생이 필요하다. 그 희생에는 우리의 위엄과 긍지에 대한 포기도 포함된다. 만일 당신이 불편함과 부끄러움을 견뎌낼 의지가 있다면, 그에 따라오는 보상은 엄청날 것이다. 그렇지만 많은 사람이 이 과정을 견디지 못한다.

마시멜로를 참은 아이들은 특별할까

월터 미셸의 유명한 '마시멜로 실험'을 들어봤을 것이다. 스탠퍼드대학교의 빙 유치원에서 1960년대에 수행한 것이다. 아이들에게는 마시멜로 한 개를 지금 먹거나 15분 동안 마시멜로가 놓인 방에서 혼자 기다린 다음 두 개를 받는 선택권이 있었다. 뜻밖의 결과는 몇십 년 후에 밝혀지는데, 아이들을 대상으로 한 연구 결과가 성공과도 맞아떨어졌기 때문이다. 어릴 때 자기통제를 통해 기다리는 일이 가능했던 침착한 아이들은 거의 모든 영역에서 더 좋은 삶을 살고 있었다.

〈뉴요커〉 기자인 마리아 코니코바에 따르면 오래 기다린 아이들은 학문적 성취가 더 컸으며, 수입도 더 높았고, 건강하고 행복한 삶을 살았다. 또한 징역형, 비만, 마약 같은 부정적인 일을 피할 확률도 높았다.[2]

여기까지는 사회과학이나 마케팅 관련 기사를 즐겨 읽는 사람이라면 익히 알고 있을 법한 내용이다. 그렇지만 여기서 사람들이 놓치는 중요한 지점은 바로 이것이다. 한 사람이 영원히 특정한 성향으로 살지 않는다는 것이다. 즉, 평생을 쿠키 몬스터처럼 게걸스럽게 단 것만 먹거나 성실한 성자로 살아가지 않는다. 우리는 누구나 만족감을 미루고 자기통제를 강화하는 법을 배울 수 있다. 다시 말해 우리는 모두 장기적 사고를 할 수 있다는 뜻이다.

단기적인 성과의 유혹("나는 케이크 한 조각을 먹거나 두 잔째 음료를 마실 수 있다")을 이겨내는 방법은 충동을 조절하는 것이다. 이에 관한 코니코바의 설명이다.

"대상에 대하여 상상 속에서 거리를 두거나(이건 사진이다. 진짜 마시멜로가 아니다), 대상을 재구성함으로써(마시멜로는 캔디가 아닌 구름이다) 충동을 제어할 수 있다. 완전히 무관한 경험에 집중하는 것도 도움이 된다. 자신의 관심을 전환시킬 수 있다면 어떤 것이든 좋다."

이런 방법은 비만을 피하는 데는 좋을 수 있다. 하지만 기사를 쓰고, 자격증을 따기 위해 공부하고, 네트워킹 행사에 참가하는 등 장기적으로 중요한 일을 하는 것과는 조금 다르다. 이런 활동들도 그 순간에는 괴롭거나 귀찮게 느껴진다. 그럼 우리가 하고 싶은 일이라고 말하는, 필요한 일을 하도록 스스로를 훈련시킬 수는 없을까?

물론 방법이 있다. 그 비밀은 바로 '아주 작은 행동'을 시작하는 것이다. 책을 쓰거나 새로운 기술을 배울 때 어려운 점은 이런 일들이 너무 크게 느껴져서 부담이 되기 때문이다. 어떻게 앉은 자리에서 300쪽을 내리 쓸 수 있겠는가. 당연히 우리는 그렇게 할 수 없다. 이럴 때 행동을 작게 쪼개야 한다.

한 번도 책을 써보지 않은 사람 혹은 글을 쓰는 데 큰 부담을 느끼는 사람은 한 챕터를 쓰는 것조차 힘들다. 스탠퍼드대학교 심리학자인 BJ 포그는 다른 접근법을 소개했다.

"간단한 행동일 경우 동기부여에 의존할 필요가 없습니다."[3]

그가 추천하는 방법은 아주 작은 습관들을 만들기 위해 노력하는 것이다. 이런 습관들은 너무 작고 쉬워서 거부감을 갖기가 더 어렵다. 예를 들어 포그는 치실을 사용하는 습관을 들이고 싶었다. 그래서 딱 치아 한 개에만 사용해 보기로 했다. 시작이 가장 어렵기 때문에, 하나의 이에만 치실을 사용해도 습관을 유지하면

점차 치아 전체에 사용하게 된다. 이처럼 그는 청구서 한 개를 먼저 처리하고, 책상 위에서 딱 한 개의 물건을 정리하는 습관을 들일 것을 제안한다.

긴장되거나 하기 싫은 일이 있다면, 먼저 작게 시작하는 방안을 생각해 보자. 핸드폰에 저장해 둔 연락처의 모든 사람에게 연락할 필요는 없다. 먼저 오랫동안 연락이 끊겼던 친구 한 사람에게 이메일을 보내보자. 앉은 자리에서 책 한 권을 다 쓸 필요는 없다. 딱 한 단락만 완성해 보자.

이때 핵심은 바로 시작한다는 데 있다.

이 책에서 우리는 상기적인 사고를 하기 위한 기반이 되어주는 기술을 알아보았다. 먼저 기꺼이 거절할 줄 아는 태도가 있었다. 자신의 삶에서 원하는 일을 성취할 수 있는 여백이 마련되어 있지 않으면 결코 목표를 달성할 수 없기 때문이다.

다음으로는 기꺼이 실패하기도 있었다. 대부분의 사람들이 실패로 여기는 경험은 유용한 데이터를 쌓는 과정일 뿐이다. 그 과정이 길어질지라도 기꺼이 자신을 믿고 결과가 나올 때까지 지켜보는 태도가 필요하다.

그럼 이제 이러한 전략을 자신의 삶에서 능수능란하게 적용해 보자.

물구나무서기를 일주일 만에
성공할 수 있을까

$\longrightarrow$

제프 베이조스는 2018년에 아마존 주주에게 보낸 서한에서 물구나무서기에 대한 특별한 이야기를 들려주었다.

"친구 한 명이 최근에 지지대 없이 완벽한 물구나무서기에 도전했어요. 그녀는 요가 스튜디오에서 물구나무서기 수업을 들었지만 원하는 만큼 빨리 늘지 않았죠. 결국 그녀는 물구나무서기 코치를 고용했어요. 정말입니다!"[4]

베이조스는 코치가 그녀에게 한 말을 전해주었다.

"대부분은 열심히만 하면 2주 만에 물구나무서기를 마스터할 수 있을 거라고 생각하죠. 실제로는 매일 연습해도 6개월 정도가 걸립니다. 2주 만에 해낼 거라고 생각하면 결국 도중에 그만두고 말죠."

우리 중 많은 수가 베이조스의 의욕 넘치는 친구와 같을 것이다. 성공에 필요한 중간 과정에 관해 제대로 조사해 보지도 않는다. 무지개를 탄 유니콘에 대한 상상만으로 일을 추진한다. 미리 제대로 조사했더라면 어떤 노력과 희생이 필요한지 알았을 텐데 말이다. 우리가 실망할 수밖에 없는 이유다.

처음부터 성공에 필요한 것들을 이해하려는 노력을 기울인다면, 좀 더 기민하고 회복력 있게 대처할 수 있다.

다른 사람들은 어떻게 했지?

성공하기까지 어떤 과정이 필요하지?

여기서부터 시작해야 좀 더 나은 방법을 찾을 수 있다. 무작정 장밋빛 미래만 꿈꾸는 것이 아니라 예상치 못한 상황도 즐기면서 헤쳐 나갈 수 있다. 다른 사람들이 3년 걸릴 일을 당신은 6개월 만에 해치울 수 있다고 생각해서는 안 된다.

주행가능거리를 알자

→

앞에서 만난 데이브 크렌쇼를 기억하는가. 그는 대학 시절에 적은 시간만 일하며 높은 연봉을 받겠다는 워라밸 계획에 대해 발표했다가 같은 수업을 듣는 친구로부터 비웃음과 충고를 들었다. 20여 년이 지나 데이브는 성공적인 사업을 일궈낸 덕택에 일주일에 30시간만 일하고 1년에 두 달간 가족과 휴가를 떠나는 생활을 한다. 최후의 승자가 된 것이다. 과연 어떻게 이런 일을 해낼 수 있었을까?

비결은 주행가능거리에 있다. 자동차를 떠올려 보라. 요즘에는 많은 자동차가 가스가 떨어질 때까지 몇 마일을 더 갈 수 있는지 알려주는 기능을 탑재하고 있다. 이것은 기업인이나 전문가에게도 적용할 수 있다. 지금 하는 일에서 자리를 비워도 업무가 차질

없이 돌아갈 수 있는 기간은 얼마나 되는가? 매일 24시간 직접 일하지 않아도 사업이 무너지지 않도록 시스템화해 두었는가?

과로하는 전문가들이 흔하게 저지르는 실수는 너무 큰 목표를, 그것도 너무 빨리 이루고자 한다는 것이다. 데이브가 1년에 두 달간 휴가를 간다는 말을 듣고는 자신도 바로 따라 하고 싶어 한다. 나라고 왜 못하겠어? 하지만 이것은 너무 크고 비현실적인 목표다. 현재의 주행가능거리를 파악한 뒤 점차 목표를 키우는 전략이 필요하다.

어느 해 여름 애디론댁산맥을 여행하면서 정신이 나갈 뻔한 일이 기억난다. 핸드폰이 안 터지는 곳이 많았으므로 이메일을 제대로 다운로드할 수가 없었다. 그래서 매일 시내까지 운전해 메일을 확인하곤 했다. 당시 나의 주행가능거리는 명백하게 18시간에 불과했다. 별로 인상적인 숫자는 아니다.

결승선을 보면서 시작하라고 데이브는 제안한다.

"하루 중 언제 멈출지를 정해둡니다. 매일 일정한 시간에 멈출 수 없다면 마라톤을 뛸 준비가 아직 안 된 겁니다."

만일 매일 저녁 7시 30분에 업무를 마친다면 7시로 당길 수 있는지, 다음에는 6시 30분으로 앞당길 수 있는지 궁리하자. 이것은 궁극적으로 바이오리듬을 재구성하는 일이기도 하다. 올빼미형이라면 하루 정도는 새벽 6시에 억지로 일어날 수도 있겠지만 피곤한 나머지 습관으로 자리 잡지는 못할 것이다. 점차 몸에 적응시키는 것이 중요하다.

확고한 신념도 중요하다. '일을 딱 멈춰야지. 어떤 일이 있더라도 멈출 거야' 하는 식으로 말이다. 데이브는 이렇게 설명한다.

"물론 시간 안에 다 끝낼 수 없는 일을 마주치는 경우도 있을 겁니다. 그렇기 때문에 선택을 내리는 습관을 들여야 합니다. 가치가 낮은 일들을 거절하거나, 시스템을 만들어야 하죠."

이렇게 의사 결정을 내릴 수밖에 없는 상황에 처하면 실력은 늘고 사고는 기민해진다. 매일 일정한 시간에 일을 멈추는 능력을 갈고닦으면, 데이브가 일주일의 '오아시스'라고 부르는 여백을 만들 수 있다. 이것은 스스로에게 주는 작은 휴식이자 리셋할 수 있는 힘의 원동력이다. 매주 금요일 한 시간 혹은 한나절이면 될까? 데이브는 일하는 날엔 어김없이 짧은 코미디 영상을 보는 것으로 휴식을 취한다. 속도감 있게 업무를 진행하느라 쌓인 스트레스를 짧은 웃음으로 풀고 한숨 돌리는 것이다. 일이 끝난 후에 휴식시간이 기다리고 있음을 인지하는 것만으로도 생산성은 높아진다.

"약속을 지키고 스스로에게 전략적인 질문을 던지세요. 이걸 가능케 하려면 어떻게 해야 할까, 하고 말이죠. 이런 질문을 던지기 시작하면 사고방식이 개선되고 커리어에서도 보다 효율적인 사람이 돼요. 시스템의 개선 사항을 찾아보세요."

오아시스 개념은 1년 단위로도 적용할 수 있다.

'어떻게 하면 1년에 1~2주 혹은 한 달 동안 쉴 수 있을까?'

오랜 시간 일을 안 하는 것은 에너지 넘치는 전문가에게는 말도 안 되는 일처럼 느껴질 수 있다. 그러나 휴식을 취하려면 프로세스를 개선해야 하고, 그럴수록 우리의 비즈니스가 더욱 발전할 수 있다. 데이브에 따르면 기업가의 관점으로 생각하는 사람은 다음과 같은 사실을 깨닫는다.

"이렇게 하면 돈을 더 많이 벌 수 있겠는데. 내 시간의 가치를 끌어올릴 수 있겠어."

두 달은 고사하고 한 달간 휴식을 갖는 일도 처음에는 불가능하게 느껴질 것이다. 실제로도 다르지 않다. 지금 달력을 보며 바로 다음 달 일정을 확인하는 사람이라면 말이다. 데이브는 이렇게 말한다.

"훨씬 전에 정해두어야 해요. 그래야만 시간 활용이나 우선순위와 관련된 결정들이 그 기준을 중심으로 이루어질 수 있어요. 이 지점에서 많은 사람이 어려움을 겪지요. 사람들은 다음 주에는 이 일도 있고 저 일도 있어서 도저히 안 되겠다고 생각하죠. 좀 더 일찍, 서너 달 먼저 생각하면 됩니다."

데이브의 충고는 비단 휴가를 계획하고 휴식을 갖는 데만 적용되는 것이 아니다. 우리가 달성하기를 원하는 어떤 뜻깊은 일이든 마찬가지다. 일정이 꽉 차 있어서 시나리오를 쓸 시간이나 팟캐스트를 론칭할 시간, 콘퍼런스에 참석할 시간을 못 내겠다며 불평할 수 있다. 지금 당장 그 일을 실현해야 한다면 맞는 말일 것이다. 근시안적으로 사고하고 있기 때문이다. 훨씬 이전부터 계획했다면 중요한 것에는 언제나 시간을 마련할 수 있는 법이다.

롱 게임을 한다는 것은 미리 계획할 줄 안다는 뜻이다. 더 나아가서는 단기적으로는 희생을 할 줄도 알아야 한다. 정말로 중요한 일을 달성하기 위해서 말이다. 시간 관리에 대한 규율을 따르면서 끈질기게 주행가능거리를 개선하고자 노력한다면, 꿈을 이루는 데 필요한 여백을 만들 수 있다.

제프 베이조스의 7년 전략

→

제프 베이조스의 철학은 쉬울 거라고 잘못 판단한 후 어려운 작업을 맡는 '물구나무서기의 오판'과는 정반대의 사고방식을 보여준다. 베이조스는 기회를 찾기 위해 다른 사람들이 피하는 어려운 장기 프로젝트를 적극적으로 맡는다. 2011년 베이조스는 〈와이어드 Wired〉와의 인터뷰에서 다음과 같이 말했다.

"만일 당신이 하는 일이 3년 걸린다면 많은 사람과 경쟁해야 합니다. 하지만 7년을 투자해야 하는 일이라면 적은 수의 사람만 도전하죠. 실제로 실행하는 기업은 거의 없다고 봐야 합니다. 이렇게 단순히 시간 단위를 늘리기만 해도 그동안 해보지 못했던 일에 뛰어들 수 있습니다."[5]

사실 대부분의 사람은 야망이 그렇게 크지 않다. 물론 대담한 꿈을 꾸는 경우도 있다. 오프라 윈프리처럼 되겠다고 선언한 몇몇 친구들처럼 말이다. 그들조차 꿈을 이루기 위해 구체적인 계획을 세우는 단계에서 대개 자신감을 잃는다.

수년에 걸쳐서 나는 사업가가 되겠다는 꿈을 가진 친구에게 직장을 그만두라고 독려했다. 어느 날 그가 나에게 이제는 정말 때가 왔다고 알려주었다.

"멋진걸! 그럼 마지막 출근일이 언제야?"

"그게 말이지, 내가 떠나기 전에 회사일에 지장이 없도록 해두고 싶어서 말이야. 5년 뒤에 그만두기로 했어."

그 말을 들은 나는 말 그대로 빵 터졌다. 자신의 생각이 잘못됐음을 깨달은 그는 두 달 뒤 퇴사했고, 성공적으로 비즈니스를 시작했다. 이 친구처럼 우리는 많은 경우 불필요한 장벽들을 세워두고, 시작만 하면 이뤄낼 수 있었을 커다란 발전에 대해서는 잊어버린다.

우리는 계획이 바뀔까 두려워한다. 내가 틀렸으면 어쩌지? 일이 잘 안 되면 어쩌지? 누구도 완벽한 정보를 가지고 있지 않다. 시간이 지날수록 경험이 쌓이면서 자신의 능력과 선호, 사업에 관해 더 많이 알게 될 뿐이다. 상황이 바뀌면 기존의 계획을 고수할 필요가 없다. 다만 장기 계획을 세우면 크게 생각할 수 있고 필요한 경우에는 상황에 맞게 수정할 수도 있다.

엔지니어링 출신의 임원이었다가 친구 덕분에 코칭이라는 분야를 알게 되어 자격증까지 딴 알베르트 디베르나르도를 기억하는가(규칙 5 참조). 은퇴 후 커리어에 들어선 지 몇 년이 지난 후 그의 관심 분야는 달라졌다.

"최종 목적지가 보이지 않았어요. 코칭이 목적인 줄 알았지만 지금은 거리가 많이 멀어졌네요."

그는 여전히 고객과 함께하는 일을 사랑한다. 그렇지만 그건 많은 일 중 하나에 불과하다. 그 외에도 그는 워크숍을 진행하고, 기업 이사회의 일원이면서 부동산 투자도 한다.

"저는 지혜를 구하고 있었어요. 그게 제 여정이고, 가야 할 길이죠. 저 자신에 대해 아직도 새로운 부분을 발견해요. 그게 이 여정의 묘미이기도 하죠."

당신도 이렇게 장기 계획을 세우고, 필요에 따라 조율하고 적응한다면 멋진 경험들을 할 수 있다.

과정을 음미하라

→

2019년 초, 나는 신중하고 예의 바르게 쓰인 이메일을 한 통 받았다. 일정이 괜찮으면 5월 19일에 메리볼드윈대학교 졸업식에 연사로 초청하고 싶다는 내용이었다.

이메일을 받고 나는 무척 놀랐다. 그들이 날 알고 있으리라는 사실조차 짐작하지 못했기 때문이다. 사실 버지니아주의 작은 도시 스탠턴에 있는 메리볼드윈대학교는 20년도 더 전에 조기 입학 프로그램을 통해 대학교 1, 2학년을 보낸 곳이었다. 내가 첫 여자 친구를 사귀었던 곳이며, 당시 최초의 LGBT 동아리를 만드는 문제를 두고 대학 총장과 다퉜던 곳이기도 했다(총장은 이 동아리가 만들어지는 걸 원하지 않았지만 나는 결국 해냈다). 게다가 대학교의 차별 방지 정책도 개정했다(수년 뒤 패멀라 폭스라는 새 총장이 부임한 후에야 새로운 정책으로 변경됐다).

나는 그러겠다고 답했다. 그렇게 나는 졸업식 연설을 했을 뿐 아니라 몇 달 뒤에는 이사회에 합류해 달라는 초대까지 야심차게 수락했다. 이미 출장을 너무 많이 다니고 있었기 때문에 굳이 매년 네 번이나 버지니아주로 출장을 가야 할 필요는 없었다. 그래도 캠퍼스 안을 거닐면서 내가 그동안 얼마나 먼 길을 왔는지 상기하는 것 자체가 나에겐 성공을 만끽하는 순간이었다. 다른 대학 이사회였더라도 영광이겠지만, 이런 감정적인 순간은 누릴 수 없었을 것이었다.

누구에게나 마찬가지다. 우리는 모두 고유한 선호와 경험을 갖고 있다. 이러한 것들을 기반으로 성공이 무엇인지에 관한 나름의 정의를 세운다.

내 친구 중 한 명은 보트에 완전히 빠져 있어서, 여름철이면 육지에 거의 발을 딛지 않을 정도다. 나는 멀미가 심해 도전할 엄두도 못 낸다.

또 다른 동료는 매주 금요일 오후면 시골집으로 가서 조용한 시간을 보낸다. 교통체증이 심한 도심을 벗어나 자신의 오아시스를 향해 떠나는 것이다. 반면 어린 시절 매년 휴가철이면 해안가에 있는 가족별장을 가야 했던 나는 같은 장소를 1년에 50번이나 간다는 생각만 해도 해방감은커녕 숨이 막혀온다.

우리는 이렇게나 모두 다르다. 바로 이 점이 자신의 노력과 성실을 통해 얻은 수확이 강력한 힘을 갖는 이유다. 우리가 만들어낸 미래는 자신이 원하는 모습이 투영되어 있는 고유한 것이므로 시너지를 얻는 것이다.

성공은 우리가 원하는 것보다 오랜 시간이 걸린다. 그러니 해낼 때까지 보상 없이 참고 인내해야만 한다면 금방 지쳐서 포기할지도 모른다. 무엇을 위한 성공이란 말인가?

생태학에서는 '기준점 이동 증후군 Shifting Baseline Syndrome'이라는 용어가 있다. 이 이론에 따르면 세월이 흐르고 세대가 거듭되면서 우리는 과거의 자연환경을 잊어버린다. 삼림 파괴, 다양한 종들의 멸종과 같은 끔찍한 현상을 겪으며 변화하는 환경이 큰일처럼 보이지 않는 것은 지금의 우리가 과거를 잊었기 때문이다.

이것은 우리 삶에서도 마찬가지다. 지금은 당연히 누리는 것들을 위해 커리어 초반에는 무슨 일이든 할 각오가 되어 있었다. 억대 계약을 성사시켰는가? 멋진 일이다. 유명 언론에 글을 발표했는가? 좋은 일이다. 콘퍼런스에 연사로 초대받았는가? 굉장한 일이다. 수년 전이었다면 특별한 저녁 식사를 준비하고, 친구들에게 일일이 전화를 돌릴 만큼 가치 있는 일들이었겠지만, 지금은 그다지 대수롭지 않게 느껴진다.

이렇듯 우리는 늘 지금 처한 상황에 익숙해지기 마련이다. 연사로 초청되었지만 주요 연사가 아니라면 아쉬울 것이고, 거래를 성사시켜도 회사에서 가장 높은 실적이 아니기 때문에 만족스럽지 않을 것이다. 몇 년 전만 해도 내가 어땠는지는 잊어버리고 금세 새로운 목표를 세운다. 그러니 지금 누리는 성공이 예전에 얼마나 멋지게 느꼈는지 잊지 않기 위해 노력해야 한다.

분야에서 인정받는 전문가가 되거나 어떤 경우든 성공을 달성하는 것은 하루아침에 되는 일이 아니다. 이 책을 통해서 내내 확인한 것처럼 막대한 시간과 노력이 필요한 일이다. 피할 수 없는 후퇴를 감내하는 강인함도 필요하다. 그 과정에서 모든 일이 분투로 느껴진다면 결코 버텨내기 어렵다. 만족감을 느낄 수 있는 나만의 방법을 찾아야 한다. 스스로 얼마나 먼 길을 왔는지 느껴야 한다. 그렇게 해야만 나머지 여정도 가능하다.

성공은 매일의 노력으로 비로소 완성된다

→

1996년 여름, 대학교 4학년으로 넘어가던 시절에 나는 전설적인 광고 에이전시 TBWA샤이엇데이 TBWA/Chiat/Day에서 인턴십을 했다. 애플의 상징과도 같은 '1984' 광고를 만든 곳으로, 미국에서 가장 뛰어난 회사로 알려진 곳이었다. 나는 너무나 신이 났다.

그곳에는 모든 것이 이름값을 했다. 시내에 있는 오피스부터 비즈니스 매거진에 자주 소개되던 글 속에서도 뉴욕의 고급스러움이 묻어났다. 자유의 여신상이 비교불가하게 멋진 것처럼.

이곳에서는 당시만 해도 흔치 않은 방식으로 혁신을 진행하고 있었다. 사무실이 두 층에 걸쳐 자리 잡고 있었는데 층을 오갈 때 엘리베이터를 타는 대신 폴봉을 타고 내려갈 수 있게 설치되어 있었다. 벽에 베개를 붙여두어 화가 나면 때리기도 하고 아이디어가 안 풀릴 때는 잠시 기대서 쉴 수도 있었다.

자리가 지정되어 있지도 않았다. 사물함에 개인 물건을 넣어두고 개방형 공간과 회의실을 오가면서 일했다. 개방형 오피스를 최초로 도입한 회사였던 셈이다. 이 방식은 훗날 미국의 많은 회사들이 도입하는 트렌드가 되기도 했다.

지정된 자리가 없어도 서로 연락하는 데 문제는 없었다. 전 직원에게 핸드폰을 지급해 사무실 안에서 사용할 수 있도록 했기 때문이다. 지금처럼 핸드폰이 보편화되지 않았던 시절의 일이다.

이 회사에서 일하는 것이 자랑스러웠고, 업무가 워낙 바쁜 데다 음식도 잘 지급됐기 때문에(오후 7시가 넘으면 배달음식도 무료로 시켜먹을 수 있었다) 나는 회사 건물을 거의 떠나지 않았다. 그 말인즉 사무실이 위치한 뉴욕 시내를 돌아다닐 일이 없었다는 뜻이다. 업무 시간이 끝나면 그 지역 일대는 적막해졌기 때문에 구경할 것이 별로 없기도 했다.

약 20년이 지나 뉴욕으로 이사를 갔다. 물론 인턴 시절 이후로도 뉴욕을 방문한 적이 있었지만 오랜 기간 머문 적은 없었다. 그래서 집을 알아볼 때 뉴욕에 사는 친구와 동료들에게 이메일을 보냈다. 알아두면 좋을 정보가 있어? 추천할 만한 곳은? 한 친구가 금융가에 있는 아파트를 추천해 주었다. 9.11 테러 이후 동네가 완전히 바뀌었다고 했다. 여전히 사옥이 많이 들어선 곳이었지만 콘도로 전환해 임대용 건물을 만드는 작업이 폭발적으로 늘고 있었다. 놀라울 정도로 주택가로 바뀐 것이다.

친구가 추천해 준 아파트는 완벽해 보였다. 지어진 지 10년이 안 됐고, 현대적이었으며, 관리도 잘되어 있었고, 지하철역과도 아주 가까웠다. 운동시설과 루프탑 공간도 있었다. 마음에 쏙 들었다. 몇 주 뒤 그 아파트로 이사를 간 나는 동네를 탐방하다가 예상치 못한 것을 발견했다. 외벽의 유리가 청록색으로 반짝이는, 해안가의 높은 빌딩이었다. 그렇다. 수년 전 여름에 내가 일했던 건물이었다.

당시에는 이사 온 아파트가 없었고, 전형적인 뉴욕 스타일이었던 그곳의 거리 이름도 몇 블록 차이로 바뀌어 있어서 이사 가기 전에 내가 주소를 들었더라도 눈치 챌 수 없었을 것이다. 지금의 내 아파트는 TBWA샤이엇데이가 자리 잡고 있던 건물과 두 블록이 채 떨어지지 않은 거리에 있었다.

물론 이것은 우연이었다. 친구의 추천으로 아파트를 골랐고, 동네 인구 구성도 뜻밖의 국가적 비극을 겪은 후 바뀌어 있었다. 뉴욕은 큰 도시다. 830만 인구가 780여 제곱킬로미터에 걸쳐 생활하고 있다. 나는 이것을 하나의 신호로 여기기로 했다. 매일 아파트를 나서며 그 고층빌딩을 볼 때면 그사이에 내가 얼마나 먼 길을 왔는지 스스로 되새김질하는 매개로 삼았다. 지난 세월 동안 내가 겪은 많은 실패와 성공들을 떠올렸다. 내가 쓴 책, 어렵게 일궈낸 사업, 지금까지의 인생, 무엇보다 현재의 모습이 되어 있는 나라는 사람을. 요즘에도 나는 거의 매일 이곳을 지나곤 한다.

내가 성취해 온 일들이 당연하게 여겨질 때가 있다. 하지만 무엇을 해냈는지를 잊으면, 예전에 내가 한 일을 또다시 해낼 수 있다는 강력한 메시지를 놓친다. 노력과 충분한 시간만 들인다면 세상에는 어떤 일이든 못 이룰 것이 없다.

이 사실은 누구에게나 적용된다. 캐나다 출신의 임원이자 '공인된 전문가' 커뮤니티의 일원인 서맨사 파울즈가 들려준 말이다.

"5년 전쯤 저는 결심했죠. 은퇴하면 멋진 동네에 있는 호숫가의 오두막에 살면서 파트타임으로 코칭 일을 하겠다고요. 20년 뒤의 꿈이지만 지금 시작해야 단단한 토대를 만들 수 있겠다고 생각했어요. 그렇게 해서 3년 전에 전문 코치 직함을 받았죠. 지금은 낮에는 직장에 다니면서 나머지 시간을 이용해 고객을 유치하고 있어요."

서맨사와 달리 대부분의 사람들은 그렇게까지 멀리 계획하지 않는다. 당장 무언가 이루어지길 바라고 즉시 이루어지지 않으면 화를 내거나 혼란에 빠진다. 그렇지만 좋은 일들은 미리 계획하고 그에 걸맞은 노력을 했을 때만 우리에게 찾아온다.

지금은 당장 가족, 친구, 소셜 미디어나 피드에서 얻는 가시적인 칭찬들에 더 마음이 끌릴 것이다. 안정적인 직업, 해변에서의 휴가, 멋있는 새 차 같은 것들 말이다. 이런 흐름은 휩쓸려가기도 쉽다. 천천히 해나가는 일, 어렵고 비가시적인 일에 대해서는 누구도 당신을 인정해 주지 않기 때문이다. 예를 들어 땀 흘려 책 원고를 쓰는 일, 동료의 부탁을 들어주는 일, 뉴스레터를 작성하는 일 등이 여기에 포함된다.

단기 목표에만 맞춰서 살면 장기적인 성공으로 이어지지 않는다. 어렵고 힘들고 거북스러운 일들을 오늘 기꺼이 해낼 줄 알아야 한다. 단기적인 관점에서는 별 의미가 없어 보이는 이런 일들이야말로 미래에 기하급수적인 성과를 가져다주기 때문이다.

우리에게는 끈기가 필요하다. 결과가 있을 때까지 기다리는 수

동적인 방식이 아니라, 능동적이고 전략적인 끈기를 발휘해야 한다. 쉬운 길을 거부하고 의미 있는 일을 할 수 있도록 말이다.

당장 내일은 그 결과가 눈에 띄지 않을 것이다. 지금까지의 변화도 미미해 보일 것이다. 그러나 5년, 10년, 30년 뒤가 되면 눈부신 미래가 펼쳐질 것이다. 그때가 되면 조금씩 성장해 온 시절을 떠올리며 스스로 일궈낸 일을 감사하게 여길 것이다.

큰 목표는 단기적인 관점에서는 불가능해 보인다(실제로 그렇기도 하다). 하지만 작고 섬세한 단계들이 모이면 거의 모든 일이 가능해진다.

이 책의 유일한 목표는 왜 장기적으로 생각해야 하고 어떻게 행동해야 하는지를 보여주는 것이었다. 이제 나머지는 당신에게 달렸다.

- 우리는 다음과 같은 전략을 활용해 장기적 사고를 하도록 스스로를 훈련시킬 수 있다.

① 아주 작게 시작하라

: 목표는 전체를 두고 보면 부담스럽게 느껴질 수 있다. 그렇지만 작게 시작하면 의미 있는 성장을 이루고 성공을 향한 길이 다져지는 과정을 직접 확인할 수 있다.

② 목표를 달성하는 데 정말로 필요한 것을 찾아라

: 일의 진척이 느려지거나 원하는 시기에 원하는 만큼의 성과가 나오지 않으면 대부분 실망한다. 이미 성공한 사람에게 무엇이 필요한지 물어보거나 성공하기까지 걸린 시간을 알아보는 과정을 거치지 않았기 때문이다. 스스로 속도를 조절하고 현실적인 목표를 세울 수 있도록 제대로 된 정보를 알아보자.

③ 목표에 제한 시간을 설정하라

: 제한 시간을 통해 더 나은 시스템과 절차를 갖춘다면 좀 더 효율적으로 업무 흐름을 관리할 수 있을 것이다.

④ 장기적인 계획에 따르는 변화의 기복을 견뎌라

: 이를 잘 넘긴다면 타인 혹은 당신 스스로 상상했던 것에 비해 훨씬 더 큰 성취를 얻을 것이다.

장기적 사고력을 키우는
세 가지 생각 습관

누구든 전략적인 사고를 통해 인생과 사업상의 목표를 깊게 생각하고, 해당 목표를 성취하는 데 필요한 관점과 기술을 습득하고 싶어 한다.

이 책에서는 여러 연구와 전문가들의 사례들을 통해 전략적으로 롱 게임을 할 수 있는 다양한 방법들을 소개했다. 특히 '흥미 중심의 목표 정하기', '커리어 파도타기', '1년 동안 부탁 안 하기', '영속적 네트워킹', '주행가능거리' 등의 개념을 살펴보았다. 결국 장기적 사고를 하기 위해 가장 중요한 것은 마인드다.

먼저 자신만의 길을 가겠다는 용기가 필요하다. 용기가 있어야만 타인이 만든 길을 따라가면서 느끼는 안정감을 버릴 수 있다.

오랫동안 실패자처럼 보여도 괜찮다는 결심도 필요하다. 결과가 나타나기까지 긴 시간이 필요하기 때문이다. 끈기를 갖고 끝까지 해나갈 수 있는 내면의 힘도 필요하다. 결과가 어떨지 확실히 알 수 없는 순간에 이 힘이 필요하다.

우리에게는 그 능력을 키울 수 있는 세 가지 생각 습관이 있다. 이 마음 습관에 집중하면 장기적인 사고를 하며 살아가는 데 도움이 될 것이다.

독립성

장기적 사고의 핵심은 우리 자신과 우리의 목표에 진실한 삶을 사는 것이다. 현대 사회는 단기적으로 사람들을 만족시켜야 한다는 압박감을 준다. 때문에 상대방을 실망시키기 싫어서 원하지 않는 일을 수락하거나 사람들이 선망한다는 멋진 직장을 좇기도 한다. 이는 결과적으로는 큰 불행을 낳는다.

장기적으로 행동하면 실제로 보상을 얻기까지는 비교적 오랜 시간이 걸리므로, 자신의 가치를 입증하는 데 외부적인 기준만을 중요시한다면 기다림의 시간이 무척 힘들게 느껴질 수 있다. 두려움 없는 진정한 장기적 사고를 위해서는 내면의 나침반을 활용해 이렇게 말할 수 있어야 한다.

"다른 사람들이 어떻게 생각하건 나는 내가 선택한 길에서 꼭 필요한 일을 하겠어."

호기심

어떤 사람은 스스로 질문을 던지거나 대안을 생각하지 않은 채로 타인이 만든 로드맵에 따라 사는 데 만족한다. 내 비전과 계획으로 삶을 채워가는 일이 무의미하다고 여긴다. 내 관심사가 사회적으로 인정받지 못한다고 느낀다면 더더욱 그렇다.

우리는 스스로에게 잘 맞는 길이 무엇인지 모를 수 있다. 처음부터 잘 아는 사람이 어디 있겠는가?

하지만 호기심이 있다면 자신에게 궁극적으로 잘 맞는 길을 찾아낼 수 있다. 내가 남는 시간을 어떻게 보내는지 알아차리고, 흥미를 느끼는 사람이나 대상을 파악함으로써 내가 좋아하는 일에 대한 단서를 발견하면 된다. 더 나아가 자신이 어떤 일에 기여할 수 있을지도 찾아보자.

회복력

새로운 일이나 특별한 일을 시도하는 것에는 불확실함과 위험이 따른다. 성공 여부를 미리 알 수 없고, 실패하는 경우도 많다.

문제는 거절이나 실패를 경험하면 쉽게 움츠러드는 것이다. 편집자에게 한 번 거절당한 것이 최종 판결이라도 되는 양 생각하거나, 대학에 떨어진 게 나의 잘못이라고 여기는 것들이 그렇다. 그건 사실이 아니다. 확률, 운, 심사자의 개인적 선호가 결과에 막대한 영향을 미칠 수 있다.

만일 100명에게 거절을 받았다면 꽤 명확한 메시지가 될 수 있다. 그렇지만 한두 명, 혹은 열 명 정도라면? 아직 시작도 하지 않은 셈이다.

장기적인 사고를 하려면 회복력을 갖춰야 한다. 어떤 일이라도 첫 번째에 잘되거나 예상한 그대로 진행되는 경우는 거의 없다. 따라서 늘 2안 혹은 3안, 4안, 5안, 안 되면 6안까지 준비해 둬야 하고 다음과 같이 말할 수 있는 회복력도 갖추고 있어야 한다.

"이번엔 잘 안 됐네. 다른 방법을 시도해 봐야겠다."

타수는 성공에 있어서 매우 중요한 변수다.

우리는 누구나 자신이 가진 기술을 연마하고, 새로운 기술을 익히며, 더 나은 장기적 사고를 할 능력을 가지고 있다. 이 책이 그러한 여정을 시작하고, 원하는 목적지에 도착하기 위해 끈기 있게 필요한 전략을 찾는 데 도움이 되길 바란다.

| 주 |

PROLOGUE

1. 마틴 린드스트롬, "위험에 직면한 기업의 나라 미국. 왕족처럼 생각하면 문제가 해결될까?" 링크드인, 2020. 6. 11, https://www.linkedin.com/pulse/corporate-america-crisis-would-thinking-like-royals-solve-lindstrom/
2. https://dorieclark.com/rex

RULE 1

1. 로버트 카바코프, "조직의 차원에서 전략적 사고가를 개발하자", 〈하버드 비즈니스 리뷰〉, 2014. 2. 7.
2. 리치 호워스, "전략적 사고 강령", 전략적 사고 연구소, 접속일: 2021. 3. 9.
3. 마이클 추이 외, "사회적 경제: 사회적 기술로 가치와 생산성 확장하기", 맥킨지, 2012. 7. 1.
4. https://blog.hubspot.com/marketing/time-wasted-meetings-data
5. 차영주·김위든, "업무 과중과 지지부진한 성별 간 임금 격차 해결", 〈미국 사회학 리뷰〉 79, 3호(2014): pp.457~484.
6. 존 펜카벨, "업무 시간 생산성", 〈경제학 저널〉 125, 589호(2015): pp.2052~2076.
7. 실비아 벨레자·니루 파하리아·애닛 키이넌, "왜 미국인들은 바쁨에 그토록 감탄하는가에 관한 연구", 〈하버드 비즈니스 리뷰〉, 2016. 12. 15.
8. 팀 페리스, 제리 콜로나와의 인터뷰, 팟캐스트 오디오, 2019. 6. 14.
9. 허버트 A. 사이먼, "정보 홍수의 시대에 맞는 조직 설계", 〈컴퓨터, 커뮤니케이션과 공익〉, 마틴 그린버거 편집(발티모어: 존스 홉킨스 출판사, 1971).

RULE 2

1. https://www.economist.com/news/1955/11/19/parkinsons-law
2. https://sivers.org/hellyeah
3. 프랜시스 프레이·앤 모리스, 《탁월한 서비스(Uncommon Service)》, 하버드 비즈니스 리뷰 출판사, 2012.

RULE 4

1. 래리 페이지·세르게이 브린, "구글 주주들을 위한 매뉴얼", 2004년 구글 설립자 IPO 서신.
2. 니콜라스 칼슨, "마리사 메이어가 말하는 구글의 20% 시간 전략에 '숨겨진 함정'", 〈비즈니스 인사이더〉, 2015. 1. 13.
3. 질리언 돈프로, "구글의 '20% 시간' 정책의 그늘", 〈비즈니스 인사이더〉, 2015. 4. 17.
4. 오언 토머스, "테슬라의 일론 머스크: '현금 떨어졌다'", 벤처빗, 2010. 5. 27.

RULE 5

1. 주영 미국 대사의 정식 명칭은 세인트제임스궁의 이름을 딴 'US ambassador to the Court of St. James's'다.
2. 씽커스50에서는 세계 최고의 비즈니스 사상가들을 선정하고 있으며, 마셜을 명예의 전당에 지명하여 그가 최고의 임원 코치임을 공식적으로 인정했다. https://thinkers50.com/biographies/marshall-goldsmith/

RULE 6

1. https://www.apa.org/science/about/psa/2009/10/sci-brief

RULE 7

1. 릭 헬먼, "친구를 사귀는 데는 시간이 필요함을 입증한 연구 결과", KU 뉴스 서비스, 캔자스대학교, 2018. 3. 28.
2. https://www.jstor.org/stable/2776392?seq=1
3. 카먼 노벨, "직업적으로 네트워킹할 때 사람들은 기분이 나빠진다", 〈워킹 놀리지(Working Knowledge)〉, 하버드 경영대학원, 2015. 2. 9.
4. 글래드웰은 저서 《티핑 포인트》를 통해 '연결자' 개념을 널리 알렸다.

RULE 8

1. https://www.insider.com/revealed-jk-rowlings-original-pitch-for-harry-potter 2017-10?utm_source—copy-link&utm_medium=referral&utm_content=topbar#:%7E:text=J.K.%20Rowling%E2%80%99s%20pitch%20for%20%E2%80%99Harry
2. https://www.forbes.com/sites/alexknapp/2011/11/17/the-seduction-of-the-exponential-curve/#75ba0a072480
3. https://www.amazon.com/dp/B00LD1RZGM/ref=dp-kindle-redirect?_encoding=UTF8&btkr=1
4. 캐시 헬러, 데릭 시버스와의 인터뷰, "직장에 집착하지 마세요", 팟캐스트 오디오, 2019. 12. 23.
5. 엘리엇 반 버스커크, "데릭 시버스, CD 베이비 2200만 달러에 매각 후 대부분의 권한 양도", 〈와이어드〉, 2008. 10. 24.
6. 조지 레너드, "아이키도의 길: 미국인 스승이 전해주는 인생 교훈", 〈플룸〉, 2000.

롱 게임

RULE 9

1. https://www.pewresearch.org/fact-tank/2021/07/13/u-s-newsroom-employment-has-fallen-26-since-2008/

RULE 10

1. 키스 콜필드, "레이디 가가, '크로마티카'로 빌보드200 차트에서 6번째 1위 앨범 기록", 〈빌보드〉, 2020. 6. 7.
2. 마리아 코니코바, "자제력을 연구하는 심리학자의 고민", 〈뉴요커〉, 2014. 10. 9.
3. BJ 포그, "작게 시작하라(Start Tiny)", Tinyhabits.com, 접속일: 2021. 3. 9.
4. 제프 베이조스, 아마존 "2017년 주주 서한", 아마존, 2018. 4. 1, https://www.aboutamazon.com/news/company-news/2017-letter-to-shareholders
5. 스티븐 레비, "생각보다 더 철저하게 웹 세상에 군림 중인 제프 베이조스", 〈와이어드〉, 2011. 11. 13, https://static.longnow.org/media/djlongnow_media/press/pdf/020111113-Levy-JeffBezosOwnstheWebinMoreWaysThanYouThink.pdf

| 감사의 말 |

가장 먼저 '공인된 전문가' 커뮤니티 회원들이 보여준 우정, 격려, 영감이 아니었다면 이 책을 쓸 수 없었을 것이다. 특히 인사이트를 나눠주고 책에 자신의 이야기를 공유하도록 허락해준 회원들께 특별한 감사의 인사를 전한다. 더불어《롱 게임》에서 소개한 모든 분들께 감사하다는 말씀을 드리고 싶다. 여러분의 지혜와 이야기가 세상의 수많은 사람에게 도움이 될 것이라 믿는다.

오랜 기간 나의 에이전트로 일해준 캐럴 프랭코와 예리한 편집자 제프 키호, 앨리신 잘에게도 이 책이 세상에 나올 수 있게 해준 데 감사의 인사를 보낸다. 스테파니 핑크스에게는 책 표지 디자인을 위해 인내와 많은 공을 들여주었음에 감사하다. 이 책을 홍보

롱 게임

해 주고 멋진 론칭 행사를 만들어준 줄리 드볼과 펠리시카 시누사스에게도 감사하다. 빅토리아 데즈먼드와 조시 A. 슈워츠를 비롯한 〈하버드 비즈니스 리뷰〉 관계자들께도 《롱 게임》이 완성될 수 있도록 도움을 준 것에 대해 감사의 인사를 전한다.

재능 넘치는 내 비서 존 휴고 웅가르에게는 책 집필에 집중할 수 있도록 비즈니스 운영을 도맡아 주어 감사하다.

언제나처럼 어머니 게일 클라크에게 감사하고, 앤 토머스에게도 늘 사랑과 지지를 보내주심에 감사함을 느낀다. 지혜로운 충고를 아끼지 않는 나의 친구들, 알리사 콘, 제니 블레이크, 샤마 하이더, 페트라 콜버, 조엘 게인에게도 늘 감사한 마음을 갖고 있다. 그 밖에도 고^故 패티 아델스버거를 포함해 내 마음속에 있는 수많은 친구에게 감사의 말을 전한다.

내 멋진 고양이들 필립과 헤스도 이야기하지 않을 수 없다. 필립은 줌 미팅에 하도 여러 번 등장해서 이제는 배우로 데뷔해도 될 정도다. 연극이나 영화, TV 출연, 협업 신청을 기다린다.

옮긴이 김연정

인생 2막에 대한 글을 쓰는 영어 번역가다. 이화여자대학교에서 불어불문학과 미술사학을 전공하고 미국 뉴욕주립대학교 대학원에서 사회문화인류학을 수학했다. 싱가포르 현지 후지 제록스에서 인하우스 번역사로 근무했으며, 귀국 후에는 영국계 번역회사 링귀스트, 중소기업·공기업 인하우스 통번역사를 거쳐 대기업 인하우스 통번역사로 일하고 있다. 출판번역에이전시 글로하나에서 다양한 영미서들을 번역 중이다. 역서로는 《백만장자와 승려》와 《The Complete Beatles Chronicle》(이하 공역)《서양미술—역사와 이론의 만남》이 있다.

롱 게임

끝까지 해내는 승리자들의 전략적 사고법

초판 1쇄 발행 2022년 7월 20일
초판 2쇄 발행 2022년 8월 22일

지은이 도리 클라크
옮긴이 김연정
펴낸이 김선식

경영총괄 김은영
책임편집 김현아 **디자인** 마가림 **책임마케터** 김지우
콘텐츠사업5팀장 박현미 **콘텐츠사업5팀** 차혜린, 마가림, 김현아, 이영진
편집관리팀 조세현, 백설희 **저작권팀** 한승빈, 김재원, 이슬
마케팅본부장 권장규 **마케팅2팀** 이고은, 김지우
미디어홍보본부장 정명찬 **홍보팀** 안지혜, 김민정, 오수미, 송현석
뉴미디어팀 허지호, 박지수, 임유나, 송희진, 홍수경 **디자인파트** 김은지, 이소영
재무관리팀 하미선, 윤이경, 김재경, 오지영, 안혜선
인사총무팀 강미숙, 김혜진, 황호준
제작관리팀 박상민, 최완규, 이지우, 김소영, 김진경, 양지환
물류관리팀 김형기, 김선진, 한유현, 민주홍, 전태환, 전태연, 양문현, 최창우

펴낸곳 다산북스 **출판등록** 2005년 12월 23일 제313-2005-00277호
주소 경기도 파주시 회동길 490 다산북스 파주사옥
전화 02-704-1724 **팩스** 02-703-2219 **이메일** dasanbooks@dasanbooks.com
홈페이지 www.dasan.group **블로그** blog.naver.com/dasan_books
종이 한솔피앤에스 **인쇄** 민언프린텍 **제본** 다온바인텍 **코팅·후가공** 제이오엘앤피

ISBN 979-11-306-9199-2 (03190)